求 是 书 系 · 广 播 电 视 学

求是书系·广播电视学

Practical Oral Language Course of Programme Hosting

节目主持人实用口语训练教程

陈竹 编著

ZHEJIANG UNIVERSITY PRESS
浙江大學出版社

序

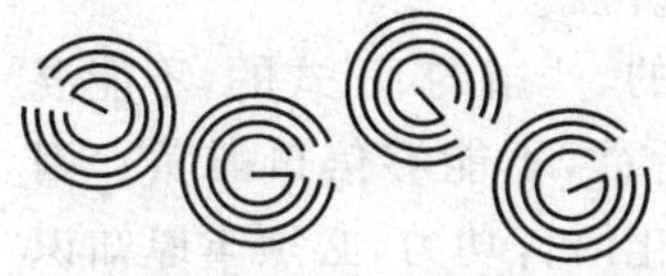

陈竹同志编著的《节目主持人实用口语训练教程》一书，已经完稿了。这个书稿，内容很丰富，几乎囊括了节目主持人所有的话语形态，涉及了纯文本、半文本、无文本三个大类。形式很活泼，既适合初学者，也适用于探索者，更可以作为本专业教学参考。本书理论阐释浅显易懂，训练课目简繁适宜，体现了作者丰富的教学经验，显示了作者深厚的理论功底，在当前的训练教材中，堪称特色鲜明、举证翔实的力作。

陈竹同志自中国传媒大学播音系毕业后，曾经在第一线工作，从事教学也已数年。她是一个事业心很强的人，无论是对学业，还是对受众、学生，都非常认真负责。她待人诚恳热情，又虚心好学，知识面很宽，观察力很强。对于播音主持艺术专业，尤其肯下苦工夫钻研，多年潜心探究，积累了大量资料，阅读了许多论著，经常手不释卷，笔耕不辍。如果只是浅尝辄止、敷衍成篇，恐怕不会有这样深入浅出的教程问世。

播音主持艺术专业，表面上看，不过"耍耍嘴皮子"而已。其实，个中三昧，奥妙无穷。总的要求，是"德才兼备，声形俱佳"。具体些说，普通话要标准，声音要悦耳，口齿要伶俐，表达要精妙，形象要大方。播音员、节目主持人是大众传播中的公众形象，党、政府和人民的"喉舌"。他们应该通过有声语言和副语言，驾驭节目进程，传播丰富信息、广博知识、高尚情操和民族美感。

播音主持艺术专业，在理论上形成了学科的体系，在实践上呈现了经典的丰碑，在教育上摸索了专业的规律，在训练上总结了有效的方法。但是，社会的发展，时代的进步，给我们带来了一系列新的问题，如何不断更新教学内容，改革教学方法，便成为我们须臾不能懈怠的紧迫任务。目前，虽然出版了不少文论，对于科研和教学都很有启示，但是，总觉不尽如人意。因为，专业训练不同于日常说话的练习，专业教学迥异于语文课堂的讲授。

首先，大众传播的性质和任务，是当众的、公开的、严肃的、正式的，不能混同于生活中的人际关系和人际交流，不应该随心所欲，不能够信口雌黄。因此，必须做充分的准备，必须有明确的目的，必须强化语言功力，必须丰厚知识储存。应该说，“善于传播”，同“能说会道”是不一样的，因为大众传播负有引导的社会责任，概括为“以事醒人、以理服人、以情感人、以美愉人”，而在传播中，应该达到“信息共享，认知共识，愉悦共鸣”。

其次，专业人才的培养和教育，是基础性的，扬长补短的，奋勇争先的，不能离开高等学校的课程设置和循序渐进的教学计划。特别是因材施教、群体训练，必须共性与个性相结合，理论与实践相结合，大课与小课相结合，示范与体验相结合。

再次，说话要讲究，思维、词语和表达必须全面要求、同时共进，尽量避免割裂、分离地进行训练。“言为心声”同“有的放矢”、“有动于衷”、“有感而发”是一个完整的流程，三者扭结融合，进入技巧的雕琢和返璞归真。

最后，语言功力包括观察力、理解力、思辨力、感受力、表现力、鉴赏力、调检力、回馈力。这是播音主持的根基，须臾不可忽视。

陈竹同志的这本书，为我们提供了丰富的营养和实践的指导，应该谢谢她！

中国传媒大学播音与主持艺术学院　张　颂

2006 年 6 月 13 日

目录

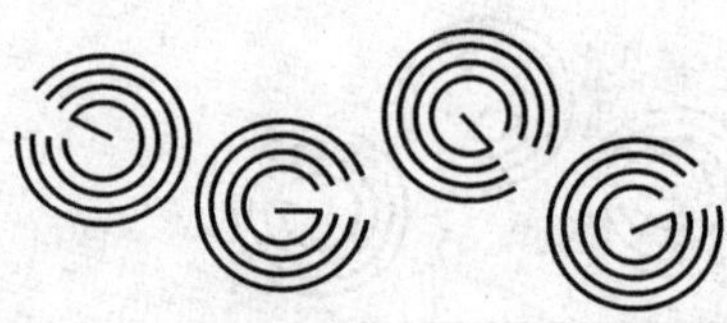

目录

绪 论

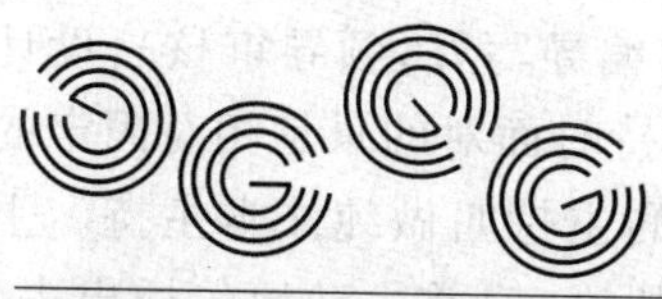

在中国，节目主持人是一个越来越受关注的群体。一方面，优秀的节目主持人层出不穷，不断涌现，为老百姓津津乐道；另一方面，滥竽充数，得过且过的伪主持人充斥荧屏，影响传播质量。成为明星节目主持人当然令人羡慕，干着自己感兴趣又光鲜亮丽的职业，而且干得得心应手。然而，在这个岗位上成绩平平，甚至不如人意的节目主持人，也并不是没有努力，之所以成绩不理想，还是学习不得要领，技不如人。

随着广播电视节目主持人的飞速发展，目前我国广播电视节目主持人岗位基本趋于饱和。然而，呼唤优秀节目主持人的声音却一浪高过一浪。以中央电视台为例，一方面，拥有大量编外节目主持人、实习生等，连打水关门的人都一打；另一方面，中央电视台仍在通过各种方式寻找主持人。如何使自己称职、优秀是摆在每一位节目主持人和梦想成为节目主持人的朋友面前的实际问题。

节目主持人是靠“嘴巴皮子混饭吃的”，不会说肯定是死路一条。你可以没有英俊、甜美的外表，但你一定得会说；你可以没有优雅的举止，你也可以没有可观的身形，但你一定得会说。所谓“会说”是指节目主持人在不同的语境下，能够自如地运用口语进行表达和交际并产生预期的传播效果。“会说”是节目主持人口语能力的具体体现，是节目主持人成为优秀的绝对标准。

本书立足于节目主持人语境，尝试找到一条可以操作的、实用高效的自我训练、互相训练的途径，以期提高节目主持人的口语能力。通过训练使本不太会说的人变得会说，使本会说的人变得更会说。

目前，我国的广播电视主持人节目如果按照主持人主持现场语境来分类，可分为有交流对象的节目和无交流对象的节目。我们根据不同的主持语境及对主持人语言要求不同的特点，将节目主持人口语能力分为以下几类：

1. 纯文本主持语境和纯文本主持口语能力

目前，我国无交流对象的节目比重很大，在这类节目中，主持人可能会遇到的一种语境是纯文本语境，即有固定台本(经过编导写好，领导审核)，设计好的节目流程，规范好的主持人的说词，主持人主持时面对的只是相对固定的文本和摄像机。因此，我们把处于纯文本语境下的主持叫做纯文本主持。主持人面对纯文本语境，必须将纯文本转化成自己的语言，并生动地传播出去，即具备将纯文本活化成有声语言的纯文本主持能力。显然，纯文本主持能力是优秀节目主持人必备的语言能力。新闻主持人无法避免地要面对大段的白纸黑字的新闻稿件；综艺节目主持人经常会"遇到"一段感人的故事或一段名家经典；益智类节目主持人要宣布复杂的比赛规则，有大段的提问；社教类节目主持人有时需要念受众来信……试想如果不具备这种能力又怎么能胜任主持工作呢？

2. 无文本主持语境和无文本主持口语能力

有交流对象的节目，如访谈类节目、娱乐节目、益智类节目等，其特点是主持现场有被采访对象或嘉宾或观众，主持人与之有互动，有交流。有交流对象的节目因两人或多人参与的特点，交流中具有一定的不可预知性，因此，对主持人的即兴口语能力提出了要求。我们把处于无文本语境下的主持叫做无文本主持。随着广播电视节目的飞速发展，有交流对象的节目越来越多。以中央电视台《为你服务》为例，从开始的无交流对象节目，现在已变成了由众多嘉宾参与的有交流对象的节目。当没有文本，必须根据语境快速组织语言时，你能胜任吗？你具备了无文本主持口语能力吗？

3. 半文本主持语境和半文本主持口语能力

无论是有交流对象的节目还是无交流对象的节目，主持人都可能遇到半文本语境，即主持人面对的是节目流程，重点语段的说词和言路语脉走向的设计等，我们把处于这种语境下的主持叫做半文本主持。在半文本主持语境下的主持人，除了必须具备纯文本主持能力、无文本主持能力之外，还要具备如何依据现有文本、资料打包一个完整的节目的能力，我们称之为节目主持人半文本主持能力。

根据不同类型的广播电视节目对主持人在主持过程中口语能力要求具有差异性这一特点，本教材将主持人口语能力分类进行训练，以期锻造出“会说”的节目主持人。当然，要想成为一名优秀的节目主持人，语言基础很重要，如果没有扎实的语言基本功，作为主持人的基本语言水准都达不到，又何谈优秀？因此，本教材在第一部分安排节目主持人口语基本功训练，为的是提升学习者理念，为以后的训练打下坚实的基础。

节目主持人各类能力不存在可比性，能力不分高下，都具有不可替代性，各部分能力训练亦不可孤立、分割着学习。学生可以仔细分析自己语言方面的长处和弱点有针对性地学习、训练，也可以根据自己的喜好来选择学习的侧重点。

第一部分
节目主持人口语基本功及训练

标准普通话与训练
口齿清晰与训练
用气发声与训练

第一章　标准普通话与训练

一、理论概述

普通话是以北京语音为标准音，以北方话为基础方言，以典范的现代白话文著作为语法规范的现代汉民族的共同语。普通话是我国法定的通用语。

普通话的语音体系以它“乐音特色鲜明，音节分明响亮，声调抑扬有致”的审美特征而取得“标准音”地位。目前，除了地方性很强或有特殊视听对象的节目以外，我国广播电视节目主持人都以普通话为播音语言。

能说标准的普通话是对广播电视节目主持人口语能力的基本要求。它是衡量节目主持人业务能力的第一把标尺，是从事节目主持工作的准入底线。正在学习主持技能或正在从事主持工作的人都会感到，只有彻底摆脱掉语流中语音缺陷的困扰，才能轻装上阵，在主持有声语言艺术的浪花中畅游。中国传媒大学张颂教授说得好，"只有语言规范，才能获得更大的传播空间和创作自由"。

我国是多民族的国家，在汉民族中就有八大方言区，即北方方言、吴方言、湘方言、赣方言、客家方言、闽北方言、闽南方言、粤方言。在每一种方言中还存在很大差别。生活在方言区的人们，平时一般用方言交际，说普通话时难免会带上地方口音。要想说好普通话，应该分三步走：首先要明白自己的语音问题在哪；其次，通过练习纠正错音；最后，要反复练习，巩固。

【普通话与方言的差异】

方言是地方语言，它是一种语言的地方变体。我国各地的方言都与普通话有或大或小的差异，这种差异主要表现在语词、语音、语调三方面。

1. 语词方面的差异

我国幅员辽阔，民族众多，各地方言土语都有其区域性的特点，有许多听不懂和表意不够准确的地方。如：普通话"聊天"，北京人说成"侃大山"，西北人说成"谝闲传"，东北人说成"唠嗑"，四川人用"摆龙门阵"来表示，而湖南话是用"扯谈"、"策"来表示。再如普通话"特别好"，北方人表达为"贼好"，而湖南人说成"ji 好"；普通话"厉害"，北方人说成"邪乎"，湖南人则用一个"狠"字来表示等。

说普通话时，应注意语词运用符合普通话的规范，尽量避免由于使用方言土语给交流带来的困难。

2. 语音方面的差异

(1)声母方面

zh ch sh 与 z c s 混淆

或者叫做平翘舌不分。zh、ch、sh 是翘舌音，z、c、s 是平舌音。平翘音混淆现象无论在东北、西北还是在南方地区都较为普遍，而且尤以翘音发成平音为多。

n 与 l 混淆

或者叫做鼻音、边音不分。如：奶酪、能力、年龄、努力、冷暖、连年等。这一现象常出现在南方地区。

尖音的问题

在古汉语中，有尖团音之分，即把 i、ü 与 j、q、x 相拼的音称团音，i、ü 与 z、c、s 相拼的音称尖音。在吴方言区、湖北、江西等地区，仍保留了这种区别。而现代汉语普通话中 j、q、x 只能与 i 相拼，已没有尖音；z、c、s 只跟特殊韵母-i

(前)相拼成 zi、ci、si。日常生活中，不少人说话带尖音，如谢谢、小姐、将就、机器等。有部分男生说话带明显的“女气”，有时也是因为有尖音。

r 与 i 混淆

常出现在东北地区，且多是把 r 发成 i。如：日子、酱肉、人们、认识、让座、热烈等。

f 与 h 混淆

这一现象较多出现在南方地区，特别是粤语、湘方言、闽南方言区，且多把 h 发成 f。如：花朵、湖南、化肥、划分、汇款、反悔、废话等。

常把开口呼韵母自成音节的加上声母“n”

常出现在东北地区，如：鹅(é～né)、爱(ài～nài)、傲(ào～nào)、安(ān～nān)、恩(ēn～nēn)、恶(è～nè)、欧(ōu～nōu)等。

互换送气音和不送气音、塞擦音和塞音

常出现在东北地区，如：波浪(bō～pē)、花朵(duǒ～tuǒ)、朽(xiǔ～qiǔ)、歼灭(jiān～qiān)、复辟(bì～pì)、机械(xiè～jiè)等。

(2)韵母方面

前后鼻韵混淆

如：生活(shēng～shēn)、银铃(líng～lín)、宽广(guǎng～guǎn)等。这一现象主要出现在我国南方广大地区，部分西北人也存在前后鼻韵混淆现象。

o 和 e 混淆

如：婆婆(popo)读成(pepe)、广播(bō～bē)、突破(pò～pè)等。多出现在东北、西北地区。

u 和 ou 混淆

如：足球(zú～zóu)、都市(dū～dōu)、豆皮(dòu～dù)、抖擞(dǒu～dù)、头脑(tóu～tù)、补助(zhù～zòu)、数目(shù～sòu)等。多出现在南方地区。

ai 和 o、e 混淆

如：伯父(bó～bǎi)、迫害(pò～pǎi)、责任(zé～zái)、隔阂(hé～hái)等。多出现在东北地区。

üe 和 iao 混淆

如：节约(yuē～yāo)、觉悟(jué～jiao)、岳母(yuè～yào)等。多出现在东北地区。

un 和 ong 混淆

如把“白云”念成“白 yóng”，“裙子”说成“穷子”，昆仑(kūn lún～kōng

lóng)等。这种现象多出现在西北地区。

(3)声调方面

声调又叫字调,是每一个音节所固有的,声音的高低和升降,主要用来区别音节的意义。普通话声调共有阴平调(55)、阳平调(35)、上声调(214)、去声调(51)四种声调。见图:

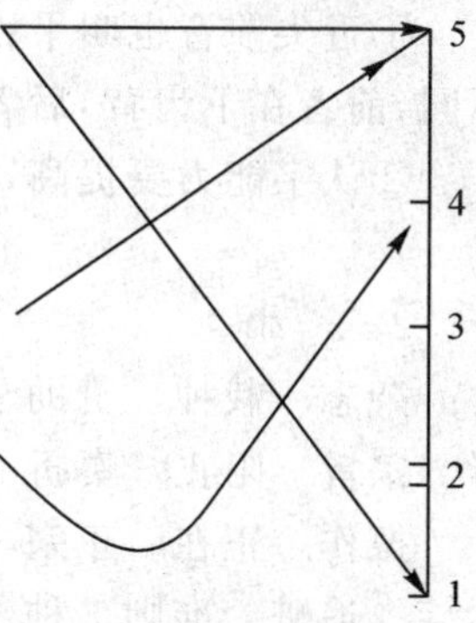

普通话声调图

普通话四个声调的发音过程中容易出现的问题一般在于:阴平调值不够高,阳平拐弯上不去,上声硬拐弯,去声下不来。

阴平调值不够高:许多方言的阴平调调值都比普通话低,东北话阴平调调值往往是44,湖南话阴平调调值是33。如西安、香花、乡村、春天、学习班等。

阳平拐弯上不去:带有南方口音的人发阳平调时易拐弯。如红旗、湖南、和平、人民、连年、团员等。

上声硬拐弯:发上声时调子先降后升,调值为214。绝大部分方言区的人上声调的调值常常是211,也就是升得不够高,且容易出现拐弯生硬、不自然的现象。如厂长、党委、美好、领导、友好、指导。

去声下不来:去声是全降调,调值是51。然而,在发去声字时,人们往往音发得不够高,降得不够低,调值常常是43。如胜利、快乐、力量、庆贺、运动等。

3. 语调方面的差异

语调,就是说话的腔调,也就是一句话里语音高低轻重的配置。

思想感情千变万化,人们用语言表情达意的语调也是有很大的不同,但这种变化又不是杂乱无章,是按一定语言规律变化的,如东北话语音高低轻重的配置不大讲究,多数人在一句话的开头过重,而句尾音下滑;西北人用词和读音夸张,常拖长音(声音越长,语气越重),如:慢慢儿ˉ(超长音)、在那~~~搭(在远处)、那~~里;湖南人说话语调变化较多且重音夸张,音节短语速快。我们应了解自己所处方言语调的特点,尽量在说话交流中避免自己习惯的、熟悉的方言语调出现。

二、普通话辨音纠错训练

z c s——zh ch sh

【训练提示】

①舌尖前音也叫平舌音，舌尖后音也叫翘舌音，它们的区别在于成阻部位不同，前者在下齿背，后者在硬腭前部。

②认字能力要提高，必须能够准确区分哪些字是平舌音，哪些字是翘舌音。

z——zh

杂志　栽种　赞助　增长　辎重　自治　资助　总之　组织　遵照　作者　宗旨　阻止　奏折　罪证　在职　增殖　滋长　紫竹　作战

振作　正在　正宗　知足　职责　栀子　沼泽　竹子　铸造　著作　壮族　追赃　准则　种子　种族　治罪　指责　装载　猪鬃　至尊

自力——智力　栽花——摘花　短暂——胆战　暂时——战时

阻力——主力　大字——大致　造就——照旧　资源——支援

姿势——知识　钻营——专营　赠品——正品　卒子——竹子

赞助——站住　赞歌——战歌　增光——争光　宗旨——终止

自愿——志愿　早稻——找到

c——ch

礤床　财产　草创　残喘　磁场　促成　彩车　裁处　彩绸　餐车　辞呈　粗茶　仓储　存查　错车　痤疮　草虫　裁撤　菜场　采茶

差错　巢菜　唱词　车次　陈醋　成材　冲刺　储存　出操　储藏　纯粹　尺寸　揣测　春蚕　初次　虫草　筹措　穿刺　船舱　陈词　串词

擦手——插手　粗布——初步　鱼刺——鱼翅　小草——小炒

推辞——推迟　村庄——春装　深藏——身长　惨淡——产蛋

木材——木柴　曾经——成精　祠堂——池塘　擦车——叉车

乱草——乱吵　粗纺——出访　不曾——不成

s——sh

撒手　赛事　丧失　扫射　私事　四声　巳时　苏轼　诉说　随顺　随身　唆使　桑树　缩水　松鼠　算式　琐事　所属　燧石　损失　嵩山　搜身　讼师

哨所　深思　申诉　神色　绳索　生丝　胜似　世俗　生死　失速　食宿　石蒜　收缩　神算　疏散　输送　熟丝　殊死　曙色　守岁　上司　上溯　誓死　沙僧

四十——事实　散光——闪光　三哥——山歌　塞子——筛子

私人——诗人　撕纸——湿纸　三角——山脚　搜集——收集
司长——师长　死记——史记
绕口令：

字词丝

四十四个字和词，
组成一首子词丝的绕口词。
桃子李子梨子栗子橘子柿子槟子棒子，
栽满院子村子和寨子。
名词动词数词量词代词副词助词连词，
造成语词诗词和唱词。
蚕丝生丝熟丝缫丝染丝晒丝纺丝织丝，
自制粗丝细丝人造丝。

n——l

【训练提示】

①鼻音n与边音l，它们的区别主要是发音方法不同。发n时软腭小舌要放下来打开鼻腔通道，气流从鼻腔流出成鼻音。发l时软腭小舌挺起关闭鼻腔，气流从舌头两边流出成音。此外，发n时舌尖的力量要比发l时大些，舌尖顶满上齿龈，迫使气流从鼻腔流出。

②认字能力要提高，必须能够准确区分哪些字是鼻音，哪些字是边音。

n——l

纳凉　奶酪　耐劳　女郎　内陆　能力　逆流　年龄　凝练　浓烈　农林　努力　暖流　尼龙　南岭　女篮　奴隶　能量　内涝　嫩绿　年轮　逆旅　暖帘　女流

l——n

留念　老年　列宁　冷凝　辽宁　罹难　烂泥　两难　遛鸟　岭南　雷鸟　冷暖　凌虐　流年　落难　龙年　羚牛　老农　理念　鲁南　来年　利尿　流脑　连年　留鸟

女客——旅客　蓝天——南天　浓重——隆重　泥巴——篱笆　留念——留恋

大娘——大梁　牛年——流年　南宁——兰陵　难住——拦住　南

路——拦路

男女——蓝缕　年夜——连夜

绕口令：

牛郎恋刘娘

牛郎年年恋刘娘
刘娘连连念牛郎
牛郎恋刘娘
刘娘念牛郎
郎恋娘来娘念郎

j q x——z c s

【训练提示】

①舌面音 j q x 与舌尖前音 z c s 成阻部位明显不同，前者是舌面前部与硬腭前部成阻，后者是舌尖与下齿背成阻。

②认字能力要提高，必须能够准确区分哪些字是舌面音，哪些字是舌尖音。

j——z

积攒　结扎　节奏　尽责　径自　静坐　救灾　拒载　佳作　集资

z——j

足金　醉酒　尊敬　资金　杂技　总结　字迹　咱家　自觉　趑趄

q——c

切磋　凄惨　取材　起草　器材　潜藏　钱财　青瓷　其次　清脆

c——q

采取　侧倾　残缺　从前　瓷器　草桥　篡权　萃取　凑巧　粗浅

x——s

硝酸　寻思　虚岁　选送　血色　迅速　徇私　逊色　乡俗　心酸

s——x

索性　酸洗　搜寻　三弦　速写　私心　思想　送行　随想　思乡

绕口令：

漆匠和锡匠

西巷有个漆匠、七巷有个锡匠，
西巷的漆匠偷了七巷锡匠的锡，
七巷的锡匠偷了西巷漆匠的漆；
西巷的漆匠为七巷的锡匠偷漆而生气，
七巷的锡匠为西巷的漆匠偷锡受刺激。
一个生气，一个受刺激，
岂不知你俩都是目无法纪。

棋迷下棋

两个棋迷，一个姓米一个姓齐。
米棋迷齐棋迷，一起下棋。
米棋迷要吃齐棋迷的车，
齐棋迷不让米棋迷吃车。
早起就下棋，下到日偏西，
不知米棋迷下过齐棋迷，
还是齐棋迷胜过米棋迷。

f——h

【训练提示】

①唇齿音 f 与舌根音 h 的发音方法和成阻部位明显不同，前者是上齿与下唇内缘成阻，发 h 时，嘴微张，舌头后缩，舌根隆起与软腭成阻。

②认字能力要提高，必须能够准确区分哪些字是唇齿音，哪些字是舌根音。

f——h

发挥　反悔　繁华　防洪　防护　分化　粉红　丰厚　缝合　奉还　凤凰　腐化　浮华　符号　富豪　复合　复活　附和　负荷　风寒　防火　返还　汾河　焚毁　愤恨

h——f

海防　寒风　豪放　毫发　耗费　浩繁　何妨　合法　和风　横幅　洪

峰　洪福　花房　花费　花粉　划分　化肥　花肥　荒废　挥发　恢复　汇费　混纺　和服　海风　红粉

发展——画展　防风——黄蜂　反复——缓付　废话——绘画　防空——航空

分头——昏头　凡是——环视　分发——昏花　房山——黄山　分配——婚配

公费——工会　肺腑——恢复　幅度——弧度　富丽——互利　风箱——烘箱

绕口令：

粉凤凰

费家有面粉红墙，
粉红墙上画凤凰。
凤凰画在粉红墙，
红凤凰看黄凤凰，
黄凤凰看红凤凰。
粉凤凰、飞凤凰，
粉红凤凰花凤凰，
全都仿佛活凤凰。

前后鼻尾音韵母归音训练

【训练提示】

①发音时注意口腔开度会有助于区分前后鼻韵母，前鼻韵母开口较小，舌尖向前送；后鼻韵母开口度较大，舌根向后收。

②认字能力要提高，必须能够准确区分哪些字是发前鼻韵，哪些字是发后鼻韵。

an——ang

烂漫——浪漫　反问——访问　赞颂——葬送　开饭——开放

担心——当心　弹词——搪瓷　鱼杆——鱼缸　施展——师长

一般——一帮　寒天——航天　心烦——心房　散失——丧失

产房——厂房　小县——小巷　山口——伤口

担当　安放　班长　繁忙　山岗　南方　反抗　安康　返航　漫长　肝

脏　擅长　战场　班长

ang——an

商贩　当然　傍晚　畅谈　上班　账单　方案　商战　汤饭　钢板　房山　浪漫　档案

绕口令：

长扁担短扁担

长扁担，短扁担，
长扁担比短扁担长半扁担，
短扁担比长扁担短半扁担。
长扁担绑在短板凳上，
短扁担绑在长板凳上。
长板凳不能捆比短扁担长半扁担的长扁担，
短板凳也不能捆比长扁担短半扁担的短扁担。

en——eng

陈旧——成就　真理——争理　申明——声明　木盆——木棚
清真——清蒸　瓜分——刮风　绅士——声势　人参——人生
诊治——整治　沉积——乘机　长针——长征　粉刺——讽刺
真诚　本能　深层　奔腾　真正　神圣　纷争　门缝　人称　人生　门风　分封　晨风

eng——en

成本　成分　登门　承认　成人　诚恳　城镇　风尘　锋刃　能人　胜任　正门　证人　生根

绕口令：

根连根

山上青松根连根，
各族人民心连心；
根连根，心连心，
建设祖国一股劲。

in——ing

亲生——轻生　金质——精致　人民——人名　信服——幸福

频繁——平凡　亲近——清静　贫民——平民　金银——经营

弹琴——谈情　进攻——静功　信誉——性欲　轻信——青杏

心情　禁令　新兴　民警　品行　聘请　进行　新型　尽情　心灵　拼命　民兵　金星　新颖

ing——in

听信　灵敏　清新　挺进　平民　迎新　影印　警民　领巾　精心　轻信　病因　定亲　京津

绕口令：

同姓通信

同姓不能说成通信，
通信不能说成同姓；
同姓可以互相通信，
通信的不一定是同姓。

人民空军炸冰凌

春风送暖化冰层，
黄河上游漂冰凌；
水中冰凌碰冰凌，
积成冰坝出险情。
人民空军为人民，
飞来银鹰炸冰凌；
银鹰轰鸣黄河唱，
人民空军留美名。

三、课后训练

1. 诗词

钱塘湖春行

白居易

孙山寺北贾亭西，水面初平云脚低。
几处早莺争暖树，谁家新燕啄春泥。
乱花渐欲迷人眼，浅草才能没马蹄。
最爱湖东行不足，绿杨阴里白沙堤。

游山西村

陆　游

莫笑农家腊酒浑，丰年留客足鸡豚。
山重水复疑无路，柳暗花明又一村。
箫鼓追随春社近，衣冠简朴古风存。
从今若许闲乘月，拄杖无时夜叩门。

度大庾岭

宋之问

度岭方辞国，停轺一望家。
魂随南翥鸟，泪尽北枝花。
山雨初含霁，江云欲变霞。
但令归有日，不敢恨长沙。

雨霖铃

柳　永

寒蝉凄切，对长亭晚，骤雨初歇。都门帐饮无绪，留恋处、兰舟催发。执手相看泪眼，竟无语凝噎。念去去千里烟波，暮霭沉沉楚天阔。

多情自古伤离别，更那堪，冷落清秋节！今宵酒醒何处？杨柳岸，晓风残月。此去经年，应是良辰好景虚设，便纵有千种风情，更与何人说？

2. 散文

你会被什么埋葬

人们总认为，埋葬一个人的是泥土，其实不然。泥土只能埋葬死人，活人却往往被许多别的东西埋葬。

家务事可以埋葬一个人，酒肉朋友可以埋葬一个人，爱情也能埋葬一个人，麻将扑克都会埋葬一个人。一切低级趣味或看似高雅的兴趣都可能埋葬一个人。

归根到底，一个活蹦乱跳的人，终将被时间埋葬。

埋葬与不埋葬，不决定于为与不为之间，而决定于为与“度”之间。不论做什么事情，有度则不会被埋葬，无度、过度便已经滑到了被埋葬的边缘了。

“度”是一切事情的真理与谬误、正常与反常的分界线。事物的合理性、合法性、正当性、规律性，几乎都由“度”这个准绳来把握、来规定其性质。水，在零度以上百度以下为液体，在零度以下为固体，在百度以上则逐步成为气体。

家务事要为，爱情应为，琴棋书画都可以为……完全不为是不完整的生活、寂寞的生活；而为之过度、无度，就要警惕被其埋葬的危险。

“度”，太重要了。

谈谈灵感

“灵感”是个很有魅力的词儿，对人们特别是对年轻人有着很大的吸引力。有人这样形容“灵感”，说它是茫茫夜空中的流星，虽然转瞬即逝，却光彩夺目；也有人这样讲，灵感是智慧女神的使者，只有最聪明的人才能看到这位使者的尊容。真不知道从什么时候开始，灵感在它诱人的魅力中又被人们增添了多少神秘的色彩。正是这神秘的色彩使不少人把灵感看成是可望而不可及的东西，甚至为自己没有灵感而深感自卑。其实灵感并不神秘，也决不是可望而不可及的东西。应该说，灵感人人皆有，特别是青年人，感觉敏锐，记忆力好，思路敏捷，想像丰富，正是灵感迸发的大好年华。

那么，什么是灵感呢？灵感是一种最佳的创作心理。具体地讲，人们在创造性活动中，有时会突然产生某些新形象、新概念和新思想，这就是人们通常所说的“灵感”。灵感是人们在创造性活动中突然展现的最佳创造能力，它是创造性思维能力、创造性想像能力和记忆能力的巧妙融合。美国化学家普拉特和贝克曾经对灵感问题进行了调查研究。在他们调查的科学家中，33%的人经常产生灵感，50%的人偶尔产生，17%的人没有产生过灵感。

在这个调查中，我们可以看出，灵感还是普遍产生的。自称没有产生过灵感的17%的科学家据了解也并不是没有灵感，而是他们不承认灵感的存在。我们说，这些科学家有这种看法并不奇怪，这是因为，灵感往往是在长期从事科学研究中突然获得，并能使研究获得成功。

谈情和礼

礼品与商品一样，有真伪之分，决定的因素是看其含"情"量多少。不含真情的，即使含"金"量再大，也是假的。相反，即使含"金"量微乎其微，只要含"情"量大，也是真的。

唐代云南土官派使者带上一只硕大的白天鹅到长安去朝见唐太宗，路经沔阳湖，不料天鹅饮水时振翅高飞，使者情急之中只抓得一根鹅毛在手。无奈，他将鹅毛用锦缎包好，上书"礼轻情意重，千里送鹅毛"，到长安后献给了唐太宗。太宗见后甚为感动，他从一根鹅毛中看到了云南土官对唐王朝的诚心和拥戴。

看《毛泽东书信集》，张维是毛泽东早年的朋友，张维老母八十寿辰时，毛泽东的礼品竟是亲笔写的字幅一条："如日东升，如月之恒"，附言中说，"无以为赠，写了几个字，以表庆贺之忱"。一根鹅毛，一片字纸，"看似无，实则有"，有的正是含"情"量。

目前商品经济大潮中，送礼之风日炽，有家礼品商店堂而皇之的招贴竟是"有礼走遍天下，无礼寸步难行"。然而，那些溜须拍马的势利小人之"礼"，含"金"量固然高，有没有含"情"量则很难说，自然，也很难说是真礼品。

3. 消息

▲本台消息：中共中央政治局常委、国务院总理温家宝昨天下午来到中国人民革命军事博物馆，参观正在这里举办的我国首届保护知识产权成果展览。

温家宝仔细观看展品，认真了解各地各部门保护知识产权工作的进展和成效，不时询问国内各行业企业自主创新、主动维护知识产权方面取得的成果。

加强行政执法，打击盗版行为，是温家宝十分关注的内容。他强调，保护知识产权一定要做到行政执法与刑事司法的相互衔接。温家宝说，展览展出的我国保护知识产权的这些成果，显示了中国政府保护知识产权的决心。这既是我国现代化建设的需要，又是履行我们应尽的国际义务。温家宝强调：中国政府高度重视保护知识产权，保护知识产权就是尊重知识、鼓励创新、保护生产力。

温家宝指出，中国将采取四项重要措施，以形成一个比较完整的保护知识产权体系。第一，加强执法，依法保护知识产权；第二，加强行政监管，经常地开展专项保护知识产权的行动；第三，加强国际合作，同世界各国密切配合，共同打击侵权行为；第四，加强全民教育，在全社会形成保护知识产权的氛围。

温家宝说，只要通过坚持不懈的努力，保护知识产权就一定能够深入人心，就能够在中国形成一个法制完备、严肃执法、监管有力的保护知识产权体系。

▲本台消息：1月12日，科利华股份有限公司与全国著名中学北京师范大学附中正式签订合作协议，科利华北京师范大学附中网上学校(www.clever.com.cn)开通试运行。科利华作为全国最著名的教育软件企业，具有极大的技术优势和市场运作能力，科利华首先要在北京、上海、天津、广州等10个城市各选择一所著名中学联合建立"网上学校"，并将陆续在全国100个大中城市建立"网上学校"，最终通过互联网的强大功能，把教育领域里的最好资源搬上互联网，最终目标是建立一个跨时空的网上"中国联合中学"。

▲本台消息：国内首家支持在线实时购买的IP电话卡账号专卖网站(www.cncord.com)于近日正式开通，这一由北京云网公司主持的"cncard online shopping"站点在真正意义上实现了在线即时查询存货、产品挑选、网上支付、账号查询等功能，并保证即时得到IP电话账户和密码。同时几分钟内就通过E-mail将IP电话账号发送到用户邮箱，使电子商务的优越性全面真正体现。"IP电话卡网上在线专卖"汇集了包括吉通、联通、电信、网通等国内风靡的IP卡产品，利用招商银行的"一网通"网上支付功能，使所有有在线购买能力的用户，只需坐在电脑前就可以任意挑选需要的IP电话产品，省时、省力又省钱。

▲本台消息：目前世界上建筑面积最大的专业文学馆——中国现代文学馆新馆在北京落成，5月23日将举行开馆典礼。

该馆是在著名作家巴金和女作家冰心的建议下建设的。1993年，巴金和冰心分别致信中央请求建立文学馆新馆，1996年开始动工建设。该馆占地46亩，分3期施工，其中第一期投资1.5亿元，建筑面积1.4万平方米，本月23日正式对外开放。文学馆有现代化的电脑管理系统和先进的高科技保管、检索、复制、复印和阅读设备，能为读者提供周到的服务。馆内常设"二十世纪文学展览"、"作家文库展览"，开馆时有"文学大师风采展览"、"中国现代文学馆藏书票原作展"等。作为世界最大的专业文学馆，该馆有可供文学座谈、研讨、演讲和展览等的多功能厅，有电视拍摄室和后期制作室。

▲本台消息：昨天，国家内贸易局发布了对北京、上海、重庆、广州等十大城市"五一"消费品市场调查结果。结果显示，十大城市"五一"7天消费潮涌动，客流量猛增，销售额平均增幅在40%以上。

商业销售大幅上升。北京市大型商场节日期间客流量比平时成倍增长，销售额增幅平均在40%以上。上海市"五一"期间恰逢第五届残运会和上海国际服装节，139家零售市场1至7日销售额达到9.7亿元，同比增长42.6%。广州市区八大百货商场销售额增幅平均达62.3%。

宾馆饭店火爆。北京市中小宾馆、旅店节日期间出现了多年未见的排队等床现象。北京全聚德集团在京8家企业经营额达到1062.3万元，同比上升74.2%。上海30家酒家饭店节日7天营业额2700万元，同比增长25.4%。

▲本台消息：北京将在八达岭风景区修建磁悬浮列车，总长2.2公里，在这一高科技项目投入使用后，游客可从景区停车场乘坐快捷舒适的列车直达长城脚下詹天佑铜像处。

这一技术先进的磁悬浮列车项目由北京控股有限公司和北京八达岭旅游总公司共同开发完成，总投资额为2300万美元。项目技术开发者国防科技大学正在进行生产试验。

记者就磁悬浮列车项目的问题采访了国家科技部磁悬浮办公室，科技部高新司能源交通处的许惊处长告诉记者：八达岭将建的磁悬浮列车时速为100公里/小时，它和通常所讲的"高速磁悬浮列车"不同。

目前，全世界尚没有一条真正商业意义上的高速磁悬浮列车线路，德国有一条31.5公里长的常导磁悬浮线路用于观光游览，也属试验线路。

【附：容易读错的常见常用字】

吖 ā（不读 ya，常见药名用字）　畚箕 běnjī

匕首 bǐ（不读 bì 和 bí）　泌阳 bì（不读 mì yang）

胳臂 bei（轻声，不读 bì）　膀臂 bì

针砭 biān（不读 biǎn）　谄媚 chǎn（上声）　羼水 chàn

霓裳羽衣 cháng（误读 shāng，"初闻涕泪满衣裳"、"轻解罗裳，独上兰舟"等中的"裳"都该读 cháng）

一场雨　一场大战 cháng(不读 chǎng,用于事情的经过)
三场比赛　跳场舞(chǎng,用于文体活动)
匀称　称职　称心如意　对称 chèn(不读 chèng)
种(姓氏)chóng　憧憬 chōng(不读 chóng)
驰骋 chí chěng(不读 chéng)　鞭笞 chī(不读 chì)
处暑　处境　处女　为人处世 chǔ(不读去声)
揣着书 chuāi(区别:揣测 chuǎi)　啜(姓氏)chuài
氽丸子 cuān(非去声)　档案 dàng(无 dǎng 音)
安步当车 dàng (不读平声)　订正 dìng(无 dīng 音)
胴体 dòng(去声,不读阳平 tóng)
掇拾 duō(拾掇的意思不读 duò。在拾掇里读轻声。)
菲薄 fěi(芳菲是平声)　氛围 fēn(无去声)
果脯 fǔ　准噶尔 gá　枸杞 gǒu qǐ(皆上声)
勾当 gòu(不读 gōu)　呱呱坠地 gū(不读 gua)
力能扛鼎 gāng(不读 kǎng)　契诃夫　唐吉诃德 hē(不读 kē)
道行 héng(修行的功夫,比喻本领。不读 háng,xíng)
飞来横祸　蛮横　发横财 hèng　横加阻拦 hēng
一哄而散 hòng　哄堂大笑 hōng　哄逗　哄骗 hǒng
骨骸 hái　薅草 hāo　白桦树 huà(不读 huá)
馄饨 hún tun(轻声不读 dùn)　和泥　和面 huó　搅和　和稀泥 huò
囫囵吞枣 hú lún(不读 lùn,单独囫囵一词时囵读轻声。)
溃脓 huì(区别溃烂 kuì)　通缉 jī(区别编辑 jí)
窗明几净 jī(误读上声)　嫉妒 jí(区别忌妒 jì)
给予 jǐ(上声,不读 gěi,注意和“给以”的区别)
人才济济 jǐ(不读 jì)　里脊(轻声,本音 jǐ)
脊背　脊梁　脊柱 jǐ(不读阳平)　成绩 jì(无阴平)
渐染 jiān(不读 jiàn)　眼睑 jiǎn
矫枉过正 jiǎo　缴纳　缴费 jiǎo　绢花 juàn(无阴平)
配角儿　角色 jué(不读 jiǎo)　发酵 jiào(不读 xiào)
解送　押解 jiè(误读上声)　浑身解数 xiè(误读 jiě)
粳米 jīng(不读 gēng)　籼米 xiān(不读 shān)
强劲　劲敌　劲旅 jìng(不读 jìn)

根茎叶 jīng(误读去声)　颈部 jǐng(误读去声)

靓妆 jìng(不读 liàng)　循规蹈矩　矩形 jǔ(误读去声)

前倨后恭 jù　龟裂 jūn(不读 guī)　以儆效尤 jǐng(非去声)

腈纶 jīng(不读 qíng)　扛枪　扛长工 káng(不读上声)

倥偬 kǒng zǒng(易错)　内窥镜 kuī(不读 kuì)

傀儡 kuǐ(易误为阴平)　书声琅琅 láng(不读上声)

唠叨 láo(区别唠家常 lào)　落不是 lào(易误读 luo)

量杯　思量 liáng　量体裁衣 liàng(易误读阳平)

连篇累牍 lěi(误读去声)　连累 lěi(易误读去声)

累累　①果实累累(léi léi 阳平)；　②伤痕累累(lěi lěi 上声)

浙江丽水 lí(不读 lì)　淋病 lìn(去声,易误读阳平)

绿林好汉 lù　棕榈 lǘ(误读上声)　莽莽群山　草莽 mǎng

扪心自问 mén　腼腆 miǎn tiǎn(都是上声,腼易误认为是阴平)

酩酊 mǐng dǐng(都不是阴平)　披靡 mǐ(不读 mí)

抹墙 mò　模样 mú(区别:模型 mó)

姓氏那 nā(满族的那拉氏后改为那姓)

泥淖 nào(不读 zhāo)　泥古　拘泥 nì(不读 ní)

忸怩 niǔ ní(不读 nì)　驽马 nú　弩弓 nǔ

喷香　喷喷香 pèn(不读 pēn。注意:香喷喷读 pēn,但本音是 pèn,与懒洋洋读 yāng、黑洞洞读 dōng、血淋淋读 līn 等重叠形容词一样属于普通话语流音变)

土坯　坯胎 pī　胚胎 pēi tāi　癖好　洁癖 pǐ(不读 pì)

睥睨 pì nì(不读 bì)　剽窃 piāo(不读 piáo)　剽悍 piāo(不读 piáo)

媲美 pì(去声,不读 bì)　心宽体胖 pán(不读 pàng)

大腹便便 pián　缥缈 piāo miǎo　骠勇 piào(不读 biāo)

娉婷 pīng tíng　砒霜 pī(不读 pí)　湖泊 pō　漂泊 bó

姓氏繁 pó　一曝十寒　曝晒 pù　曝光 bào

菜畦 qí(不读 xí)　绮丽 qǐ(不读 qí)　哨卡 qiǎ(上声,不读 kǎ)

蹊跷 qī qiāo(不读去声)　牵强附会 qiǎng(误读 qiáng)

襁褓 qiǎng bǎo

金蝉脱壳　甲壳　地壳 qiào　贝壳　鸡蛋壳　脑壳 ké

请柬 jiǎn　蜷缩 quán(不读 juǎn)　绕 rào(绕无上声)

禅让　封禅 shàn(区别:禅院　坐禅 chán)

搭讪　讪笑 shàn(不读 shān)

妊娠 rènshēn　教室　办公室 shì(不读上声)

狩猎 shòu(不读上声)

箪食壶浆 dānsì(不读 shí)　精髓 suǐ(不读阳平)

浙江天台山　台州 tāi(姓氏地名里的字要注意读音的不同)

叨光 tāo

体己 tī ji("己"读轻声。体己钱　体己话)

轻佻 tiāo　请帖 tiě　妥帖(贴)tiē　字帖 tiè

上吐下泻 tù(不读 tǔ)　海参崴 wǎi(不读 wēi)

"为"的读音:①去声。帮助,卫护,"为刘氏者左祖";介词:行为对象,"为你服务";介词:目的,"为爱情干杯";对,向,"为外人道";因为,"为何",为人民服务,为虎作伥,为了,为什么,为着,为你庆幸,不足为外人道也。②阳平声。做,"大有可为";充当,"选他为";变成,"一分为二";是,"十寸为一尺";介词:与"所"合用,"为群众所喜闻乐见";助词:跟"何"相应,"何以家为";副词后:如"广为"、"极为',为非作歹,为富不仁,为害,无能为力,为难,为人,为期,为首,为所欲为,为伍。

龌龊 wò chuò　新潟 xì(日本地名)

纤维 xiān wéi(易读 wēi)　嬉皮笑脸 xī(误读上声)

鲜见 xiǎn(不读 xiān)　相机行事 xiàng(不读阴平)

挟制 xié　叶韵 xié(不读 yè)

乳臭　铜臭 xiù(不读 chòu)　骁勇　骁将 xiāo(不读 xiāo)

眩晕 xuàn yùn(不读 xuányūn)　倾轧 yà(不是 zhā)

筵席 yán　梦魇 yǎn(不读 yàn)　殷红 yān(不读 yīn)

窈窕 yǎo tiǎo(不读 yáotiáo)　笑靥 yè　旖旎 yǐ nǐ　迤逦 yǐ lǐ

衣锦还乡 yì(衣在此是动词所以读去声)

荫凉 yìn

应届 yīng(不读 yìng)

佣工 yōng

佣金 yòng (仅在佣金义时为去声,如佣金、佣钱等;其他读阴平:女佣、雇佣)

良莠不分 yǒu(不读 yòu)　迂回　迂腐 yū　年逾古稀 yú(不读 yù)

伛偻 yǔlǚ　熨贴 yù(区别:熨斗)

鹬蚌相争 yù(不读 yú)

予 yú(义为“我”)　授予　给予(读上声)

与其……不如……yǔ(不读去声,除了在参与义里读去声其他读上声,如与虎谋皮,与人为善,赠与,我与你等)

参与　与会(读去声)

晕车　晕船　晕机　晕针 yùn(不读 yūn,头晕、晕厥读 yūn)

包扎　扎小辫 zā(不读 zhā)

载 zǎi:年载、登载。例,千载难逢,转载,登载。

载 zài:装载、拒载、载人、载重、载体、载运、怨声载道、载歌载舞。

水藻　辞藻 zǎo(不读去声)

谮言 zèn(不读 zān)　赠送 zèng　驻扎 zhā

札记 zhá　择菜 zhái　占卜　占星术 zhān

动辄 zhé(不读 zé)

棋高一着 zhāo　着慌 zháo

召开　号召 zhào(无平声)

症结 zhēng(病症是去声)　踯躅 zhí zhú(不读阴平)

卷帙浩繁 zhì(不读 yì)　标识 zhì(误读 shi)

抵掌 zhǐ zhǎng(区别抵)　趾甲(皆上声,zhǐ jiǎ)　中肯 zhòng

压轴戏 zhòu(误读 zhóu)　白术 zhú　莺啼鸟啭 zhuàn(不是上声)

琢磨 zhuó mó(加工义)　琢磨 zuó mo(思索义,磨读轻声)

涿州 zhuō(不读阳平)　颤栗(战栗)zhàn

颤动　发颤 chàn

渣滓 zǐ(可读轻声但不读去声 zì。对读轻声的字要注意容易误为去声,如琵琶 pá、玻璃 lí、篱笆 bā、拾掇 duō、葡萄 táo、豆腐 fǔ 等等。)

编纂 zuǎn(不读 cuàn)

【思考题】

1. 什么是普通话?
2. 普通话与方言有哪些差异?
3. 请结合自身谈谈如何学好普通话。

第二章　口齿清晰与训练

一、理论概述

口齿清晰是主持人的语言基本功。常言道："语清意自明。"如果一个主持人说话含混不清，那他就不具备从事主持工作的基本条件。口齿含混不清不仅会造成听众理解上的困难，有时甚至还会产生误解，造成不可预料的严重后果。无论对初学者还是已有一定经验的主持人，口齿都是需要认真注意的重要问题。作为主持人的一项必备基本功，掌握正确的方法，做到口齿清晰、圆润集中和富于变化，更完美地表达出有声语言中所蕴含的大量的信息和丰富的思想感情，是每一位节目主持人不懈追求的目标之一。

二、吐词训练

1. 口腔的静、动态控制

节目主持人的声音应该明净流畅，圆润饱满，而且字音不扁，声音不散，叮咚作响，产生"大珠小珠落玉盘"的效果，富有音乐美。加强口腔控制是口齿清晰的关键。口腔控制又分为静态控制和动态控制。

(1)口腔的静态控制

所谓口腔的静态控制是指在开口说话之前，说话人努力使自己的口腔在静止状态下形成一种开阔状态，并且这种状态应贯穿说话始终。

中国人常用的打开口腔的方法，即"提起颧肌、打开牙关、挺起软腭、放松下巴"，口腔处于一种半打哈欠的状态。你可以试着伸出自己的右手，将右手的三个手指垂直放入上下齿间，以此检验你的口腔开度是否够。

(2)口腔的动态控制

所谓口腔的动态控制是指说话人在说话过程中，应注意口腔的控制变化，即注意吐词。

我国传统说唱艺术强调的是吐字，常用的发音手段是吐字归音。它是以音节为单位，将一个音节分成字头、字腹、字尾三部分，把一个音节的发音过程分成出字、立字和归音三个阶段，通过对吐字过程各个阶段的精心控制，以取得字音清晰、声音饱满、弹发有力的效果。然而，吐字训练很容易诱使人们更加专注于字音，将语义搁置一旁。不少经过吐字训练的人，语言清晰圆润的程度提高了，但对语音的处理把握能力却仅仅停留在音节层面上，未能进入语言的运用层面，听起来语言板滞，思维运行不畅。

主持人一定要懂得吐词。吐词是根据汉语语音结构特点，以词语为单位的语言发声训练方法。它注重将发声与表达相结合，汲取传统的“吐字归音”发声方法的优点，结合词语中音节连续变化的规律，提出了在音节组合层面动态把握语言发声的全新概念，能够使说话人语言既清晰圆润，又自然流畅，符合节目主持人的口语化特点。

2. 力量的巧用

说话过程中，说话人要注意唇和舌用力轻巧，力量集中。

在发音过程中，唇的力量应集中到唇的内缘，集中到中央三分之一处。唇的力量分散是造成字音散的主要原因。

在发音过程中，舌体要取收势，力量要集中在舌的前后中纵线上。注意成阻部位要呈点状接触而不是片状接触，声音才能集中。

3. 声音成弧线

说话人应明确声音发出的路线，它应该是一条美丽而有力的弧线。具体地说，声音像一条弹性的带子，下端从小腹拉出，垂直向上，至口咽腔，沿软腭、硬腭的中纵线推到硬腭的前部，字音好像被“吸着”而“挂”在硬腭前部，由上门齿弹出并在鼻前划出一道美丽的弧线。这样做，会获得声音从上唇以上的部位透出的感觉，声音集中，音色明朗，穿透力强。

【训练题】

1. 绕口令训练

(1)以声母为主的绕口令

以声母为主的绕口令，训练的重点在于练习叼住弹出的力度。同时，要注意语意，找准重音，生动表达。

吊　刀

门后吊刀
刀倒吊着

(2)以韵母为主的绕口令

以韵母为主的绕口令，注意字腹要拉开立起。同时，要注意语意，找准重音，生动表达。

真　冷

真冷，真正冷
冷冰冰，冰冷冷
猛地一阵风，更冷

2. 用记录速度播报新闻

请用记录速度播报下面这则消息。

中国京剧优秀青年演员研究生班首届学员，将于3月24日至28日在北京长安大戏院举行毕业汇报演出。

优秀青年演员研究生班是中国京剧史上的第一个研究生班，在三年时间里，全班26名学员学习了《剧目研习》、《戏剧表演专论》、《戏剧角色创造》、《戏剧导演概论》等16门课程，并与各自所在院团一起加工整理创作了一批新剧目，如《宝莲灯》、《妈阁紫烟》、《蝴蝶梦》、《花木兰》、《驿亭谣》、《西厢记》、《刘兰芝》、《李尔王》、《大钟楼》等，在继承与创新、课堂教学与舞台实践、技能培训与艺术研究的结合上取得了可喜成果。

几年来，首届研究生班的学员们不仅活跃在京剧舞台上，也出现在一些重大节日的大型晚会上。这次毕业公演，是他们三年学习成果的集中汇报。学员们演出的《杨家将》、《大保国·探皇陵·二进宫》、《霸王别姬》等剧目将再一次展示出他们团结协作、奋发向上的风貌。

【训练提示】

①语速较慢，想像有人正在纸上记录你播报的内容。强调吐词，注意语速虽慢，但语意要完整、连贯；

②开始练习时，可一句一句练，以句为单位，先用记录速度练习一遍，再用正常语速练习，体会比较口腔控制和练习效果；然后，以段或层为单位进行练习；最后，用记录速度练习全文，再用正常语速播报来检验练习效果。

三、课后训练

1. 单人速读练习

请快速朗读下面这段话。

奇特的啄木鸟

据调查，啄木鸟每天要敲打树干500～600次，通过高速摄影算出，啄木鸟啄树的冲击速度是2080km/h，当啄木鸟的头部从树上弹回来时，它减速的冲击力也大得惊人——有1000个重力常数。要知道，一辆汽车如以56km/h的速度撞在一堵墙上，其力量才不过10个重力常数，可想而知，1000个重力常数是多么巨大的冲击力！奇怪的是，啄木鸟从来不会因此而得脑震荡，头颈也不会受到任何损伤。根据啄木鸟头部的奇特构造和运动方式，有人设计了一种新颖的安全帽和防撞盔。经试验，这样的帽子比一般的防护帽效果要好得多。

【训练提示】

①读的过程中不要有停顿，发音要准确，吐词要清晰；

②先慢后快，逐次加快，一次比一次读得快，最后达到你所能达到的最快速度；

③要在"准"的基础上求快，做到快而不乱；

④找准"气口儿"，进气无声。

"气口儿"是最佳换气处。方法是，话出口前急速吸气，把握好吸气与话出口的"时间差"，这样气流才显得充沛有力。这些救"燃眉之急"的换气不易被人觉察，所以又称"偷气"。注意，不要边说边换气。

速读法的优点是不受时间、地点的约束，无论在何时、何地。只要手头有一篇文章就可以练习。而且还不受人员的限制，不需要别人的配合，一个人就可以独立完成。当然你也可以找一位学友听听你的速读练习，让他帮助挑你速读中出现的毛病。比如哪个字发音不够准确，哪个地方吐字还不清晰，等等，这样就更有利于你有目的地进行纠正、学习。你还可以用录音机把你的速读录下来，然后自己听一听，从中找出不足，然后改进。如果有老师指导就更好了。

2. 两人贯口练习

请找一位学友进行"咱俩比嘴功"的对说贯口练习。"贯口"又称"快口"或"串口"。"贯口"是训练口齿清晰度的常用方法。

咱俩比"嘴功"

甲：今天，咱俩比比"嘴功"。我有来言，你有去语。

乙：可以，我如果说"大"，那你就得说"多"。

甲：我要是说"顺"，那你就得说"和"。

乙：好！"大、多、顺、和"四个字。你先说"大"，开始——

甲:(由慢到快)元旦喜气大国家变化大,北京开人大规划真宏大,工程大气派大,投入大效益大,上班干劲大下班乐趣大,学习劲头大唱歌嗓门儿大,生活改善大饭菜香味大,鱼大虾大蛋大鸡大碟子也大碗也大,油水大胃口大,大张嘴嘴张大,少见女人大肚子却常见男人的肚子大——

乙:你那是啤酒肚子啊,还是少喝点儿吧!且听我说“多”——新年欢乐多四方喜讯多,城市发展多农村建设多,机械多水利多,化肥多良种多,绿化多粮食多,现在是,能人多强人多新星多新秀多,大经理多企业家多,博士多硕士多教师多专家多,做学问的人多做生意的人更多,读书的多不读书的也多,考托福的多烤羊肉串的也多——

甲:(快接)吃羊肉串的更多!你听我讲“顺”——同心同德者顺哉,顺者同心同心者顺,腾飞的中华百业待顺,政治要理顺经济要理顺,思想要理顺文化要理顺,方方面面都要理顺,工业顺农业顺国防顺科技顺,交通顺道路顺建设顺改革顺,党的领导要顺思想工作要顺,对内工作要顺对外关系要顺,十三亿两千万人民心和气顺!

乙:安定团结折和也,和者团结团结者和,单手为分联手为和,改革的中国首先得合,党政要和干群要和,新老要和中青要和,军民要和官兵要和领导班子特别要和。中央和省市和地方和地区和,工农和城乡和学校和工厂和,家庭和邻里和兄弟和姐妹和,你和我和他也和。海峡两岸要和,中国共产党同各民主党派要和,汉满蒙回藏、五十六个民族要和上加和,建设具有中国特色的社会主义祖国需要和必须和、只能和、不能不和——

甲:说得好!

甲、乙:(合,更快)我们的力量来自党和国和军和民和,惟有同心同德紧密团结广泛联合,才能心情舒畅事业发达步调一致与时俱进国家兴旺政通人和!

【训练提示】

①不要有“喝气”声。“喝气”声是用口吸气造成的。这样舌面干燥,冷气刺激声带,声带湿润度降低,影响声音质量;

②换气要找准“气口儿”;

③换气不要“端肩”。胸廓的第一对肋骨是呼吸动作的支点,吸气时如果两肩耸起,第一对肋骨位置就会上移,胸腔内部会感到空虚,发声就虚软,而且“端肩”姿态也不好看。

(贯口练习引自赵忠祥、白谦诚主编《主持人技艺训练教程》)

四、训练材料

1. 绕口令

别吐葡萄皮

吃葡萄不吐葡萄皮儿，
不吃葡萄倒吐葡萄皮儿。
不吃葡萄别吐葡萄皮儿，
吃葡萄也别吐葡萄皮儿。
不论吃葡萄不吃葡萄，
都不要乱吐葡萄皮儿。

短　刀

调到敌岛打特盗，
特盗太刁投短刀。
挡推顶打短刀掉，
踏盗得刀盗打倒。

崔粗腿和崔腿粗

山前有个崔粗腿，
山后有个崔腿粗，
二人山前来比腿。
崔粗腿吹粗腿，
崔腿粗吹腿粗。
不知是崔粗腿比崔腿粗的腿粗，
还是崔腿粗比崔粗腿的腿粗。

借酸枣子

山上住了个三老子，
山下住了个三小子，
山腰住着三哥三嫂子。
山下的三小子，

找山腰的三哥三嫂子，
要借三斗三升酸枣子；
山腰的三哥三嫂子，
借给三小子三斗三升酸枣子。
山下的三小子，
又去找山上的三老子，
要借三斗三升酸枣子；
山上的三老子，
没有三斗三升酸枣子，
找到山腰的三哥三嫂子，
借了三斗三升酸枣子，
给了山下的三小子。
过了年山下的三小子收了酸枣子，
还了山腰三哥三嫂子，
两个三斗三升酸枣子。

大花活河蛤蟆

一只大红花海碗，
画了个大胖活娃娃；
大红花海碗下，
扣了只大花活河蛤蟆。
画大胖活娃娃的大红花海碗，
扣住了个大花活河蛤蟆。
大花活河蛤蟆，
服了大红花海碗上的大胖海娃娃。

老龙闹老农

老龙恼怒闹老农，
老农恼怒闹老龙，
农怒龙恼农更怒，
龙恼农怒龙怕农。

妞妞和牛牛

牛牛要吃河边柳，
妞妞赶牛牛不走。
妞妞护柳扭牛头，
牛牛扭头瞅妞妞。
妞妞怒牛牛又扭，
牛扭妞妞拗拧牛。

刘兰柳

蓝衣布履刘兰柳，
布履蓝衣柳兰刘，
兰柳拉犁来犁地，
兰刘牵牛来拉耧。

稀　奇

稀奇稀奇真稀奇，
麻雀踩死老母鸡，
蚂蚁身长三尺六，
八十岁的老头儿躺在摇篮里。

陈庄城通郑庄城

陈庄城通郑庄城，
郑庄城通陈庄城，
两庄城墙都有门。
陈庄门进郑庄人，
陈庄人进郑庄门，
请问陈郑两庄门，
哪个门进陈庄人，
郑庄人进哪个门？

盆和瓶

桌上放个盆
盆里放着瓶
乒乒砰砰
不知是瓶碰盆
还是盆碰瓶？

盆和棚

天上一个盆，
地下一个棚。
盆碰棚，棚碰盆。
棚倒了，盆碎了。
是棚赔盆，
还是盆赔棚？

炖冻豆腐

会炖你的炖冻豆腐
就炖你的炖冻豆腐
不会炖你的炖冻豆腐
就别炖你的炖冻豆腐
混充会炖你的炖冻豆腐
炖坏了你的炖冻豆腐

2. 诗歌

过零丁洋

文天祥

辛苦遭逢起一经，干戈寥落四周星。
山河破碎风飘絮，身世浮沉雨打萍。
惶恐滩头说惶恐，零丁洋里叹零丁。
人生自古谁无死？留取丹心照汗青。

黄鹤楼

崔　颢

昔人已乘黄鹤去，此地空余黄鹤楼。
黄鹤一去不复返，白云千载空悠悠。
晴川历历汉阳树，芳草萋萋鹦鹉洲。
日暮乡关何处是？烟波江上使人愁。

3. 新闻

▲博鳌亚洲论坛2006年年会将于4月22号开幕。目前，各项准备工作已经就绪。博鳌已经成为继海口、三亚之后海南的又一个旅游品牌。

▲香港研发中心在港投资20亿港元的“香港研发中心”今天成立，“研发中心”涉及汽车零部件、通讯技术、物流等重点领域，其成立标志着香港特区政府推动“创新科技发展”进入了一个新阶段。

▲为期四天的第七届中国重庆高新技术交易会今天开幕。国内外参展商展示了上万个高新技术项目，今天的交易金额达70亿元。

▲国家税务总局今天发布消息，2005年全国共查补税款367亿元，并曝光黑龙江、天津、河北部分企业系列虚开发票案；山西、山东部分企业虚开发票偷税案；广东省十八宝医药保健品有限公司偷税案；湖南长沙三兆实业有限公司涉税案等9起涉税违法案件。

▲从明天起，我国东北、内蒙古重点林区全面进入森林防火紧要期，国家林业局要求四省区从现在起要管好野外生产生活用火行为。

▲第七届中国寿光国际蔬菜科技博览会今天开幕，来自台湾的3种蔬菜、10多种水果和200多种农产品深加工制品参加了此次展销。

▲从今年5月1日起，公安部出入境管理局将新增在南昌、长沙、南宁、海口、贵阳、昆明六城市开办居民个人赴港澳地区旅游。

▲经过抢修，4月16日凌晨因桥台坍塌中断的深汕高速公路旁边，修建起了一条应急便道，并于今天下午通车。

▲国家统计局今天在国新办举行的记者招待会上公布，今年一季度，我国国内生产总值达到43313亿元，同比增长10.2%，略快于上年同期9.9%的增长速度。其中，第一产业增加值比去年同期增长4.6%；第二产业增长12.5%；第三产业增长8.7%。一季度，全社会固定资产投资增长27.7%，比上年同期加快4.9个百分点；工业增加值增长16.7%，比上年加快0.5个百

分点；市场价格温和上涨，全国居民消费价格总水平同比上涨1.2%，比上年同期回落1.6个百分点。

▲据我国科学家预测，到2015年，基因诊断技术将广泛应用于疾病诊断和药物应答预测的过程中。

近年来，与人类疾病的预防和治疗相关的生物技术在国际上受到越来越多的关注，不断取得激动人心的进展。中国科学院"中国未来20年技术预见"研究组认为，基因诊断突破了传统的临床诊断有可能对患者造成误诊的缺陷，通过先进的仪器在基因水平上准确地诊断出患者所患的疾病。

专家指出，基因诊断的方法非常简单，只要用卫生棉球在口腔里一擦，或拔两根头发，通过这些物品即可准确诊断，但目前诊断价格昂贵。

研究组组长、中科院穆荣平研究员说，到2015年，更多的技术将得到广泛应用，深刻地改变人类的生活：太阳能利用与建筑技术将得到广泛应用；智能空间技术和智能家居社区系统得到普及；第四代移动通信技术、安全的电子货币得到广泛应用；个人随身网络系统、纳米复合材料、生物中药治疗技术等得到实际应用。

【思考题】

1. 请谈谈口齿清晰对节目主持人的重要性。
2. 请谈谈对吐词的理解。

第三章　用气发声与训练

一、理论概述

节目主持人主要是用声音进行工作的。一方面，有声语言是节目主持人创作的重要手段，因此，要求节目主持人有一幅好嗓子，声音应讲究艺术性，讲究美感。另一方面，节目主持人职业同教师职业一样都有长期、长时间用声的职业特点，因此，懂得科学合理地用声是非常必要的。

1. 对节目主持人的声音要求可以归纳为以下几句话：自然流畅，响度适中；色调丰富，运用自如

(1)自然流畅，响度适中

主持人的用声应该朴实、自然。在生活中，说起话来装腔作势、拿腔拿调或嗲声嗲气都是令人厌恶的，主持人绝不能采用这种声音。如果用矫揉造作的声音主持节目，就会造成与受众心理上的距离，引起受众反感，形象受损。

由于发声条件不同，每个人的声音都有自己的特色与个性。我们只能在自己发声条件的基础上发挥所长，避免追求某种自以为美的声音，尤其不要刻意地模仿广播、电视中某个自己崇拜的播音员或主持人或演员的声音。一方面，刻意模仿造成用声的不自然，易使人产生反感；另一方面，刻意模仿常常是发声方法不良的根源，它不仅束缚了声音创造力的发挥，严重的甚至可能导致发声障碍或喉部病变。

节目主持人用声响度应适中。声音太高，内在的感情负载就减少，给听者想像的空间就变小，显得单薄，情味不浓。声音太低，不但会造成字音清晰度不够，听不清在说什么，甚至给人感觉用声不自信。特别是有意地虚化、弱化，会使人觉得用声不自然，做作。节目主持人要学会运用自己的耳感“控嗓”，调整自己声音的响度，坚持用声取中的原则。

(2)色调丰富，运用自如

这是对主持人声音弹性和表现力的要求。声音色彩是节目主持人随节目内容的发展而运动变化着的感情的外衣。人的感情是不断运动变化的，声音色彩也是在对比变化中体现出来的。声音色彩有如画家的调色板，越丰富细致就越能传情，越有表现力。感情色彩的变化是无穷的，声音色彩的变化也是无穷的。发音吐词基本方法的掌握，是为了利于声音的变化，而不是为了追求固定不变的音色。多彩善变的声音才有较强的表现力。“文如看山不喜平”，富有变化的声音，可以较好地显示语言的层次感，也是情感表达的一种手段。在有些节目中也是现场调度的一种策略。

我们可以借鉴对播音员的声音要求——刚柔并济，虚实结合。发音吐词要有韧性、有弹性，能刚能柔，有虚有实。由于性别和性格的不同，一般说，男声偏刚健，女声偏柔美。如果颠倒了，就使人感到不舒服，这是男女声比较而言。但是，无论男声或女声，都不能一味地刚或一味地柔，都要求在本身基础上的能刚能柔，刚柔并济。要知道，“过刚则直，过柔则靡”，一味地刚听来呆板生硬，一味地柔听起来萎靡不振，都是我们所不取的。声音还要虚实结合，有人追求声音“亮”，过多地用实声，听来“拙”，不能很好表达细腻的情感；有人追求“柔美”“有感情”，过多地用气声，听来“假”。用声要求刚中有柔，柔中有刚；虚中有实，实中有虚；刚柔并济，虚实结合；随着意与情的要求而灵活运用。虚实与刚柔是两对不同质的矛盾，但它们之间也有着联系。一般地说，实声偏刚，虚声柔美，其实也不尽然；孩子的银铃般的声音是实声，但不刚；一声慨叹用虚声，也不柔。在实际运用中，刚柔虚实的变化是丰富的，多种多样的。

2. 科学用声，保护嗓子

优美动听的声音离不开天赋，但如果不注意科学的用声和保护，优美的声音将只会是昙花一现。因此保护嗓子和训练嗓子同样重要。

(1)节目主持人要学会运用自己的耳感“控嗓”，调整自己声音的响度

说话的响度应适中，不宜过高、过亮，亦不宜过低、过平。说话的响度与发声方法有密切的关系。如果我们留意一下就会发现，有的人说话喜欢高声大嗓，脖颈暴胀；有的人挤气出声，尖声尖气；也有的人敛气收声，语音纤弱；有的人压喉捏嗓，鼻音浓重；甚至有的人因为不满意自己的声音，以为来个“技术处理”就好听了，结果别人听了很不舒服。

(2)学会用气

运用胸腹联合呼吸，气息饱满，声随气出，用力均匀，从而减轻嗓子的负担。

(3)运用共鸣

运用有意识共鸣，声音才会有适宜的响度和亮度，而且发声不觉得吃力。

(4)控制情绪的波动，注意心理的调节

最佳发声状态的前提是最佳的心理状态。心情愉快，侃侃而谈，嗓子就不太容易疲劳。有的人对自己声音不自信，嗓子负担重，嗓子极容易疲劳；有的

人说话时感情过于激动,大喊大叫,结果是声嘶力竭。

(5)养成良好的生活习惯

节目主持人主要是用声音进行工作的,尤其应该注意劳逸结合,只有保证充足的睡眠,才能以最佳的声音状态投入工作。此外,生活中应注意饮食,少吃咸辣、油腻和刺激性的食物,烟酒不要过量。

(6)日常呵护必不可少

平时可用胖大海加冰糖润嗓清喉。如果出现咽喉肿痛、声带充血、声音沙哑或发声困难,就要强迫自己尽量少讲话,甚至暂时"禁声",以防发生病变。

二、发声训练

1. 请先朗读一遍下面这段话,再用比自己自然声区略低一点的"低声调"朗读下面这段话,对比朗读效果

夕阳西下时,去看海,海是那样地柔美、恬静,几乎没有一个浪头,铺开的是如此宽广的细腻与温柔。夕阳被椰树的手臂牵着,将那变幻的色彩尽情地宣泄在平静湛蓝的海面,于是一层桔黄、一层绯红、一层浅绿、一层深蓝,原来海的颜色是这样的丰富多彩。

【训练提示】

①降低声调朗读要适度,不要过低造成压喉,要低得适度,低而不虚,沉而不浊,有一定的内在力量;

②不要光在喉咙上使劲,要使口腔、鼻腔、喉腔、胸腔都参与共鸣,体会一下声音是否响亮一些、浑厚一些、悦耳一些。

2. 请在纪念作家闻一多的晚会上和在电台名作欣赏节目中分别朗诵闻一多的《一句话》

有一句话说出就是祸,有一句话能点得着火。别看五千年没有说破,你猜得透火山的缄默?说不定是突然着了魔,突然青天里一个霹雳,爆一声:"咱们的中国!"

这话教我今天怎么说?你不信铁树开花也可,那么有一句话你听着:等火山忍不住了缄默,不要发抖,伸舌头,顿脚,等到青天里一个霹雳,爆一声:"咱们的中国!"

【训练提示】

①可给自己设置不同的语境进行练习,如在纪念"五四运动"文艺晚会上或在电台直播间里等,体会不同的语境对声音的要求;

②注意实虚变化的运用，声气传情。

三、课后训练

1. 诗词

凉州词

王　翰

葡萄美酒夜光杯，欲饮琵琶马上催。
醉卧沙场君莫笑，古来征战几人回。

蜀　相

杜　甫

丞相祠堂何处寻，锦官城外柏森森。
映阶碧草自春色，隔叶黄鹂空好音。
三顾频烦天下计，两朝开济老臣心。
出师未捷身先死，长使英雄泪满襟。

卜算子·咏梅

毛泽东

风雨送春归，飞雪迎春到。已是悬崖百丈冰，犹有花枝俏。
俏也不争春，只把春来报。待到山花烂漫时，她在丛中笑。

再别康桥

徐志摩

轻轻的我走了，
正如我轻轻的来；
我轻轻的招手，
作别西天的云彩。

那河畔的金柳，
是夕阳中的新娘；
波光里的艳影，
在我的心头荡漾。

软泥上的青荇，
油油的在水底招摇；
在康河的柔波里，
我甘心做一条水草！

那榆荫下的一潭，
不是清泉，是天上虹；
揉碎在浮藻间，
沉淀着彩虹似的梦。

寻梦？撑一支长篙，
向青草更青处漫溯；
满载一船星辉，
在星辉斑斓里放歌。

但我不能放歌，
悄悄是别离的笙箫；
夏虫也为我沉默，
沉默是今晚的康桥！

悄悄地我走了，
正如我悄悄的来；
我挥一挥衣袖，
不带走一片云彩。

二泉吟

张名河

风悠悠，云悠悠，凄苦的岁月在琴弦上流。
恨悠悠，怨悠悠，满怀的不平在小路上走。

啊，无锡的雨，是你肩头一缕难解的愁，
惠山的泉，是你手中的一曲愤和忧。

梦悠悠，魂悠悠，失明的双眼把暗夜看透。
情悠悠，爱悠悠，无语的泪花把光明寻求。

啊，太湖的水，是你人生一杯壮行的酒。

二泉的月，是你命中一只不沉的舟。

风悠悠，云悠悠。

致橡树

舒　婷

我如果爱你——
绝不像攀援的凌霄花
借你的高枝炫耀自己；
我如果爱你——
绝不学痴情的鸟儿
为绿荫重复单调的歌曲；
也不止像泉源
长年送来清凉的慰籍；
也不止像险峰
增加你的高度，衬托你的威仪。
甚至日光。
甚至春雨。
不，这些都还不够！
我必须是你近旁的一株木棉，
作为树的形象和你站在一起。
根，紧握在地下，
叶，相触在云里。
每一阵风过，
我们都相互致意，
但没有人
听懂我们的言语。
你有你的铜枝铁干
像刀、像剑、也像戟；
我有我红硕的花朵，
像沉重的叹息，

又像英勇的火炬。
我们分担寒潮、风雷、霹雳；
我们共享雾霭、流岚、虹霓。
仿佛永远分离，
却又终身相依。
这才是伟大的爱情，
坚贞就在这里：
爱——
不仅爱你伟岸的身躯，
也爱你坚持的位置，足下的土地！

2. 散文

海　燕

高尔基

在苍茫的大海上，狂风聚集着乌云。在乌云和大海之间，海燕像黑色的闪电，在高傲地飞翔。

一会儿翅膀碰着海浪，一会儿箭一般地直冲云霄，它叫喊着，——在这鸟儿勇敢的叫喊声里，乌云听出了欢乐。

在这叫喊声里，充满着对暴风雨的渴望！在这叫喊声里，乌云听出了愤怒的力量、热情的火焰和胜利的信心。

海鸥在暴风雨到来之前呻吟着，——呻吟着，它们在大海上面飞窜，想把自己对暴风雨的恐惧，掩藏到大海深处。

海鸭也呻吟着，——它们这些海鸭呀，享受不了生活的战斗的欢乐，轰隆隆的雷声就把它们吓坏了。

蠢笨的企鹅，畏缩地把肥胖的身体躲藏在峭崖底下……只有那高傲的海燕，勇敢地、自由自在地、在泛起白沫的大海上飞翔。

乌云越来越暗，越来越低，向海面压下来。而波浪一边歌唱，一边冲向空中，去迎接那雷声。

雷声轰响。波浪在愤怒的飞沫中呼啸着，跟狂风争鸣。看吧，狂风紧紧抱起一层层巨浪，恶狠狠地把它们甩到峭崖上，把这些大块的翡翠摔成尘雾和碎沫。

海燕叫喊着，飞翔着，像黑色的闪电，箭一般地穿过乌云，翅膀掠起波浪的飞沫。

看吧，它飞舞着，像个精灵，——高傲的、黑色的暴风雨的精灵，——它在大笑，它又在号叫……它笑那些乌云，它为欢乐而号叫！

这个敏感的精灵，——它从雷声的震怒里，早就听出了困乏，它深信，乌云遮不住太阳，——是的，遮不住的！

风在狂吼……雷在轰响……

一堆堆的乌云，像青色的火焰，在无底的大海上燃烧。大海抓住金箭似的闪电，把它熄灭在自己的深渊里。这些闪电的影子，像一条条的火蛇，在大海里蜿蜒浮动，一晃就消失了。

——暴风雨！暴风雨就要来啦！

这是勇敢的海燕，在闪电之间，在怒吼的大海上，高傲地飞翔。这是胜利的预言家在叫喊：

——让暴风雨来得更猛烈些吧！

3. 举办一次“青春的诗篇朗诵会”或“经典诗文朗诵会”

【训练提示】

①准确理解诗文，注意以情带气，以气传声；

②训练声音弹性，注意声气传情。

【思考题】

1. 如何理解节目主持人的“好嗓子”？

2. 如何科学用声，保护嗓子？

3. 请举例说明情、声、气三者的关系。

第二部分
纯文本主持的口语能力及训练

变"通"能力与训练
变"话"能力与训练
变"活"能力与训练

纯文本主持能力是广播电视节目主持人必备的口语能力。纯文本主持能力指广播电视节目主持人在纯文本主持语境下，轻松、自然、准确、生动地处理纯文本，使有声语言变"通"、变"话"、变"活"的语言能力。

目前，我国绝大部分节目主持人主持节目时前面都有一台提示器，上面是已经写好的口语化的主持词，不管这些话是谁写的，是编辑写的，还是主持人自己写的，还是经过集体商讨后的，总之，最后要通过主持人的嘴说出去。把文字的语言变成有声语言，并且还要让观众、听众感觉是面对面在说，这种能力不是人人具备的，必须经过训练才能习得。节目主持人在日常的主持工作中，无法避免地会遇到各类文字稿件，如果一念文字就结巴，或只会呆板、生硬地念，那么，即使他反应机敏，擅长调侃，其语言能力仍无法得到受众的认可。以电台为例，电台已全面直播化，我们经常会在收听电台节目时，发现有的主持人主持自己那档节目时语言很流畅，很自如，但一到了整点新闻或插播新闻、路况时，语言结结巴巴，大失水准。真正好的主持人应具备贴切处理纯文本的语言能力。白岩松主持《中国周刊》，那些主持词也是事先写好，他对着提示器念的，观众看不出来，那就是能力。本部分，我们就集中培养训练这种能力。

纯文本节目对节目主持人的语言要求表现在三个层面上:第一,要求主持人在纯文本语境下,在较短的时间内,具有较强的变“通”能力,语言流畅,表意准确;第二,要求主持人在语言流畅的基础上,要具有较强的变“话”能力,语言朴实、自然,交流感强;第三,要求节目主持人在纯文本语境下,语言不但要流畅、自然,还要生动、形象、富有个性。本部分我们就把纯文本主持的语言能力分层进行阐述和训练。

第一章　变“通”能力与训练

一、理论概述

所谓变“通”就是指把文字的语言变成有声语言时,语言流畅,表意准确,便于听觉。有些人平时说话很流畅,一个磕巴也不打,但让他念一段写好的话,哪怕是他自己写的,他也会打上几个磕巴,说错几个字。有些人把这种现象归结为文字稿件写得不够口语化,其实根本原因还是变“通”的语言能力不强。

要想把一段文字念通顺,不打磕巴,意思还要让人听得懂,并不是一件容易的事。由于人们对新闻时效性要求越来越高,直播节目的发展,节目主持人口语变“通”能力成为必备素质,尤其是纯文本和半文本主持首先强调一个“通”字,出错多了,其他的努力和优秀都失去意义。

如何才能练就变“通”的语言能力呢?首先我们来看几个例句分析。

例1

“随行人员有马科斯的两个女儿、卡洛斯·罗慕洛外交部长、政府其他部长,省长和其他高级官员等。”

A.“随行人员有马科斯的两个女儿、\卡洛斯·罗慕洛外交部长、\政府其他部长,\省长和其他高级官员等。”

可以明显看出,念的人完全依赖标点符号的暗示,看见标点符号就停顿。然而,很显然,这样念,受众会听不懂。看来,文稿上的那些标点符号如同一个又一个陷阱,让主持人不能自拔。

B.“随行人员\有\马科斯的两个女儿、\卡洛斯·罗慕洛\外交部长、\政府其他部长,\省长\和其他高级官员等。”

有的人念句子时,见字发声,见词就停。停顿过多,一来造成语言不流畅,磕磕巴巴;二来语意不完整,往往自己不知道自己在念什么,听的人也不知道你在说什么。

C.“随行人员有马科斯的两个女儿、卡洛斯·罗慕洛外交部长、政府其他部长,省长和其他高级官员等。”

有的人担心语言不流畅或念错,就一口气念下来,有的人甚至念到后面气不够了,只好胡乱停顿进气。这种打机关枪似的处理方法,听众仍然听不明白。

D.“随行人员有\马科斯的两个女儿、\卡洛斯·罗慕洛外交部长、\政府其他部长,省长和其他高级官员等。”

采用这样的停顿方式,听起来语意准确连贯,语言流畅。

例 2

“明明是二等品,却硬要涂上一级样,让它升级;明明是积压的次品,却硬要换个合格证,充当好货。钢锉厂弄虚作假的手段,实在恶劣!这样对待产品质量,确实应当好好整一整。”

A.“明明是二等品,却硬要涂上一级样,\让它升级;\明明是积压的次品,却硬要换个合格证,\充当好货。\钢锉厂弄虚作假的手段,\实在恶劣!\这样对待产品质量,\确实应当好好整一整。”

B.“明明是二等品,却硬要涂上一级样,让它升级;\明明是积压的次品,却硬要换个合格证,充当好货。\钢锉厂弄虚作假的手段,实在恶劣!\这样对待产品质量,确实应当好好整一整。”

A 句的处理,虽然考虑到了语意连贯的问题,但拘泥于较小的语意团,没能在语流进行过程中,发现大的语意团,因此,听起来,语句还是不连贯,不通畅。B 句的处理才是正确的。它较好地把握住了句子的完整性。

通过以上两个例句的分析可以看出主持人正确处理停顿的重要性。所谓变“通”,就是在纯文本主持语境下,在语流进行中,快速理解句意、文意,把句子念得很流畅,不打磕巴,不出错。主持人在纯文本语境下能够快速变“通”,一方面便于听众理解,一方面体现出主持人对文本和具体句子的准确把握。节目主持人的变“通”能力的培养和提高,离不开平时多读多练,但更重要的是要在生活中,不断提高自己的阅读和理解能力,这是语言变“通”的基础。

二、变“通”能力训练

节目主持人的变“通”能力训练的目的，一是提高主持人在纯文本主持语境下，语言的流畅性，准确性，易于听；二是提高理解、把握句子、文稿的速度。实际工作中，主持人经常会面对只看过一遍甚至一遍都没有看过的稿件，如果不具备迅速变“通”的语言能力，语言就会大失水准，让受众大跌眼镜。训练要注意由易到难，由慢到快，循序渐进，切勿急于求成。

1. 句段

【训练要求】

语言流畅，不磕磕巴巴；听得清，道得明。

(1)阿拉法特指责以色列企图破坏中东和谈基础。

(2)车身猛一摇晃，碰倒一根连队战士用来晒衣服的方木杆子。

(3)学校把对十名打架斗殴、聚众赌博、偷窃衣物的违纪学生的处理通告，公布于众。

(4)南斯拉夫《信使报》谴责苏联支持越南侵略柬埔寨。

(5)双方还签署了关于在互惠互利的基础上开展边境贸易的协定。

(6)上海天主教区和爱国会举行会议，抗议罗马教皇恶意诽谤中国教会。

(7)1936 年 12 月 12 日，国民党爱国将领张学良将军和杨虎城将军在我党“停止内战，一致抗日”政策的感召下，实行“兵谏”，逮捕了蒋介石以及当时聚集在西安的几十名蒋帮军政大员，发动了震惊中外的“西安事变”。

(8)世界著名拳王穆罕默德·阿里，前天在美国内华达州拉斯维加斯进行的一项希望第四次赢得世界重量级冠军的比赛中，经过十个回合的战斗，败在世界拳击协会重量级选手美国的拉里·霍姆斯手下。

(9)节日期间，供应品种有红、黄香蕉苹果、鸭梨、酥梨、鄢梨、京白梨、子母梨、雪花梨、胎黄梨；还有哈密瓜、伽师瓜、白兰瓜、黄金瓜、西瓜、鲜桃、葡萄、海棠、红果、石榴、沙果、香果、猕猴桃、菠萝、柠檬、洋桃、柚子、椰子、龙眼等 50 多个品种。

(10)专家们认为，“入关”有助于加快我国改革开放步伐，促进我国经济增长方式从粗放型向集约型转化，由轻型化向重型化转移，使企业尽快按国际标准、市场需求、价格标准和营销型组织生产，实现国际化经营。

(11)第三，从小养成爱活动的习惯，要教育孩子干力所能及的家务活，鼓励孩子多参加一些体育活动，像跳皮筋、打球、踢球、游泳、长跑、滑冰等等都很好，这些体育活动是促进孩子身体长高的重要条件，千万不要让他们老闷在屋里，成天趴在桌上读呀、写呀的。

(12)有了好肉还得有好佐料，涮过的肉片要蘸上酱油、辣油、料酒、芝麻酱、豆腐乳、韭菜花、卤虾油等七种调料配成的浆汁才好吃。顾客可以按照不同口味自己调配。除了佐料，还有白菜、香菜、龙口粉丝等配料也都很有讲究。特别是糖蒜，更是别有风味。自然，涮羊肉还得好在涮字上，肉片下锅，要善于掌握火候，要把肉片涮得不老不生，恰到好处。

(13)“国营企业”，顾名思义，就是指国家所有，国家经营、管理的企业。在几十年的经济发展历程中，国营企业一直居于主导地位，曾起过积极作用，这是毋庸讳言的。但随着时间的推移，尤其是实行改革开放以来其阻碍生产力进一步发展的弊端已日益突出，到了非改革不可的地步，特别明显的是，它使人们产生了依附性，束缚了人们的手脚，使人们不敢走出它的保险圈，到市场经济的大潮中施展才能。

2. 会议通知

【训练提示】

①练习会议通知1时，先快速地默看一遍，可小声念，然后正式发布。要求语言流畅，不出错；做不到重新按步骤练习，直到满意为止；

②默念时，注意通知中定语较长的句子和生疏的名词、术语等；

③练习会议通知2时，要求在没有看过通知内容的情形下发布，要求语言流畅，不出错。只有注意力高度集中，眼睛、脑子比嘴快半拍，才能做到。

会议通知1

定于2006年3月6日(星期一)下午2:30在青海会议中心三楼国际厅召开“中国房地产策划师职业资格认证(西宁)培训新闻发布会”，请西宁地区房地产开发企业、物业管理企业及中介企业负责人参加。

会议通知2

各有关单位：

经学校研究决定，于6月12日(星期日)举行教育部人文社会科学重点研究基地揭牌仪式暨聘任仪式，现将有关事宜通知如下：

时间：2005年6月12日(星期日)上午9:00

地点：胜利楼会议厅

参加范围：学校党政领导；各位校长助理；党委校长办公室、组织部、宣传部、人事处、科技处、"211 工程"、"985 工程"办公室、研究生教育中心、文科处、财务处、管理学院、经济学院、外国语学院、文学院、法学院、公共管理学院、人文社会科学研究院、图书馆负责人；海洋发展研究院全体专兼职研究人员。

请各单位及时通知有关人员届时出席。

3. 天气预报

【训练提示】

①先快速地默看一遍，可小声念，然后正式发布。要求语言流畅，不出错；做不到重新按步骤练习，直到满意为止；

②默念时，注意文本中定语较长的句子、地名和生疏的气象术语等；

③练习时，要求注意力集中，眼睛、脑子比嘴快半拍。天气预报的篇幅比会议通知长，加上内容偏专业化，给练习者带来困难较多。要将注意力保持到最后，不允许自己念到后半部分就乱了，错误百出，语言质量下降。

未来三天冷空气来袭
中国北方将大风降温 6—12℃

据中央气象台消息，9 日，一股来自西西伯利亚的较强冷空气将自西向东先后影响新疆北部、西北地区东部和华北地区，上述地区将出现大风降温天气，气温将下降 6—12℃，部分地区的降温幅度可超过 12℃。

此外，未来三天，受逐渐加强北进的西南暖湿气流的影响，中国中东部的大部地区自西向东将出现降雨天气过程，其中，江南、华南中东部等地的部分地区将有明显降雨。

8 日 08 时至 9 日 08 时，新疆北部、西藏东部、青海东部、川西高原、内蒙古东北部、黑龙江西北部和东南部、吉林东部有小到中雪（雨）或雨夹雪；西北地区东部的部分地区、华北南部、黄淮大部、汉水流域、江淮、江南大部、华南大部以及西南地区东部的大部地区有小到中雨，其中，广西东部、湖南、江西北部、湖北南部的部分地区有大雨，局部地区有暴雨并有短时雷雨大风等强对流天气。华北北部、黄淮东部有 4—6 级偏北或偏东风；东部海区有 6—8 级大风。

五一黄金周期间(5月1日—5月7日)天气趋势预报

预计未来10天,影响我国的冷空气比较频繁,但势力不强。我国大部分地区气温将比常年同期偏高或基本与常年持平;华南地区降水日数较多。4月29—30日,持续干旱少雨的云南将可能出现较明显的降雨天气过程。5月2—5日,我国中东部地区将出现较大范围降水天气过程。

西北:预计,1—3日,西北地区东部阴有小雨,其间,受一股冷空气的影响,2日,新疆西部和北部有小雨雪。4日,受另一股冷空气影响,新疆西部和北部阴有小雨雪,西北其他大部地区晴间多云。5—6日,西北地区中东部自西向东阴有阵雨。7日,还将有冷空气影响新疆地区。

华北:预计,1—2日,华北西部和北部阴有阵雨。3—4日,华北大部自西向东有阵雨或雷阵雨,并有3级左右偏南转偏北风。5日,华北大部晴间多云。6—7日,华北大部地区自西向东将有一次阵雨或雷阵雨天气。

东北:预计,1—2日,黑龙江东部、吉林东部阴有小雨雪。3日,东北大部晴间多云。4日,东北大部地区有小到中雨雪。5—6日,东北大部晴间多云。7日,东北地区自西向东天气转阴,西部有阵雨。

华中:预计,下周,华中地区南部将持续阴雨天气,一般有小到中雨,局部地区大雨;中后期,降雨强度增强,部分地区有大到暴雨,局部地区并可能有强对流天气。另外,4日和7日,华中中北部地区有阵雨或雷阵雨。

华东:预计,下周,华东地区南部将持续阴雨天气,一般有小到中雨,局部地区大雨;中后期,降雨强度有所加强,局部地区有大到暴雨,并可能有强对流天气。另外,4日和7日,华东中北部地区有阵雨或雷阵雨。

华南:预计,1—2日,华南西部和北部有小到中雨,局部地区大雨。3—5日,华南西部和北部阴有小雨。6—7日,华南大部有小到中雨,局部地区大雨。

西南:预计,1—2日,西南地区东部有小到中雨。3—4日,西藏东部、西南地区东部阴有小雨。5—6日,西南地区东部有小到中雨,局部地区大雨。7日,西南大部地区多云间阴,部分地区有阵雨。(中国气象局中央气象台)

4. 新闻

▲本台消息:位于西单教育街3号的武警总部西单眼显微外科门诊昨天开诊。它是俄罗斯总统高级经济顾问、世界最大的科研医疗中心——俄罗斯

眼显微外科跨部门综合体主席费德洛夫在中国的直接合作者。费德洛夫创造了被称为“俄罗斯手术”的辐向角膜切割手术，世界上用该法已经治愈了1500多万近视及散光患者。

▲据统计，截至2000年底，全国保健食品生产企业1012家，保健食品的总销售收入达306亿元人民币。这是自1996年我国对保健食品规范化管理以来第一次行业性的全面统计。中国保健食品协会日前举办中国保健食品行业2000年统计数据发布及表彰大会，对全国保健食品50强企业和大类系列产品居全国销量第一以及同类功能产品居全国销量第一的企业进行了表彰。

▲本台记者报道：美国东部时间5月11日，首次参加英特尔国际科学与工程大奖赛(英特尔ISEF)的中国大陆选手获得了环境科学项目类别中的“杰出环境科学奖”。

国际科学与工程大奖赛被誉为中学生科学“奥运”大赛，是全球规模最大、最具声望的中学生科学竞赛。

来自华东师大二附中的诸珏敏、汪灏和侯雍容凭借“空调房内空气污染的净化研究”这一课题，为首次参赛的中国大陆代表队获得了由美国联合科技公司颁发的“杰出环境科学奖”。他们所得到的奖品很独特，是38股该公司的股票。价值约2500美元。

5. 诗词

【训练提示】

①首先要理解诗词的句意，个别生疏字、词要查字典明确字音和字义、词意；

②把握诗词大意；

③练习时，语言要流畅，语意准确。

杭州春望

白居易

望海楼明照曙霞，护江堤白踏晴沙。
涛声夜入伍员庙，柳色春藏苏小家。
红袖织绫夸柿蒂，青旗沽酒趁梨花。
谁开湖寺西南路，草绿裙腰一道斜。

行香子·过七里濑

苏 轼

一叶舟轻。双桨鸿惊。水天清，影湛波平。鱼翻藻鉴，鹭点烟汀。过沙溪急，霜溪冷，月溪明。

重重似画，曲曲如屏。算当年，虚老严陵。君臣一梦，今古空名。但远山长，云山乱，晓山青。

6. 短文

把自己刚阅读过的短文念给同室的伙伴听，要求语言流畅，不磕磕巴巴。平时可多做这样的练习，选择自己喜欢的杂志，如《读者》、《读书》、《青年文摘》等，从中选择自己喜欢的杂文、随笔，看完就念给别人听，与之分享。

7. 读报练习

订一份报纸，每天选两篇篇幅不太长，你不感兴趣，又很难把握的新闻做读报练习。

三、课后训练

1. 会议通知

会议通知

各相关单位：

兹订于2006年3月3日(周五)下午2:00在体育中心二层多功能厅召开“2006年全校运动会动员会”，布置2006年全校运动会的相关工作。动员会后分别召开教工和学生的领队会。请下列人员务必准时到会：

一、各院(系)分管学生工作的党委副书记或学生工作组组长；

二、各院(系)学生会文体委员；

三、各部门工会文体委员。

会议通知

2004《中国原创歌曲奖》颁奖演唱会暨2004《中国原创歌曲奖》征评活动颁奖会，将于10月14日在山东省济南市举行。现诚邀贵单位主管文艺的领导或音乐节目负责人届时参加。与会人员请务必于10月14日15:00点之前报到。会期3天，10月16日上午离会。与会代表每人需交纳会议费1200元整(含食宿),赴济南交通费自理。参加会议的代表请务必于10月8日前将"回执"传真或寄往山东省济南电视台,以便及时安排住宿。

①请会议代表自行乘出租车到济南新闻大厦报到,济南泺源大街6号(不接站)。

②获"十大金曲奖"、"十大金曲提名奖"单位代表请务必在14日11:30前到济南电视台(请着正装),下午走台。

③敬请各位代表见到通知后,及时与以下接待单位联系。

单位:山东省济南市电视台

电话:0531—2952131

传真:0531—2952131

联系人:李颖

2. 天气预报

全国中期(4月29日—5月5日)天气趋势预报

预计未来10天,除华北地区北部、东北地区气温较常年同期偏低外,我国其他大部分地区气温基本与常年同期持平或偏高;

27—30日,北方地区气温将自西向东陆续明显升高;26—28日,江南、华南将有一次较强降雨天气过程。29日至5月1日,持续干旱少雨的云南将可能出现较明显的降雨天气。

4月29日—5月5日全国天气具体预报如下:

29日08时至30日08时,新疆西部、华北北部和东北等地的部分地区有小雨(雪),北方其他地区基本为晴间多云天气,气温上升;西南部分地区、华南南部有小雨,其中云南西部和南部的局部地区有中到大雨。

30日08时至5月1日08时,新疆北部、华北部分地区、东北地区北部有小雨(雪),局部地区有中雨(雪),并有5级左右偏南风或偏北风;北方其他大部分地区将以晴到多云天气为主,气温继续上升;西南的部分地区、华南西部阴有小雨,其中云南西部和南部的局部地区有大雨或暴雨。

5月1日08时至2日08时,新疆北部阴有小雨(雪),并有5—7级大风;东北地区北部有小雨(雪);青藏高原大部、西南地区东部、江淮、江南东部、华南大部阴有小雨,局部地区有中雨或大雨。

2日08时至3日08时,北方大部地区天空云量增多,部分地区有阵性降雨;青藏高原东部、西南地区东部、江南南部、华南有小到中雨,局部地区有大雨。

3—5日,有一股冷空气将先后影响西北地区东部、华北、东北等地,北方部分地区将出现风沙、阴雨(雪)等天气,气温呈逐渐下降趋势;期间,江南、华南等地将以阴雨天气为主。

未来一周(2006年4月24日—4月30日)天气趋势预报

预计未来10天,影响我国的冷空气活动较频繁,华北地区东部、东北地区气温较常年同期偏低,其他大部分地区气温基本与常年同期持平或偏高;北方地区风沙天气仍较多;西南、江南、华南阴雨天气较多。

西北:预计,24—26日,新疆东部、西北地区东部的部分地区有小到中雨雪,新疆北部的部分地区有4—6级偏北风。28—30日,西北地区大部转阴,有小到中雨雪,并有4—6级偏南或偏北风,南疆盆地及西北东部的局部地区将有沙尘天气。

华北:预计,24日,华北大部地区以多云天气为主。25—27日,大部地区天空云量增多,自南向北将有小雨雪或阵雨,其中,华北北部及东部的局部地区有中雨雪,并有4—6级偏南或偏北风,气温有所下降。29—30日,华北大部还将阴有小雨雪。

东北:预计,24日,东北大部地区有4—6级偏北风,东部地区有小到中雨雪。25—26日,东北大部为多云到晴天气。27—28日,东北大部地区云量增多,有小雨雪或阵雨,并有4—6级偏南或偏北风。30日前后,东北大部地区还将阴有小雨雪。

华中:预计,24—26日,华中大部地区有小到中雨或雷阵雨,其中,湖南和湖北的部分地区有大雨。28—29日,华中大部地区还将有小到中雨,局地大雨。

华东:预计,24—26日,华东大部地区有小到中雨或雷阵雨,其中,长江以南的部分地区有大雨,局地暴雨,并有短时强对流天气。27—28日,以多云天气为主。29—30日,华东大部地区还将有小到中雨,局地大雨。

华南:预计,24—27日,华南大部地区有小雨或雷阵雨,北部的部分地区有中雨,局地大雨。29—30日,华南大部地区还将阴有小雨。

西南:预计,24—26日,西藏东部、西南地区东部的部分地区有小到中雨雪，四川东部、贵州东部的部分地区有大雨。28—30 日，西南地区东部的部分地区仍有小到中雨。（来源中国气象局中央气象台）

3. 新闻

▲记者奚宇鸣　通讯员李霞报道：

被称为“北京绿卡”的《北京市工作居住证》已于 7 月 10 日制作完成，并从 7 月 11 日开始首批发放到全市各区县的 104 个申请人手中。同时截止到 7 月 11 日，全市已有 8688 家用人单位提出了申请意向，其中 2015 家已到区县人事局完成资格审核，即获得了为员工办理工作居住证的资格，另有 1634 名外埠人才通过其聘用单位正式提出了办理申请。而昨天，到各区县人事局提出申请意向的用人单位仍络绎不绝，全市又有数以百计的申请人获得了他们渴望得到的“北京绿卡”。

北京市金象大药房连锁有限公司的高级经济师范文利女士是首批拿到“北京绿卡”的百名幸运儿之一。她高兴地表示：“拿到了绿卡，受益最大的是我的孩子，女儿在入学时碰到的赞助费等问题相信会有很好的解决。北京市人事局在发放绿卡的过程中，工作态度非常好，工作效率非常高，我对此很满意。”

北京市人事局局长辛铁樑介绍，工作居住证制度最本质的意义有两个：一是市民待遇，二是柔性流动。给予持有工作居住证者在“子女入学、购房购车、创办企业、申办出国、科技资助、职称评审、参加保险”等方面以市民待遇，从而为各类人才来京创业、工作提供了更灵活、更有效的生活、工作保障。因此，工作居住证制度中的“市民待遇”原则上解决了流动人才的生活、工作环境问题。而“柔性流动”则解决了人才的流动的机制问题。对于背景急需的紧缺人才，可以项目、课题、工程为纽带，建立“户口不迁、关系不转、双向选择、智力流动、来去自由”的人才“柔性”流动新模式，积极探索“不求所有、但求所用”的人才引进机制，使国内外各类人才和智力为首都经济和社会发展服务。

据了解，“北京绿卡”的发放总量将上万。

▲本台消息：中国全民教育 2000 年监测评估国家报告日前正式完成。报告显示，中国政府已基本实践了在 1990 年世界全民教育大会上的承诺。

在 1990 年，世界全民教育大会提出了“向所有儿童、青年和成人提供基础教育”、“积极消除教育差异”、“到 2000 年基本普及并完成初等教育”等基本要求。

我国基础教育和扫盲教育取得了显著成就，世界全民教育大会提出的基本要求在我国得到较好实施，主要体现在3个方面。首先，学龄儿童入学机会显著扩大，不同人群接受初等教育机会的差异基本消除。小学学龄儿童入学率从1990年的97%提高到现在的98.9%，初中入学率从71.4%提高到87.3%。小学入学率最高与最低省份的差距由近50个百分点降至18个百分点，男女儿童入学率差距由1.28个百分点降至0.14个百分点，民族聚集地区与全国平均水平的差距由3.7个百分点降至0.7个百分点。其次，青壮年文盲人口显著减少。我国平均每年扫盲400万人，青壮年人口文盲率由1990年的10.4%降低到5.5%以下。参加各类成人文化、技术培训的人数累计2.56亿人。第三个方面是，开发早期儿童教育，使学龄儿童做好入学准备。小学一年级新生中接受过学前教育的比例达到94.8%。

中国全民教育2000年监测评估国家评估组和技术组由中国联合国教科文组织全国委员会牵头，教育部有关部门负责。自1998年以来，对我国31个省、市、自治区90年代的教育发展进行了全面的监测，完成了中国全民教育2000年监测评估国家报告。

▲记者张道生报道：刚刚公布的浙江省一季度个体私营经济运行分析报告显示：今年前3个月，原本属于个私经济“禁区”的卫生、电力等行业，浙江民间资本的投入呈现成倍增长的态势。数据表明，活跃的浙江民间资本正加紧进入传统上由国有企业一统天下的行业。

去年国家出台一系列支持非公经济进入传统国有垄断行业的政策后，浙江民间资本就行动了起来。浙江省工商局有关负责人说：“随着社会主义市场经济体制不断完善，一些个私经济曾经不能进入的‘禁区’正在成为个私经济新的增长点。”

“卫生、社会保障和社会福利业”原本是国有垄断程度比较高的一个行业，目前在浙江省工商部门统计的十五大行业中，仍是个私企业数量最少的一个行业。不过进入2006年以来，这个行业却是原国有垄断行业中民间资本投入增长最快的。据统计，到今年3月底，浙江省在该行业内共有私营企业481户、注册资金7.14亿元，同比分别增加213户、5.16亿元；个体工商户1951户、资金9641万元。

作为资源缺乏省份，“电力、燃气及水的生产和供应业”也是浙江民间资本“觊觎已久”的一个行业。现在，浙江广大个私企业主积极投资，推动了这个行业的发展。今年1至3月份，浙江省“电力、燃气及水的生产和供应业”私营企业同比净增495家，个体工商户净增368户，增长率分别为186.8%和

61.41%。

虽然浙江民间资本对国有垄断行业的兴趣越来越浓,不过从统计数据看,传统的"批发和零售业"以及"制造业"仍是投资的首选。

▲新华社消息:5月1日在山东济南开幕的第六届齐鲁国际动漫展,共展出1000多幅原创漫画作品、26部动漫剧,给了动漫迷们一个体验动漫快乐的良机。

这次动漫展以"参与、体验、互动"为主题,设在现场的"涂鸦区"成为互动、参与的平台,很快就被动漫迷们即时创作的各种动漫卡通图像填满。动漫名家聂峻现场为漫迷们画动漫头像,更是点燃了众多动漫迷的热情。

据介绍,动漫展期间,将展出包括聂峻、姚非拉、猪乐桃、口袋巧克力、郭竞雄、李堃、张旺等在内的众多国内动漫名家的1000多幅风格各异的原创漫画作品。另外,作为此次动漫展的亮点,30多支参赛队还将上演青春动感的《凡尔赛玫瑰》《圣书外典》《水果篮子》等26部动漫作品。

▲记者周润健、蔡玉高报道:春夜的星空是千姿百态,丰富多彩的。我国古代,把春天的星象归结为四句话,"参横斗转,狮子怒吼,银河回家,双角东守"。这四句话到底是什么意思呢?天文专家对此给予了解释。

天津市天文学会理事赵之珩介绍,"参"指参宿,即猎户座,横于西天。"斗"指北斗,由东北角逐渐转上来。"参横斗转"是说,猎户星座已经横在了西方的天空,它即将沉落下去,北斗七星一天天上升,预示着春天的远去夏季的到来。

狮子星座是春天最壮丽的星座之一。时下,它正在天空的正南方,头朝西,尾朝东,雄踞在天。靠西面的6颗星像一个反写的问号,组成了狮头,靠东面的3颗星像一块三角板,组成了狮尾。反问号与三角板连起来就像一头大狮子。古埃及人很崇拜这个星座,据说著名的狮身人面像就是这个狮子的身体配上室女的头。

"银河回家"的意思是春夜的星空中看不到银河。因为当狮子座升入高空的时候,正值银河沉降在地平线上,在天空中人们看不到它,于是,就传说它"回家"了。随着时日的推移,银河会从东方的地平线升起来,银河两岸的牛郎、织女星也会露面。那时,炎热的夏季就随之到来了。

"双角东守"指的是东方的两颗亮星,一颗是牧夫座的大角星,另一颗是室女座的角宿一。两颗星的名字都带有"角"字,它们是"东方苍龙"两只犄角上的明星。

赵之珩说，虽然春天已渐行渐远，但5月的星空是灿烂的，尤其是在“五一”长假期间，我国公众可以尽情地欣赏这“四大星象”。

▲新华社消息：加拿大海洋寄生虫研究专家日前表示，导致加拿大不列颠哥伦比亚省阳光海岸紫海星大批死亡的原因可能是一种外来寄生虫所致。

从上个星期开始，在温哥华北部锡谢尔特的特雷尔海湾，紫海星的尸体就开始不断地被海水冲上海岸。

加拿大伯纳比市西蒙·弗雷泽大学的海洋寄生虫研究专家布鲁斯·莱顿表示，这些海星相继死亡的时间正好发生在它们生殖周期的最高峰时段。在这一时间段内，海星最容易受到寄生虫的攻击。

莱顿说，这种寄生虫造成北温哥华印第安海湾紫海星的死亡，它还导致不列颠哥伦比亚省等其他一些海区雄性海星的数量大量减少，破坏了该物种的生态平衡。

莱顿介绍说，这种寄生虫原先生存于大西洋，而现在人们在不列颠哥伦比亚省和华盛顿州的海岸都可以发现它们的踪影。

4. 诗词

江　村

杜　甫

清江一曲抱村流，长夏江村事事幽。
自去自来堂前燕，相亲相近水中鸥。
老妻画纸为棋局，稚子敲针作钓钩。
多病所须惟药物，微躯此外更何求。

闻官军收河南河北

杜　甫

剑外忽传收蓟北，初闻涕泪满衣裳。
却看妻子愁何在？漫卷诗书喜欲狂。
白日放歌须纵酒，青春作伴好还乡。
即从巴峡穿巫峡，便下襄阳向洛阳。

锦瑟

李商隐

锦瑟无端五十弦，一弦一柱思华年。
庄生晓梦迷蝴蝶，望帝春心托杜鹃。
沧海月明珠有泪，蓝田日暖玉生烟。
此情可待成追忆，只是当时已惘然。

宿扬州

李绅

江横渡阔烟波晚，潮过金陵落叶秋。
嘹唳塞鸿经楚泽，浅深红树见扬州。
夜桥灯火连星汉，水郭帆墙近斗牛。
今日市朝风俗变，不须开口问迷楼。

青玉案

辛弃疾

东风夜放花千树，更吹落，星如雨。宝马雕车香满路。凤箫声动，玉壶光转，一夜鱼龙舞。蛾儿雪柳黄金缕，笑语盈盈暗香去。众里寻他千百度。蓦然回首，那人却在，灯火阑珊处。

定风波

苏轼

三月七日沙湖道中遇雨，雨具先去，同行皆狼狈，余独不觉。已而遂晴，故作此。

莫听穿林打叶声。何妨吟啸且徐行。竹杖芒鞋轻胜马，谁怕！一蓑烟雨任平生。料峭春风吹酒醒，微冷，山头斜照却相迎。回首向来萧瑟处，归去，也无风雨也无晴。

【思考题】

1. 如何理解节目主持人的变“通”能力。
2. 节目主持人变“通”能力训练的目的是什么？
3. 如何才能提高纯文本语境下节目主持人语言的变“通”能力？

第二章　变“话”能力与训练

一、理论概述

所谓变“话”，是指节目主持人在纯文本主持语境下，把文字稿件内容转化成自己想要说的话说出来。它是针对有的主持人在纯文本主持语境下，只会见字发声地念，语言缺乏交流感，语言无目的、无针对性而言的。我们平时在听广播，看电视时，发现有的主持人面对听众、观众侃侃而谈，交流状态积极，就像日常生活中两个熟人面对面交谈似的。而有的主持人，语言节奏单调，吐字生硬，目光呆滞，一听（或一看）就知道他在念。甚至有些新闻故事类电视节目的主持人，讲故事都让普通的观众一语道破天机：“他前面有纸在照着念吧！”

主持人与播报员语言上的根本区别在于一个采用的是交谈式的语言表达方式，一个采用的是播报式、播讲式的语言表达方式。这是由他们在受众面前不一样的角色定位决定的。节目主持人是以“我”的个人身份出现在受众面前，语言呈现生活化、口语化的特点，即语言要求自然亲切、朴实无华，语言流畅，语句松紧变化比较多，吐字力度较小但清晰。交谈式的方式要求符合生活中的谈话规律，即说话人想着说，说着想。在纯文本主持语境下，无论是不是自己撰稿，主持人都要经历一个再创作的过程，即将创作好的纯文本进行二度创作迅速转化为自己习惯的有声语言表达方式——口语。

我们发现，当语句流畅、语意表层含义准确做到之后，语言听起来还是有问题。我们用第一章中例二为例：

“明明是二等品，却硬要涂上一级样，让它升级；明明是积压的次品，却硬要换个合格证，充当好货。钢锉厂弄虚作假的手段，实在恶劣！这样对待产品质量，确实应当好好整一整。”

A.“明明是二等品，却硬要涂上一级样，让它升级；\明明是积压的次品，却硬要换个合格证，充当好货。\钢锉厂弄虚作假的手段，实在恶劣！\这样对待产品质量，确实应当好好整一整。”

分析：由于说话人重音太多，一来让听者觉得说话人说话费劲或说话不自然，二来让听者不得要领。

B. “明明是二等品，却硬要涂上一级样，让它升级；\明明是积压的次品，却硬要换个合格证，充当好货。\钢锉厂弄虚作假的手段，实在恶劣！\这样对待产品质量，确实应当好好整一整。”

分析：语句中没有加重语气的地方，平铺直叙，是只会“见字发声”的念的表现形式之一。这样不但语言显得生硬、呆板，而且语意不明。

C. “明明是二等品，却硬要涂上一级样，让它升级；\明明是积压的次品，却硬要换个合格证，充当好货。\钢锉厂弄虚作假的手段，实在恶劣！\这样对待产品质量，确实应当好好整一整。”

分析：这是“念”的另一种表现形式。有些人在念文字稿件时，由于没有对文字进行“消化”、理解，只是自以为是的“抑扬顿挫”，习惯性地在每句句首和句尾加重语气，或者任意地加重语气，听起来做作，不自然，而且语意不明确。

D. “明明是二等品，却硬要涂上一级样，让它升级；\明明是积压的次品，却硬要换个合格证，充当好货。\钢锉厂弄虚作假的手段，实在恶劣！\这样对待产品质量，确实应当好好整一整。”

只有把文章吃透，“烂”在肚子里，才能找准重音，把稿件变成自己要说的话，准确地说出来。

二、变“话”能力训练

所谓变“话”主要包括两层意思：

一是指激发说的愿望，产生积极的语言发动心态；从目的来说，为了避免说话人脑中空空，见字发声地“念”，我们要充分备稿，把稿件“吃”透，消化，融于心中，变被动念别人的稿件为主动说自己想说的话。

二是指备稿的终结，要在头脑中形成与稿件相一致的思想运动线，以及与稿件相应的声音变化的大致轮廓。从如何表达思想感情的角度说，在备稿阶段，理解感受与寻找表现手段是同步进行的，说话人要设计声音形式如何变化，哪里松、哪里紧、哪里高、哪里低等等。

要想使自己的主持语言生活化，一要避免念，自己要知道自己正在说什么；二要注意借助关联词和重音揭示语句的实质；三要虚拟受众并与之交流，好像正在和邻居家大妈、大爷拉家常，避免自说自话，不知所云。

1. 以下是湖南电视台《晚间新闻》播出稿，请根据所提供的资料进行纯文本主持训练。要求语言流畅，运用生活化口语主持

主持人：大家好，都说一个成功男人背后需要一个女人支持，其实一个倒霉的老公更需要老婆不离不弃，相濡以沫。南县就有这么一对夫妻，他们可以说是集万千不幸于一身，面对一次又一次的打击，妻子"吴凤仙"反倒越来越坚强。

丈夫是98年出的事，当时他因为口腔溃疡到乡卫生院看病，被一个庸医用错了药。

（实况：晴天霹雳）

（实况：刚开始就感觉到半边麻木，/回家后就不能说话了，不能动弹了。）

主持人：家里花光了积蓄，又借了10来万块钱，可丈夫还是成了植物人，医生们都劝她放弃算了。

（实况：当时她丈夫在住院的时候，/我就知道他这种病不能治好。我就劝她放弃，/后来又到另一个医院住了一个月，我还是要她回家，/那些医生我都熟，我也是搞医的。）

主持人：植物人丈夫一点知觉都没有，水都喝不下，吴凤仙用手把他的嘴掰开往里面灌水，可有时候半天也灌不进一滴。

（实况：只想他恢复/一天一天就想他健康/五六年了总是兢兢业业地给他翻身，/换衣服，洗澡。）

主持人：她到处寻医问药。

（实况：她会打毛线衣，只要对他的病有好处，/介绍一个人，她就给一件毛线衣表示感谢/一心就是想把他治好。）

主持人：吴凤仙跑了很多地方，得到的都是让人绝望的答案，但是她总算学会了一些护理方法。

（实况：教他走路，/抱他，跟他说话。）

主持人：丈夫没有任何活动能力，时间一长，全身的肌肉就会慢慢萎缩，吴凤仙天天给他做全身按摩，每天10来次，每次半个小时。

（实况：每天就给他洗四五次脚，/一次又一次用草药蒸、熏。）

主持人：做完按摩还要做热敷，好几次她手上的皮都被烫掉了。

（实况：不做他身上容易烂。）

主持人：半夜了还得起来端屎端尿，要是不小心睡熟了可就麻烦了。

（实况：一醒来经常摸一脸一身的大小便/稍不注意，就搞得一身邋遢。）

主持人：屋漏偏逢连夜雨，丈夫的病一点没有好转，大儿子又得了脑膜炎，小儿子做事的时候一不小心又把手腕给砍断了，吴凤仙又下岗了，本来就很困难的一家子雪上加霜，为了省钱，他们搬到了城郊的父母家里住。

（实况：这儿方便些，/还能够推他到公园里面去。）

主持人：刚开始，吴凤仙靠养猪还能勉强度日，谁知道三年前的一天！

（实况：一次死了5头猪，后来三百多头猪全死了，/我就再也无能为力了，/我哭，我说老天这样折磨我，/我喂猪赚点药钱全都死了。/从此以后我没有来源喂猪，别人不敢借钱给我了。）

主持人：大儿子高中没毕业就出去打工了，小儿子上学只能靠学校减免学费。那段时间，真的好难熬。

（实况：背景音乐＋我就觉得精神再也不能支撑下去了，/但一想到这个家又没有办法，/那你要是累病了他怎么办？/我没想过，老天保佑我，/六年来我只有昨天觉得有点感冒发烧、睡着不能动弹，/我就给他讲我能够天天服侍你，只要没有病，/我现在已经哭得没有眼泪了/不晓得眼泪怎么流，我学会了坚强。）

主持人：妈妈是吴凤仙的坚强后盾。

（实况：她有事我陪着，我有事她陪着，没离过人。辛苦，真辛苦，/从他得病起六年了一直没离开过，/自己还要养家，还养两个小孩，/现在我不帮她，没有人帮她。）

主持人：现在，吴凤仙每天都抱着丈夫做运动，她只有1米4，丈夫有140斤。

（实况：我最多50公斤，/他呢？六七十公斤，/每天都这样？每天都要抱他走路，起床。

音乐//有时候抱不起，/摔在地上摔得青红紫绿。）

主持人：吃完饭，她就推着丈夫到外面散心。

（实况：有时候看一下别人跳舞，/看看公园里的花草，/对他病情有帮助？对。）

（实况：每天都推出去/怎么没看见呢？/我们又不会说假话。）

主持人：她省吃俭用订了份医学报，因为她发现里面经常会有一些偏方，可因为没钱抓药，她只有骑着单车到几十里外的山上采草药。

（实况：这种东西吃了通筋补血，/整个还是不想放弃，/因为感觉这个医学还是发达，/今后万一康复的一天呢。）

（音乐：她每天都给丈夫读上一段报纸，丈夫每天都是这样东瞅瞅西瞅瞅，可她每天还是这么读着，读着……）

主持人：在邻居们眼里，吴凤仙是个奇女子。

（实况：像这种女人确实不简单，/在我们南县确实只出现过这一个。/我活了 65 岁，/像她这样的人很少见，/她所做的一切。一般人都做不到。/这么长的时间做成这个样子，/我真希望有一天能出现奇迹。）

主持人：六年过去了，奇迹真的出现了，丈夫的左手能动了，能张口吃东西了，已经能听懂吴凤仙说话了。

（实况：背景音乐：手怎么一直抖？/手还是有点抖，/他这六年也恢复了一些我也看到了希望，希望他能够记起来。/他以前根本不知道张口，/现在慢慢知道了。）

（实况：我一哭他也会跟着哭/我笑他也跟着笑，/你觉得你最苦的是什么时候？/给他买药的时候没有钱，/我只想他康复，/很多时候借不到钱，/98 年我大儿子上高中的时候，/为了一千块钱我借了三个晚上都没有借到。/我想起就哭，/最后大儿子放弃了上高中的机会。）

主持人：还有一个人吴凤仙一辈子也感激不尽，那就是她的爸爸。

（实况：2000 年 8 月 15 那天他看我没有借到买米的钱，/他就跑去种田去了。）

主持人：爸爸是不愿意看到女儿到处遭人白眼，就一个人跑到城郊开了一片荒地，搭了一个篷子。

（实况：春夏秋冬都住在里面。/我一想到我的父亲就难受，/他为了我们一家，/78 岁高龄还在劳碌奔波。）

主持人：爸爸以前是工人，从来没种过地。

（实况：一年才回去两三次，每次回去都是看一眼就走。）

（实况：你冬天就住在这里冷不冷？还好，还好，/你说怎么不冷，勉强过吧。）

（实况：他这些东西，衣服、鞋子都是从垃圾堆里捡来的）

（实况：见过这样的房子吗？/没有，从来没有。）

主持人：老人开了十来亩的荒地，种上了稻谷、棉花，还养了几十只鸡和三只羊。

（实况：他种田主要解决了家里的吃饭问题。）

（实况：每天谁给你做饭？自己种自己做自己吃/）

（实况：其实我也想一死了之，/但是我一想到我年迈的父亲为了我这样付出，/我不得不坚强地活下去。）

主持人：晚间新闻记者王士愿、刘科对这个柔弱女子的顽强毅力无比钦佩,千万别打退堂鼓,埋怨命运的不公平不会减少生活中的苦难,迎难而上才有可能改善环境,改变命运。

2. 以下是吉林交通文艺台综艺板块节目台本,请进行纯文本主持练习

(《祝你平安》栏目曲)

主持人:听众朋友,司机朋友,晚上好,欢迎收听《祝你平安》,我是王曼。

今天是1998年的8月10日,已经连续几天了,小雨下得连绵不断,气候冷得使人觉得做什么事都放不开,而且做什么事都没有那份好的心情。不过,虽然天气寒冷,但人间还是有一股暖情在的,那就是我们可爱的交通人,我们的司机师傅做了一件非常小的事,却温暖了一位母亲的心。

前一阵子,我接到一位母亲打来的电话,她满怀感激而且非常激动地讲了这样一个故事。在一个深夜,她拖着一天工作下来疲惫的身体,匆匆忙忙打车赶到医院去照顾她身患重病的儿子,在去医院的途中,也许是因为焦虑,也许是因为疲惫,这位母亲脸色很不好看,而且常常不由自主地叹息,那位司机师傅看到这位母亲这种神情就关心地问她怎么了,到底是怎么回事,这位母亲便向司机师傅说出了自己的焦虑、疲惫和忧伤,司机师傅非常理解,便把这位母亲送到医院,不仅一分钱没收,而且下车时一再叮嘱这位母亲,如果孩子的病情还是没有好转,还需要钱的话,就请去找他,虽然他的手头没有多少钱,也并不富裕,但他可以和其他的司机朋友商量一下,大家共同集资治好孩子的病。母亲含着眼泪在小雨里站了好久,她说,虽然那位司机朋友并不一定能帮得了她,虽然孩子的病仍处在一种未知状态中,虽然她自己又疲倦又焦虑,但是那位司机朋友的话,让她心中感到无比温暖,同时增强了为孩子治病的信心。

当我听到这位母亲的话时也深受感动,生活中有时候你的一句话,一个小小的关怀,对你来说是一件很轻而易举的事情,但却能给人带来一股温暖,一股生活的勇气。当然,那位母亲在电话中一再告诉我,希望通过交通文艺台向那位司机朋友表示深深的感谢!在这里,吉林交通文艺台全体编播人员向那位司机朋友,同时也向春城所有像那位司机一样真诚,一样善良的司机师傅们表示深深的感谢:祝好人一生平安。

[串联]

[平安留言版]栏目曲

又到了今天第一版留言的这个时间,我相信此刻一定有许多听众正在打来热线为自己交通路上的亲人、朋友留下一句最温馨的祝福。

首先是户先生为吉A—44111的奈先生和开捷达车的陈玉香小姐留言,

同学聚会就等你们俩来了，请速给 8730185 回电话。记好电话号 8730185。

在这里我们又接到了张女士为吉 A—49375 的曹先生的留言：感谢你的热情服务和娴熟的驾驶技术，使我赶上了开往吉林的列车，衷心地祝愿好人一生平安！

好了，今天第一版平安留言到这儿告一个段落，如果您还想留言的话，别忘了打通 8964318、8964328，我一定在第二版留言中为您服务。

［栏目曲］

听众朋友，今天的《人在旅途》我们为您选择的有奖征文是根据一个真实的故事加以艺术加工，由吉林省肿瘤医院二疗区的王艳萍写来的文章：《天堂也能听到吗？》

（文章播讲省略）

［栏目曲］

好了，今天的第二版平安留言又和您如约相见。

一位王先生为吉 A—28082 的赵先生留言：注意交通规则、注意身体健康，安全和健康比什么都重要。

还有一位姓史的小朋友为吉 A—92175 的爸爸留言：今天要早点回家，今天有你爱吃的烤牛肉，你回来晚了，就吃光了。

我们这里又接到金女士为吉 A—92295 的陈先生留言，一定要按时吃饭，小心你的胃再疼。

还有今天同时是吉 A—B9963 的马红利先生 42 周岁生日，首先请您接受我们交通台送给您的一份祝福，另外您爱人要告诉您，今晚 7 点的时候，在老地方你的几位朋友要为你庆祝一下，别忘了先收车，然后再准时到达。

（［祝你平安歌曲］压混）

记得我在一本汽车杂志中看到过一则这样的公益广告：汽车不是一下子就能站住的，人的生命却可能一下子走向终点，当你措手不及时，也就后悔莫及了。在今天节目即将结束的时候，把它送给交通路上的各位司机师傅们，但愿大家在会心一笑之后，也能够牢牢记住，但愿你也能常常想起这句话，为你，为我，为他，走出潇洒，更走出平安……

好了，收音机前的各位司机朋友，感谢您收听这期由王曼为您带来的《祝你平安》节目，明天 17 点我们再见。

三、课后训练

1. 段落

▲眼前，这“雷神爷”为何又甩帽？人们目瞪口呆！只见他在台上来回踱了两步又站定，双手卡腰，怒气难抑。终于，炸雷般的喊声从麦克风传出：“我的大炮就要万炮轰鸣，我的装甲车就要隆隆开进！我的千军万马就要去杀敌！就要去拼！就要去流血！可刚才，有那么个神通广大的贵妇人，她竟有本事从几千里之外，把电话要到我这前线指挥所！此刻，我指挥所的电话，分分秒秒，千金难买！可那贵妇人来电话干啥？她来电话是让我给她儿子开后门，让我关照关照她的儿子！走后门，竟敢走到我这流血牺牲的战场上！我雷某不管她是天老爷的夫人，还是地老爷的太太，走后门，谁敢把后门走到我这流血牺牲的战场上，没二话，我雷某要让她的儿子第一个扛炸药包，去炸碉堡！去炸碉堡……”

▲生活中，常会碰上一些不称心的事：进商店时，可能因售货员出言不逊而恼火；下饭馆时，可能因服务员态度冷淡而扫兴……作为一个顾客，谁不希望对方笑脸相迎，受到文明礼貌的接待呢？

因别人的服务态度不热情而不快的顾客，也许是位公共汽车的售票员，也许是位医生、护士，也许是位党政机关的干部……当你在接待乘客、病员、群众时，是否也曾想到自己当顾客时的处境和心情？中国有句老话：“己所不欲，勿施于人。”英国有句名言：“所谓以礼待人，即用你喜欢别人对待你的方式对待别人。”当你处于为他人服务的位置时，应该反躬自问：有没有出言不逊？是不是面色难看？要使整个社会的服务态度好起来，需要每个人从改善自己的服务态度做起。

2. 栏目主持

▲主持人：听众朋友。不知您察觉到没有？我们国家北方人和南方人是有心理差异的。北方人大多性格奔放粗犷、热情外向；而南方人呢，大多感情细腻、稳重内向。那么，为什么会有这种差异呢？有这样一种观点，我给您介绍介绍，您看有没有道理？形成这种差异的原因，并不是因为南北炎黄子孙有什么明显的大脑结构或者遗传素质的不同，而是由于地理环境不同造成的。

您知道，我国北方山少，平原多，辽阔的平原，放眼四处眺望，周围几里甚至几百里一览无余。所以北方人的性格一般比较豁达爽朗，大方而不拘小节。所以“自古燕赵多慷慨悲歌之士”。相反呢，南方山多水多平原少，地形地貌受山水阻隔，条块分割相当严重，自古以来，南方人在这狭窄的土地上精耕细作，为了生存，他们自然养成了精打细算，小心谨慎，善于运用现有资源，发挥聪明才智的思维习惯。

另外呢，南北方的气候差异，也给生活在各地的人们造成了心理差异。南方气候比较温和湿润，使南方人养成了沉稳、安详、感情丰富而细腻的性格。而北方气候寒冷、干燥、多风沙，有的地方一年里有近半年的霜雪天气，所以呢，长期生活在北方的人们，大多形成了粗犷、坚强、贤良的个性。

听众朋友，我这里说的只是一般的情况。当然啦，人的心理差异和性格的形成，也往往不一定受到地理、气候环境的影响，南方人也有性格奔放粗犷、热情外向的，北方人也有感情细腻、稳重内向的。而且随着社会的进步，我国南北方人的心理差异正在逐步消失。

▲您好，观众朋友，欢迎收看《东方时空》。

辞旧迎新的日子是发出祝福，也是收获问候的季节。这几天，《东方时空》编辑部贺卡大丰收，在很多贺卡中，有一张贺卡非常引人注目。您看，就是这一张。这是吉林毓文中学的同学们亲手画的。我们可以看出在这张贺卡上，同学们画上了《东方时空》的标志。而且在这个标志里面，还填上了一双手和一个绿色的萌芽。我想这里面，表现了同学们丰富的想像力，也可以看出同学们对我们《东方时空》节目独特的感受和理解。他们的老师赵谦祥在信中告诉我们，毓文中学实验班的91名同学每个星期二到星期五的早晨都要在教室里集体收看《东方时空》节目，并且每周写出一篇观后感。几个月以来，他们已经和《东方时空》节目建立了深厚的感情。新年来临之际，这91名同学每个同学都写了一段话，一起寄给了我们《东方时空》。我们的编辑、记者看了这些话以后都非常感动，在这里我选择几段念给大家听听：

李义同学写道：《生活空间》让我从一粒沙里看到了世界。

李赢同学说：《时空报道》教我分辨是与非。

侯敬同学说：每天那《面对面》，心贴心的交流便是你最好的馈赠。

范照敬同学说：《东方之子》以前我羡慕你，现在我学习你，将来我要成为你。

胡宁同学写道：在与《东方时空》相伴的日子里，忽然发现自己长大了许多，世界太大了，以至于它是如此地多元、多姿、多彩。世界太小了，因为我竟能感受到千山万水以外的心跳。

遗憾的是在这里我不能把这些话一一地念给大家听。我想，以后每当我面对镜头的时候就会感觉到这91双清澈的眼睛和亿万双观众的眼睛一起在注视着我们，在这目光中，我们将一起走过新的一年。那么在这里，我要对所有《东方时空》的观众说一声谢谢你，因为我们拥有一个共同的、美好的1997年。

（中央电视台《东方时空》，主持人敬一丹）

▲（标题：头条：TOP排行榜，燕姿独得三奖）

（开始FUN4春天）

主持人甲：绳彩飞扬！

主持人乙：欢迎收看由立白集团冠名播出的FUN4娱乐！今天老天不太配合，又是一个阴雨天，不过比较凉爽。

主持人甲：我们FUN4依旧准备了丰富的娱乐快餐，希望大家笑纳。

主持人乙：今天要给大家讲述一个亘古不变的真理，那就是事业感情真的无法双得意！

主持人甲：我们昨天刚跟大家讨论过燕姿的问题，因为要忙演艺事业，所以忽略了男友导致分手。

主持人乙：作出这样的一番取舍必然会换来另一方面的收获。近日举行的中国TOP音乐排行榜颁奖礼上，燕姿就一人独得三项大奖，成为当晚的最大赢家！

（标题：FUN点料理：《王的男人》+《Dasy》首映+河莉秀）

主持人甲：我发现飞儿的主唱詹文婷长胖了好多，她是怎么办到的！

主持人乙：跟大家解释一下，今年YOYO瘦了很多，很多观众都打电话到组里关心地问，YOYO是不是失恋了，怎么会这么瘦？所以，我们台长大人勒令她增肥！

主持人甲：是的，我已经很努力了，还要感谢组里的同事胖胖今天给我带了一份韩式紫菜包饭，味道太好了。

主持人乙：啊！胖胖这个家伙，中午瞒着我去吃了韩国料理，太不够哥儿们了！好东西当然要跟大家一起分享，马上送上FUN占料理，看看韩国艺人的消息。

（宣传片）

（标题：绳彩飞扬：师大附中回顾）

主持人甲：我们绳彩飞扬大赛开赛迄今已有一个多月的时间，这个周六就正式划上句号了。说起来还真是舍不得这群活泼可爱的选手们。

主持人乙:这些日子老看到这群中学生在我们面前蹦来蹦去,我自己都觉得浑身充满了蓬勃向上的力量,很期待看到他们后天的最终胜负。

主持人甲:今天我们就来看看另一支五强队伍的赛况回顾,他们是来自师大附中的0410班,马可是他们的明星领队哦。

(标题:自采:《暗夜心慌慌》演员招募)

主持人甲:我觉得在竞技场上,绳子打地的节奏和选手们落地的脚步声交织在一起时特别有感觉!

主持人乙:后天的决赛这种感觉将更加明显。因为向要夺冠的四强绳队将逐个地在决战室里孤独作战。

主持人甲:可以想像,到时将只有绳子打地和选手的脚步声,说不定还能听到大家的心跳声,呵呵,不知道小选手们能不能克服那样紧张的氛围。

主持人乙:一定没问题的,加油。短信投票的朋友也要加油,通过你们的力量一定可以把支持的那支绳队免于淘汰直接送入决战。

主持人甲:所以一定不要手软,加油投票!好了,接下来一起关注我们经视大型自拍剧《暗夜心慌慌》的演员招募情况。

(标题:自采:955走秀)

主持人甲:像《暗夜心慌慌》这样的悬疑大剧确实需要招揽一些有专业素养的人才,所以我建议,像KK这样表演专业出身的完全应该加入该剧。

主持人乙:鉴于本人最近已成功跨入影视界,所以《暗夜心慌慌》剧组若向我发出邀请我是绝对不会拒绝的!麻烦你们找一下我的经纪人安排一下档期吧。

主持人甲:我真的要检讨一下,最近给了你太多机会在节目中臭美了。我们还是一起聚焦明天晚上的金鹰955改版新装发布会。继前天YOYO献丑之后,昨晚又有一群帅哥开始为T台处女秀苦苦练习了!

(标题:西洋FUN大镜:MTV电影奖入围名单)

主持人甲:在T型台上是骡子是马,就只待明晚T型台上见分晓了。KK,你有没有信心比我走得更逊啊?

主持人乙:走秀小意思了,只要不安排海拔太高的女搭档给我就OK了!

主持甲:那观众朋友们这个周末就有眼福了,明晚有我们ETV群星时装秀,后天还有绳彩飞扬总决赛,一定要守候关注了。

主持乙:好了,最后进入西洋FUN大镜。美国有个MTV电影大奖,有很多大家熟悉的影片入围哦。

（结束语）

主持人甲：今天的FUN4又要结束了，特别提示大家记得关注明晚的金鹰955改版新装秀和后天的绳彩飞扬决赛。

主持人乙：我们和绳彩飞扬的小选手们都不会让大家失望的！

（湖南经济电视台《FUN4娱乐》，2006年4月27日播出）

3. 散文

生　命

巴　金

我接到一个不认识的朋友的来信，他说愿意跟我去死。这样的信我已经接过好几封了，都是一些不认识的年轻人寄来的。现在我住在一个朋友的家里，是一个很安静的地方。我的窗前种了不少的龙头花和五色杜鹃，在自己搭架的竹篱上缠绕着牵牛花和美国豆的长藤。在七月的大清早，空气清新，花开得正繁，露出一片欣欣向荣的景象。对面屋脊上站着许多麻雀，它们正吵闹地欢迎新生的太阳。到处都充满着生命。我的心也因为这生命的繁荣而快活地颤动了。

然而这封信使我想起了另一些事情。我的心渐渐地忧郁起来。眼前生命的繁荣仿佛成了一个幻景，不再像是真实的东西了。我似乎看见了另一些景象。

我应该比谁都更了解自己罢。那么为什么我会叫人生出跟我去死的念头呢？难道我就不曾给谁展示过生命的美丽么？为什么在这个充满了生命的夏天的早晨我会读到这样的信呢？

我的心里怀着一个愿望，这是没有人知道的：我愿每个人都有住房，每个口都有饱饭，每个心都得到温暖。我想揩干每个人的眼泪，不再让任何人拉掉别人的一根头发。

然而这一切到了我的笔下都变成另一种意义了。我的美丽的愿望都给现实生活摧毁干净了。同时另一种思想慢慢地在我的脑子里生长起来，甚至违背了我的意志。

我能够做什么呢？

“我就是真理，我就是大道，我就是生命。”能够说这样话的人是有福的了。

“我要给你们以晨星！”能够说这样话的人也是有福的了。

但是我，什么时候才能够说一句这样的话呢？

我的心

巴 金

近来，不知什么缘故，我的这颗心痛得更厉害了，我要对我的母亲说，妈妈，请你把这颗心收回去吧，我不要了！

记得当初你把这颗心交给我的时候，你对我说过，你的爸爸一辈子拿了它待人爱人，他和平安宁地度过了一生，临死，他把这颗心交给你，他说，承受这颗心的人将永远正直幸福，并且和平安宁的度过他的一生，现在你长成了，也就承受了这颗心，带着我的祝福，孩子，到广大的世界中去吧！

这些年来，我怀着这颗心走遍了世界，走遍了人心的沙漠，所得到的只是痛苦和痛苦的创痕，正直在哪里？和平在哪里？幸福在哪里？这一切可怕的声音哪一天才会听不见？这一切可怕的景象哪一天才会看不到？这样的人间悲剧哪一天，才不会再演？一切都像箭一般的射到我的心上，我的心已经布满了痛苦的创痕，因此，它痛得更厉害了。

我不要这颗心了，有了它，我不能闭目为盲，有了它，我不能塞耳为聋，有了它，我不能吞炭为哑，有了它，我不能在人群的痛苦中找寻我的幸福，有了它，我不能和平的生活在这个世界上，有了它，我再也不能生活下去了。

妈妈呀，请你饶了我吧，这颗心我实在不要，不能够要了。

我夜夜在哭，因为这颗心实在痛得受不住了，它看不得人间的惨剧，听不得人间的哀嚎，受不得人间的凌辱。我想要放它走，可是，它被你的祝福拴在我的心房内。

我多时以来就下决心放弃一切，让人们去竞争，去残杀，让人们来虐待我，凌辱我，我只愿有一时的安息，可我的心不肯这样，它要使我看，听，说，看我所怕看的，听我所怕听的，说别人所不愿听的，于是我又向它要求到，心啊，你去吧，不要苦苦的恋着我，有了你我无论如何不能生活在这个世界上啊，求你，为了我幸福的缘故，撇开我去吧！它没有回答，因为它如今知道，既然它被你的祝福拴在我的心房上，那么，它也只能由你的诅咒而分开。

妈妈，请你诅咒我吧，请你允许我放走这颗心去吧，让它去毁灭吧，因为它不能生活在这个世界上，而有了它我也不能生活在这个世界上！在这样大的血泪海珠，一个人一颗心算得了什么？能做什么？妈妈，请你诅咒我吧，请你收回这颗心吧，我不要它了！

可是，我的母亲，已经死了很多年了。

4. 新闻

▲新华社消息:由国家文物局主办的“1999年全国十大考古新发现评选”今天揭晓,这些从当年进行的400多项考古项目中评选产生的十大新发现,集中体现了我国考古工作的新成果,并从不同角度揭示了中华古代文明的发展进程。

这十大新发现依照时代顺序分别是:江苏高城墩新石器时代遗址、辽宁桓仁五女山山城、吉林通化万发拨子遗址、河南焦作府城商代早期城址、湖南虎溪山一号汉墓、云南羊甫头墓地、山西太原隋代虞弘墓、安徽淮北隋唐大运河遗址、河北元中都、成都水井街酒坊遗址。

专家们认为,这些考古项目,上迄石器时代,下至明清,内容涉及城址、墓地、酒坊等多种类型,具有宝贵的学术价值和历史价值。

▲本台消息:昨晚在世纪剧院举办的一场音乐会宣告“2000相约北京”活动落下帷幕。在整个5月里,共有38个国内外艺术团体进行了109场演出,把欢乐和美带给北京观众。

音乐会上半场由意大利小提琴大师乌托·乌季使用珍贵的古董名琴演奏贝多芬的《小提琴协奏曲》,他娴熟的技巧、名琴华美的音色使这支名曲灿烂生辉。指挥中国交响乐团进行协奏的著名指挥家吕嘉也受到观众赞许。下半场演出由来自日本、意大利的歌唱家担纲,他们演唱了传统民歌和经典歌剧的著名唱段。

音乐会上中国听众一如既往地热情,热烈鼓掌要求加演。可是有些观众不遵守基本的剧场规则,在乐章间鼓掌甚至任意走动,以致演出无法继续,这时可以看到乌托·乌季和吕嘉脸上无奈的笑容。这种场面不是第一次,也不会是最后一次。看来“2000相约北京”活动虽然告终,但引进国外一流演出的事业还将持续下去,欣赏艺术的过程也是培养观众的过程。

▲本台综合消息:埃塞俄比亚昨日开始从它占领的厄立特里亚的领土撤军,这是埃塞俄比亚政府女发言人特德萨宣布的。特德萨说,“英雄的埃塞俄比亚国防部队已经从西线战场撤军”,但是她指出这不意味着终结它与厄立特里亚已经持续两年的因边界争端而引起的战争,战争还在继续,直到“厄立特里亚全部撤离它所占领的领土”为止。

目前,根据埃塞俄比亚方面的说法,在东线战场,厄立特里亚已经放弃了它在重要城市布雷吉附近的阵地,在中线,埃军已经挺进到离厄首都阿马拉100公里处。厄立特里亚已经宣布将完全撤出它从1998年战争开始以来所占领的土地，但是埃塞俄比亚说厄军在东线还占有小块埃塞俄比亚领土。

【思考题】

1. 如何理解节目主持人的变“话”能力。
2. 节目主持人的变“话”包含哪两层意思？
3. 如何才能提高纯文本语境下节目主持人语言的变“话”能力？

第三章　变"活"能力与训练

一、理论概述

在平时的口语交际中，几乎人人都具备流畅交谈的能力，然而，同样是说话，有的能深深吸引听者，甚至令人兴奋不已，有的则让人注意力无法集中，昏昏欲睡。这里面固然有交谈内容的原因，但语言活化的问题也是关键。说话时，语言生动，富有节奏韵律，听话人当然愿意"洗耳恭听"；如果语调平直，缺乏抑扬顿挫，毫无个性，如同和尚念经，结果不难想像，听者要么选择拒听，要么选择有礼貌地借故离开。

对于纯文本主持语境下的节目主持人而言，变"活"就是在语流中，解决变"通"和变"话"的同时，语言听起来要生动、形象，富有韵律美，语言彰显个性和特色，具有不可替代性。在纯文本语境下，由于是固定的文本，而且有可能不是自己写的，语言就很容易失去个性。只有真正解决了变"活"的问题，主持人的形象才真正生动、鲜活起来，变"活"是纯文本语境下主持人语言能力的综合体现。换句话说，在变"通"、变"话"基础上，具备了变"活"能力，主持人才真正具备了纯文本主持语言能力。

例 1　中央电视台《朱铁说计——忽悠榜中榜》2006 年 4 月 3 日播出稿节选。

主持人：大家好，欢迎收看朱轶说计！现在一提起"忽悠"这个词，谁都知道什么意思，说白了就是骗！"忽悠"是东北方言，那又是谁把这个词普及推广的呢？哎对了，大伙首先想到的就是——赵本山！换句话说，赵本山就是忽悠的代言人！他一会儿把人忽悠瘸了，一会儿把人忽悠蔫儿了，不仅是小品大王，还是忽悠大王！为了不让自己的独门忽悠秘诀失传，赵本山也懂得言传身教、授业解惑传道了，不信您往这儿瞧——

例 2　中央电视台《马斌读报》2006 年 4 月 22 日播出稿节选。

来看这张照片，哟，这笼子里怎么是个人？其实这是一位作家，正在笼子里寻找灵感呢！这位是法国人，名叫诺博特，正在苦苦构思一本叫《熊猫旅馆》的书，为了寻找灵感，主动要求住在动物园的笼子体验生活，笼子里放了不少干草和木头，周围的邻居都是什么浣熊啊，野狼啊。本来，诺博特就想清清静静地写点东西，谁知道反倒招来了更多专门来看他的游客。在此，我重申一下动物园纪律：可以看，可以拍照，可以说话，但千万不要扔食物！

分析：马斌和朱铁这两位活跃在中央电视台的主持人虽然语言风格不同，但有一点是共同的，观众喜欢他们。此外，他们还有一个共同点就是都有极强的处理纯文本的能力。马斌说他每天上节目前都要做大量的准备工作，新闻内容经过消化，已经烂在肚子里了。实际上，这个过程就是变“活”过程，再加上马斌夸张多变的语调和较多的形体动作，给观众留下深刻印象。观众总结朱铁的特质，最突出的便是：“能说”。一个“能”字，正体现了在纯文本语境下，要求主持人具备语言从变“通”到变“活”的能力。在《朱铁说计》中，只见朱铁一身黑衣站在黑色的背景前，灯光把他的身影勾勒得若隐若现，不动声色的表情配上波澜不惊且略带调侃讽刺的语气，给观众印象很深。

二、变“活”能力训练

变“活”能力，强调的是一个“活”字，也就是当把文字语言变成有声语言时，主持人要想办法使自己的语言“起死回生”。训练时，一要注意理解原稿内容；二要注意运用停顿营造气氛和勾勒画面；三要懂得运用重音来体现说话人的意图和情感；四要善于运用语气、节奏等的变化来体现语言个性。

1. 句段练习

▲我兴冲冲地上了路，可是当我走了一夜，从拂晓的晨雾里看清了这个村子的面貌时，像一跤跌到水井里，浑身都凉了。这哪里是个村子，简直像个乱坟岗，没有一间完整的房子，黑黑的土墙歪歪地立在那里，窗子只剩了个方洞洞，遍地是碎砖乱瓦，屋里地上的茅草，有一人多深，小树也长得有碗口粗了。野鸟听见响动，“扑棱”一声从窗洞里飞出来。我从村东头一直走到村西头才看见一排排傍着残垣断壁搭起的竹寮寮子，看样子还有人住。

（王愿坚《三张纸条》）

▲竹篱的那边是两家很精巧的华美的洋房。篱畔的落叶树和长青树，都悠然自得地显出入画的青姿。平坦的淡黄的草园，修饰得浅黑的园径．就好像一幅很贵重的兽毯一样敷陈在洋房的下面。红的砖，绿的窗棂。白的栏杆，淡黄的瓦……

（郭沫若《亭子中间》）

▲原来这房里的一切，都是新堂堂，亮锃锃，平顶天花板白得耀眼。四周的墙，用青漆漆了一人高，再往上就刷刷白，地板暗红闪光。照出人影子来，紫

檀色五斗橱，嫩黄色写字台。更有两张出奇的矮凳，比太师椅还大，里外包着皮，也叫不出名字来，再看床上，垫的是花床单，盖的是新被子，雪白的被底，崭新的绸面，刮刮叫三层新。陈奂生不由自主地立刻在被窝里缩成一团，他知道自己身上（特别是脚）不大干净，生怕弄脏了被子……

（高晓声《陈奂生进城》）

▲真的，这样迷人的景色恐怕哪儿也见不着，我们的下面是科依索尔谷地。谷地里贯穿着阿拉格瓦河和另一条河，仿佛两根银线；淡蓝色的迷雾在谷地上流动着。受到温暖的曙光的照耀，向附近的峡谷飘去；左右都是白雪皑皑、灌木丛生的山脊，一个比一个高，它们互相交错，绵延不绝；远方是同样的山岭，但没有两个山岩形状彼此相似，而山上的积雪又那么喜气洋洋、那么光辉灿烂地闪耀着玫瑰红的色彩，使人真想在这儿待上一辈子；太阳稍稍从暗蓝色的山岭后面露出脸来。只有看惯这种景色的眼睛才能把山岭同阴云分辨开来。

（［俄］莱蒙托夫《当代英雄》）

▲一群跟上大人的小孩，挤到队伍中间，拉着战士们的手，问东问西，一个六七岁的小孩站在土坎上，一蹦就爬在周大勇的背上……孩子在周大勇的眼瞳里看见了自己的模样，他抱住他的脖子，脸腮靠着脸腮，高兴地喊："叔叔，你眼里有个人……"

（杜鹏程《保卫延安》）

▲这时候，人们看到火箭尾部喷出的桔红色火焰，立刻使海水剧烈地翻腾起雪白的浪花，活像一朵硕大的莲花，怒放在蔚蓝色的海面上。顷刻间，火箭升高了，尾部的火焰也越来越长，如同一条出水巨龙，扶摇直上，腾空而去，火箭越飞越高，越飞越小，直到变成一个小亮点，消失在茫茫的太空之中。

（中央台录音报道《我国运载火箭水下发射成功的壮观景象》）

▲什么也不能教她暖过来；她的脚冷得发木，从小腿直到臀部都发着抖，使她不停地翻来覆去安不下心，神经焦躁到极点了。

不久，牙齿咯咯作响；两手发抖；胸口紧压得难受；心怦怦地跳得很慢，有时简直像要停止跳动了；嗓子仿佛就要喘不上气来。

难以抵挡的寒冷一直透入她的骨髓，同时她精神上也产生了一种极度的恐怖。她从来没有过这种感觉，从来没有这样地受到过生命的威胁，简直就只剩下最后一口气了。

（［法］莫泊桑《一生》）

▲已经接近傍晚了，空气中有一种预报大雷雨消息的特别的闷热。太阳已经很低，白杨树的树梢也染上了一层浅红。可是在那紧紧包住树枝的傍晚的阴影里，不动的高高的白杨树却显得更密、更高了……树上面的天也阴暗了，变成了天鹅绒的样子，好像离地面更近了似的。远远的在什么地方，有人讲话；在更远的地方，不过是在另一个方向，有人唱歌。声音都很低，都很深沉。而且也好像浸透了闷热。

（〔俄〕高尔基《阿尔希普爷爷和廖恩卡》）

▲东街的最东头，有一个姓徐的呆子。这人不知应考了多少次，到头来还是一个白丁……穿着油腻的长衫，靸着破鞋，一边走，一边念……念到曾经业师浓圈密点的得意之处，摇头晃脑，昂首向天，面带着微笑，如醉如痴，仿佛大街上没有一个人，天地间只有他的字字珠玑的好文章。一直念到两颊绯红，双眼出火，口沫横飞，声嘶力竭，长歌当哭，其声冤苦。

（汪曾祺《徙》）

▲那女孩子年纪虽小，打扮得脸上颜色赛过雨后虹霓、三棱镜下日光或者姹紫嫣红开遍的花园，她擦的粉不是来路货，似乎泥水匠粉饰墙壁用的。汽车颠动利害，震得脸上粉粒一颗颗参加到太阳光里飞舞的灰尘。她听汽车夫愈骂愈坦白了，天然战胜人工，涂抹的红色里泛出羞恶的红色来……

（钱钟书《围城》）

▲王小玉便启朱唇，发皓齿，唱了几句书儿。声音初不甚大，只觉入耳有说不出来的妙境：五脏六腑里，像熨斗熨过，无一处不伏贴；三万六千个毛孔，像吃了人参果，无一个毛孔不畅快。唱了十数句之后，渐渐的越唱越高，忽然拔了一个尖儿，像一线钢丝抛入天际，不禁暗暗叫绝。那知他于那极高的地方，尚能回环转折。几啭之后，又高一层，接连有三四叠，节节高起。恍如由傲来峰西面攀登泰山的景象：初看傲来峰削壁千仞，以为上与天齐；及至翻到傲来峰顶，才见扇子崖更在傲来峰上；及至翻到扇子崖，又见南天门更在扇子崖上：愈翻愈险，愈险愈奇。那王小玉唱到极高的三四叠后，陡然一落，又极力骋其千回百折的精神，如一条飞蛇在黄山三十六峰半中腰里盘旋穿插。顷刻之间，周匝数遍。从此以后，愈唱愈低，愈低愈细，那声音渐渐的就听不见了。满园子的人都屏气凝神，不敢少动。约有两三分钟之久，仿佛有一点声音从地底下发出。这一出之后，忽又扬起，像放那东洋烟火，一个弹子上天，随化作千百道五色火光，纵横散乱。

（刘鹗《老残游记》）

2. 诗歌

莲的心事

席慕容

我
是一朵盛开的夏莲
多希望
你能看见现在的我

风霜还不曾来侵蚀
秋雨还未滴落
青涩的季节又已离我远去
我已亭亭 不忧 亦不惧

现在正是
最美丽的时刻
重门却已深锁
在芬芳的笑靥之后
谁人知我莲的心事

无缘的你啊
不是来得太早
就是太迟

台湾的故事

向 阳

传说在很久很久以前，
台湾和祖国大陆紧密相连。
哪里有什么分离的痛苦？
幸福的歌儿满山川。
母亲领着一双儿女，
在一座古老的山上打柴、游玩。
忽然，山崩地裂海咆哮，
转眼大山被劈做两半。

母亲想拉住儿女的手，
没想到脚下裂开一道深渊。
从此母亲被隔在北大陆，
儿女却留在富饶的山南。
后来深渊形成了台湾海峡，
山南就是如今的宝岛——台湾。
儿女天天站在阿里山顶，
拄着扁担把母亲呼唤。

日久天长扁担生根成神木，
儿女的泪水流成“日月潭”。
声声呼唤化作海峡的波涛，
冲击大陆，撕碎母亲的心肝。

啊，谁是那劈山断海的恶魔，
谁使母亲和台湾儿女分离到今天？
儿女终究要回到母亲的怀抱，
祖国的亲人总有一天要团圆。

你是人间的四月天

林徽因

我说你是人间的四月天：
笑响点亮了四面风；轻灵
在春的光艳中交舞着变。

你是四月早天里的云烟，
黄昏吹着风的软，星子在
无意中闪，细雨点洒在花前。

那轻，那娉婷，你是，鲜妍
百花的冠冕你戴着，你是
天真，庄严，你是夜夜的月圆。

雪化后那片鹅黄,你像;新鲜
初放芽的绿,你是;柔嫩喜悦
水光浮动着你梦期待中白莲。

你是一树一树的花开,是燕
在梁间呢喃,——你是爱,是暖,
是希望,你是人间的四月天!

请　求

佚　名

妈妈
请松开你的春天一样温暖的手
让我独个在坎坷的路中
磕磕碰碰向前走
别担心我会跌跤
即使摔破细嫩的皮肉
我也不会拉着你的衣角哭泣
在阳光或风雨里浑身发抖
妈妈 请相信
我不是一只胆小的狗
在一次次摔跤之后
肩挑泰山也走得过九十九条沟
妈妈 亲爱的妈妈
请松开您慈惠的手
让我踩着坚实的土地和一切困难
一切胜利交朋友

珍　惜

曾　卓

一个眼盲的小姑娘说:
如果问我什么是
最大的幸福

啊,那就是从黑暗中走出来
给我光?即使仅仅是一天的光
让我看看亲人朋友
看看星星、月亮、太阳
看看旷野、草原、海洋
看看美丽的画,欢快的舞蹈
看看鲜红的国旗在蔚蓝色的空中飘扬
……
一个耳聋的小男孩说:
如果问我什么是
最大的幸福
啊,那就是从寂静中走出来
给我声音?即使仅仅是
一天的声音
让我听听母亲的低吟
小鸟的啾鸣
听听唐老鸭怎么笑
灰姑娘怎样叹息
听听诗的朗诵
钢琴的演奏
……
一个哑者多么渴望
用自己的声音和朋友谈心
用自己的声音唱歌
一个坐在轮椅上的人多么渴望
站起来,走过去
和同伴一道游戏、爬山
而一位老人说
但愿牺牲一切
只要能回到少年时光
听,一切都是值得珍惜的
如果你,如果你失去它

东方，一个大写的民族

李建华

我会写“耻辱”二字，
懂得什么叫“耻辱”！
那史书、回忆、屏幕……
常扯出一缕缕“耻辱”的丝，
将我的心紧紧裹住！
那“耻辱”曾经恶狠狠地
为中国命名：“东亚病夫”。
那“耻辱”曾经轻蔑地
喝令我们：“华人与狗不得进入”……

我想向真实的史书抗议，
我常对无辜的屏幕发怒！
我庆幸生长在火热的今天，
不再羸弱，枯瘦，麻木，
因此，我可以自豪地疾呼：
东方，而今站立着
一个大写的民族！
不再是古道、西风，枯藤、老树，
不见了千村薜荔、万户萧疏。
就如拦不住地球的飞旋，
什么也挡不住一个民族
脱胎换骨！
是的，站起来了，不需搀扶，
中华民族，
41 年出脱得一派风度！
疏通了，周身每一条血脉；
理顺了，浑身每一条筋骨。
一个拥有黄河黄山的民族，
一个拥有长江长城的民族，

终于恢复了
长江黄河般的自豪,
终于健壮了
长城黄山般的体肤!
亚运会上力士举起
全场的欢呼,竞赛场上中华跳出
世界的高度……
于是,“健康”演化为“强大”
于是,“进步”繁衍出“富足”
也许,这该称作悲壮的历程吧!
东方,而今站立着一个大写的民族!

3. 散文

月光曲(节选)

一阵风把蜡烛吹灭了,月光照进窗子来,茅屋里的一切好像披上了银纱,显得格外清幽,贝多芬望了望站在他身边的穷兄妹俩,借着清幽的月光,按起琴键来。

皮鞋匠静静地听着,他好像面对着大海,月亮正从水天相接的地平线上升起来,微波浩淼的海面上,霎时间洒遍了银光,月亮越升越高,穿过一缕一缕轻纱似的微云。忽然,海面上刮起了大风,卷起了巨浪。被月光照得雪亮的浪花,一个连一个朝着岸边涌过来,皮鞋匠看着他妹妹,月光正照在她那洁净的脸上,照着她睁得大大的眼睛,她仿佛也看见了,看到了她从来没有看到过的景象:在月光照耀下的波涛汹涌的大海。

蝴蝶蒲公英飞鸟与鱼(节选)

依依

一千年前,你是一只翱翔在天空的飞鸟,而我,却是一条水里的鱼。

我在水底发现了岸边的你:你的翅膀宽阔而美丽,你的眼神敏锐而犀利。我知道,你要用飞的姿态和我在一起,而我,却成为了水里的鱼。我们就那样,一个在岸边,一个在水底,迟迟的凝望,眼神无奈而凄迷,看到你的一瞬间,第一次感觉到水的窒息。

我多想,多想可以冲出水面,以飞翔的姿态拥抱你,多少个日日夜夜的等待，却只能——在两个世界里相遇。我只能在你迁徙的时候与你相遇，看着你在空中的飞舞，看着你的脚步重复我前世的步履。

于是，我的泪水流进心里，流进海里，于是，海的味道，因为你我的爱情而变得不再单一。

终于，我借助潮水的力量冲出了海面，在岸上与你相拥，急促的几分钟的呼吸，短短的几分钟的相遇，我还没来得及说一句："我爱你"，就已经离你而去，即使死去，我依然是在你的怀里——

秋天的童话

蓝诺

秋天，可以在相见的时候，让心灵交换名片，拾起无尽的深情。童话，可以在聆听的心境中，飘落浪漫的音符……

秋天是纯净的，正如天空那神秘的蔚蓝。秋的纯净，会使人暂时忘却现实生活中的些许烦恼，恬然走进一段美丽的童话……秋天的童话。在遥远的记忆中：那一片青青的荷叶下，是一颗流浪的年轻的心；那是安徒生笔下的那只丑小鸭！她用快乐的心情编织成渴望的网，在收获的季节里，传达一种真实的声音。童话，就在这妙美的声音里回旋，像孩子般的呓语，似流水淙淙。秋天的童话，总能够令我们体味、享受到一种唯美的情愫！

窗外，落下了初秋的第一片枯叶。秋天来了，蔚蓝色的天空，撩人的秋风，绵绵的细雨无处不在。秋天，青春的少男少女们总是喜欢偷偷地写一封封信寄给秋天，把心中所有的纯真涂抹在一张散发着清香的素笺上，询问她为何在萧瑟的季节里，反而会有丰收的喜悦，而岁月的额头上那一滴滴晶莹的汗珠里，又为何总是透出一丝丝的忧伤，问一问秋天的落叶为何落得潇潇洒洒，问一问幽幽的黑夜里那轮明月为何那般圆润？问一问子夜的星辰为何读得懂这秋天的童话？

秋天是一个成熟而又浪漫的季节，远远地看她，就像一枚素色的叶子，轻灵浅淡，却又妩媚动人。秋天又是一种成熟的色彩，金色的主旋律，像是打翻了斑斓的水彩盒，赤橙黄绿青蓝紫肆意地泼洒在天地间！枫林红了，菊花黄了，松柏绿了，水青了，天蓝了，霞红了。那一枚秋叶，也在秋风的伴奏下，进行了最后一次舞蹈。秋天的童话，谱写着风的多情，雨的热烈，阳光的眷恋以及云的悠悠。孩童的笑声，也在灿烂了一季后，走向高远平和，宁静和淡然。一只鸽哨带着对生命的感悟，匆匆在露着晨曦的天空中飞过，消失在一片雾的薄纱之中……

夜的思绪越来越深，天的帷幕上升腾起闪亮的星辰，任星稀星浓涂抹美妙童话的变迁；任星辰的手指翻开一篇篇经典的童话！流转的时光，将我们的童话从纯净变得复杂，又将复杂沉淀为澄明。任岁月的桨划过心湖，任甜蜜的波纹在记忆中荡漾，美丽的童谣，与满天的星星一起，共舞一支欢乐的舞蹈，轻舞飞扬，此生不悔……

三、综合训练

【训练要求】

①语言流畅，准确；

②避免"朗诵"或"念"，语言要朴实、自然，口语化、生活化；

③语言要生动，要通过语调、节奏等的变化，展现主持人极富个性的语言表达方式；

④有条件的话最好能模拟拍摄，顺便观察自己表情、举止是否有需要改进的地方。

1. 现场主持

观众朋友，你看到的就是泰山的南天门，这条路就是被称为天梯十八盘，这段不到一公里的山路，拔地400米，坡度在50度左右，是攀登泰山最难最险的路段。8月13日，一个叫孙寒松的10岁儿童，就从这里滚了下去。

8月13日的泰山，风和日丽，刚刚看完日出的金乡县10岁儿童孙寒松高高兴兴地和家人一起踏上归程。上午8点15分左右，在天梯倒挂的泰山十八盘上，孙寒松一脚踏空，摔倒在盘山道上滚落下去。

从小寒松摔倒的地方到这里有30多米，100个台阶，当时孩子已被摔撞得头破血流，不省人事，如果再滚落下去，肯定当时就性命不保。这时，多亏了挑夫张同海冒险拦住了向下滚落的孙寒松。

面对昏迷不醒、濒临死亡的孩子，泰山上的挑夫、正在采访的新闻记者、索道站的职工、旅游车队的司机……众人连接起一条高速传递的"生命通道"，仅用50分钟时间，就将孩子送进泰安市中心医院。

这50分钟里，包括泰山挑夫吴光栋、韩文华等人抱着受伤的孩子跑完了从十八盘登上南天门再到索道站，和从中天门索道站到停车场两段路程。

这50分钟里，包括泰山索道站职工为受伤的小寒松提前发出缆车，跨越从南天门到中天门2078米的天堑。

这50分钟里，包括泰山管委会旅游车队司机梁永来冒险飞车跑完了泰山西路将近20公里的盘山公路。

这是和死神赛跑，并战胜死神的50分钟。

（山东电视台《泰山架起生命通道》(节选)）

2. 以下是湖南经济电视台《马主播时间》文稿，请进行纯文本主持练习

马主播时间，马上就娱乐。各位好，我是马可。儿童节刚过，各位还开心吧？昨天是儿童节，昨天也是我的好朋友何炅的一个大日子。6月1日下午，何老师在北京举行了他的新专辑首推单曲《栀子花开》的首发仪式。这就意味着我们亲爱的何老师开始正式进军歌坛了。各位现在看得到也听得到，《栀子花开》真是一首很不错的歌，以校园情怀为主题，它的MV也有两个版本：一版是以何炅为主角，名为“珍重版”；另一版我们做过介绍，由彭宇、李晟、海鸥友情客串，讲的是四个年轻学生的校园生活，是有情节的“再见版”。特别提醒，这两首MV的幕后制作就是我们《FUN4娱乐》最搞笑的小周同学，马主播的所有宣传片都出自这位老兄的手笔。各位一定要特别看一下。另外，何老师7月份会正式推出他的个人专辑，大家如果觉得《栀子花开》很好听，到时候就记得一定要买他的新专辑了。

OK，再来关心其他消息。

首先是一条令人心痛的消息。6月1日凌晨7点零6分，著名豫剧表演艺术家常香玉在河南省人民医院因病逝世，享年82岁。常香玉是豫剧“常派”唱腔的创始人，代表作有《花木兰》、《拷红》、《断桥》、《红灯记》等。人虽去，芳香永驻。人们会永远地记得她。

健康最重要啊。前天是世界戒烟日，接下来的消息跟吸烟有关。圈中人都知道，王菲的烟瘾很重，结果昨天王菲和已经怀孕5个月的徐濠萦，也就是陈奕迅的老婆了，两人约了一起逛街，逛街的时候王菲不停地猛吸烟，害得徐濠萦肚子里的宝宝惨遭二手烟的“毒害”，结果呢，两人不但取消了整个购物计划，还半途不欢而散。

四年没有接拍电视剧的小燕子赵薇，现在准备出演一套中、韩合作的时装偶像剧，她会和韩国的当红歌手安七炫合作演出，另外剧组也在争取韩剧天王宋承宪担任另一男主角。

挑戏真的很重要。最近张曼玉就对梁朝伟滥拍的行为提出了批评，她说不明白伟仔为什么什么戏都拍？商业电影不是不好，不过有些戏真是没什么诚意，只是用他的名去卖钱。说得好，伟仔要虚心接受。

好了，接下来跟各位讲一件很特别的事。做好准备，听好了。有一个朋友，姓张，一天晚上下了班回家，在一楼按了电梯，他要上六楼。很幸运，电梯一下子就来了……他走了进去，里面空无一人，他刚一进去电梯门马上就关上了……升啊……升啊……到了四楼的时候，电梯突然停了下来，门打开了。有两个人站在外面，他们探头探脑的，意思想要进来，可不知道为什么看了看又没有进来。电梯门又关上了，就在电梯门关上的这一刹那，张先生清楚地听到他们的说话："咦？里面怎么这么多人啊？"……寒毛倒立，对不对？讲个鬼故事，开个玩笑而已啦。我们首先来看的新闻就跟鬼故事有关，古天乐可能出演最著名的鬼故事《画皮》。嗯~~好可怕。

不知道你们看过《画皮》没有？这部电影曾经是我童年最大的噩梦，那个画皮的女鬼回头的那一秒钟，吓了我足足一个月。现在回想起来当然也没什么大不了的，就是女鬼想把自己画漂亮一点嘛，"爱美之心，人鬼皆有"，没什么。说起来画皮这个东西，跟我们现在的整容或者化妆是差不多的，也就是把自己的本来面目加以掩盖和改造，弄得更像个人。从《聊斋志异》开始，我们老是自做多情地以为，女人化妆完全是为了我们。其实才不是这么一回事呢，女人化妆从根本上来说是为了她们自己。就像一个女人很少会因为一个男人而减肥，但是很有可能会因为一件衣服而减肥一样。你说是不是这样？老天最初创造女人是想让这个世界变得更美丽的，但实际上世界没有变美，但女人自己变美了，就是这么一回事。来看一个变美的女人，萧亚轩，化妆对于她来说，真的很重要。

3. 以下是中央电视台《朱铁说计》节目文稿，请进行纯文本主持练习

主持人：大家好，欢迎收看朱轶说计！现在一提起"忽悠"这个词，谁都知道什么意思，说白了就是骗！"忽悠"是东北方言，那又是谁把这个词普及推广的呢？哎对了，大伙首先想到的就是——赵本山！换句话说，赵本山就是忽悠的代言人！他一会把人忽悠瘸了，一会把人忽悠蔫儿了，不仅是小品大王，还是忽悠大王！为了不让自己的独门忽悠秘诀失传，赵本山也懂得言传身教、授业解惑传道了，不信您往这儿瞧——

……

您瞧瞧，这范伟都被忽悠三回了，最后节骨眼上还是差点上当！您说这"赵家嘴"有多厉害吧！俗话说"上阵亲兄弟，打仗父子兵"，敢情这忽悠也带组团忽悠的！您说这俩徒弟学点什么不好，偏偏想学忽悠，早晚哪，都得把自己给忽悠进去！哼哼！

其实一说起忽悠啊，我们在屏幕上经常可以看见的，决不仅仅只有赵本山一人！只不过您平时没太仔细留意罢了！要说能像赵本山那样，忽悠起来能独当一面的，还有很多“大腕”，只不过这些忽悠大腕的门派各不相同，风格功力自然也各有千秋，不信您就看下面这位——

……

葛优忽悠人的特点，从来都是不苟言笑，诙谐幽默，纵你风情万种，他忽悠起来依然是脸不红心不跳，连眼睛都不眨一下！他不仅仅靠一张嘴，而且还调动起整个身体语言，为了讨美女欢心，他是由内而外地忽悠，发起全方位立体式的忽悠攻势！您看徐帆了吗，被葛优忽悠得就差痛哭流涕了！只可惜葛优有一个致命的弱点，哎对了——见钱眼开！一听人掉钱，瞎子居然睁眼了！嘿嘿！

接下来这位，和刚才那二位比起来，忽悠的杀伤力已经达到了无以复加的地步！他的忽悠功夫，真可谓“梅花香自苦寒来”，人家“十年磨一剑”，他是“十年磨一嘴”——

……

要想人前显贵，就得背后受罪！为了练就超级忽悠的好内功，周星驰可真是起早贪黑，闻鸡起舞，悬梁刺股啊！没他不能说的，没他不能唱的！终于有一天大器晚成，他能把弯的说成直的，把死的说活了，再把活的说死了，忽悠练到这般田地，也可谓炉火纯青、登峰造极啦！

哎呀，您说这忽悠的杀伤力，何其壮观啊！都说“双拳难敌四手，饿虎斗不过群狼”，搁周星驰这改成“一夫当关，万‘妇’莫开”了！真让人受不了啊！

如果说周星驰、葛优、赵本山的忽悠功夫，都是为了某些急功近利的目的的话，那最后我隆重向大伙推荐的这位大忽悠，和上面那几位比起来觉悟要高得多了！此话怎讲啊？因为这位忽悠界的大腕，一旦忽悠起来，那绝对就能进入忘我境界，你给钱也罢不给钱也罢，有人听也好没人听也好，实在没人忽悠，他能把自己给忽悠了——

……

不知您注意了没有，刚才李成儒身边那位，听半截闪了，那可不是不愿意听了，那是被忽悠得找不着北了！

“只买最贵的，不买最好的！”那意思就是说——只忽悠有钱的倒霉蛋，不忽悠没钱的穷光蛋！这就是忽悠的最高境界——他一天不忽悠别人就浑身难受，实在没人可忽悠了，自己忽悠自己也能解解闷！

总而言之，甭管大忽悠小忽悠男忽悠女忽悠，他是根藤就想绕你，是根针就想扎你，是块石头就想绊你，是块臭皮囊就想粘你，最后害不了别人，只能害了自己，这就叫作茧自缚、聪明反被聪明误，口蜜腹剑，玩刀剑者必死于刀剑！好了各位，明天见！

4. 以下是中央电视台《马斌读报》节目文稿，请进行纯文本主持练习

……

新华社报道，肖启伟是四川省达州市一家医院的外科医生，前年年底他因为举报医务人员收受贿赂，而不得不提前办了退休手续。他的遭遇引起了卫生部的高度重视。现在，肖启伟又提供了一份回扣药品目录清单，有些药的回扣比药品本身的价格还高，比如一种针剂，市场价只有7毛，到了医院就卖65，回扣是10块。文章的标题是《一份令人震惊的药品回扣清单》，不知道大家是不是很震惊，反正我不太震惊。

教育部最近发布的一项监测结果表明：现在许多城市的中小学生在集体"发福"。城市男生中差不多每十个人就会有两个严重超标的小胖子。除了发福以外，青少年的爆发力和力量等身体素质也在持续下降。对此，《时代商报》评论说，很难想像缺少体育锻炼的一代人会具有公平竞争的意识、敢于拼搏的精神。更严重的是，这一代人的健康可能都会在堆积的脂肪层中间无法腾跃，到时候，厚厚的脂肪压垮的就不只是一个个小胖子，还有国家和民族的竞争力。同学们，操练起来吧。

下面来看一下今天的读报留言。

儿子不上大学的话，我们也能修栋楼房。

说这话的是重庆一位大学生的母亲！她家住在小镇边的山上，四周邻居都是小楼，只有她家是三间用泥土砌的房子！原来，她儿子正在上大学，家里的钱全用来给孩子付学费了。据报道，重庆市涪陵区今年有541名考生放弃参加高考。有一名放弃学业的学生说了，家里穷，大学学费又贵，父母身体又不好，所以决定回家帮他们。考不考大学，本来就应该自己选择，可很多孩子做出的是无奈的选择。

……

"谁抢我的儿，就跟谁拼命！"

说这话的是江苏常州83岁的赵老太太。《现代快报》报道说，在一次寻亲见面会上，赵老太太看到来自陕西的何忠，眼睛立马直了，"他肯定是我的孩子！长得跟我那死去的老伴简直一模一样！"一查日期，年龄也差不多，赵老太太当场泣不成声，瘫倒在地。一家人正沉浸在久别重逢的喜悦中呢，一位兰先生又来找弟弟了，结果这位兰先生和刚才那位何忠更像，而且说出来的细节完全相符。这下赵老太太急了，要和人拼命。老大妈，别拼命，好好活着，争取等到母子团聚那一天。

……

老师与狗不得入内。

这是江西宜兴市一家玩具店门上贴的标语。这商店专门销售毛绒玩具、漫画书籍之类的小商品。小店的附近有家中学，所以光顾这里的主要是学生，偶尔也有老师。这家店的女店员称，她对老师没好感，尤其恨年长的老师。可当要求她道歉的时候，她还不以为然，说自己"只是表述某个群体对象和宠物不准进商店"。听了这话，连我都不高兴，要是换了马斌非急了不可。他从小习武。

再来看国际方面的消息。

在国外，一般人是成不了高尔夫会员的，贵。但最近威尔士有一只小狗，居然成为英国一家高尔夫球俱乐部的终身会员。原来，这只小狗有个爱好，捡球。每次跟主人一起去打球时，就会去球洞里扒拉一个球出来叼着玩，主人拿走以后，它就再去找一个出来，现在居然已经捡出了 3000 多个高尔夫球，有的还是很贵的名牌高尔夫球，这样保证了高尔夫球场有足够的球可以打。所以球场嘉奖这只小狗为终身会员！哪是终身会员呢，是终身球童。

德国世界杯就要来了，最近英国有关部门就号召英国球迷学德语，准备上德国看球时唱歌用！有几首英国著名的足球歌曲，比方说英国球迷必唱的三只狮子，全都翻译成了德语，在别人地盘上看球，总得让东道主高兴高兴，再说，不唱英语唱德语，也方便和东道国"交流交流"，不然你唱什么人家也不明白！学好德国话，玩遍德国都不怕！

现在，很多美国人都喜欢花个 200 美元，来验一验自己 DNA，只要提供一点唾液，就能知道自己的基因组成，再一分析，某些白皮肤的人，可能有个祖宗是非洲人，有些黑皮肤的人，也许祖上是从欧洲移民的。难道是美国人思乡情切，想认祖归宗？不是。原来啊，在美国，少数民族后裔上班、上学都有优惠。明白了吧，花 200 美元，是吃小亏占大便宜啊！

再来看其他方面的消息。

我先取一毛、再取一毛、再取一毛……您可能纳闷了，这一毛一毛地折腾什么呢？《竞报》报道，前不久，北京一位顾客在西单一家银行取钱。钱没取出来，这位老兄倒觉得银行对他的服务态度不好，一怒之下，叫来两朋友，办理上了这种“一毛钱的业务”。后面排号想办理业务？对不起，只能等。最后，银行没辙了，只好又开了一个业务窗口。并喊来了警察进行调解，这下这三位才走人。要说，这三位是有点过分，不过该检讨恐怕不只是他们。

免费半日游，呼吸一下郊外的新鲜空气，而且专车接送，听上去很美。但世上没有免费的晚餐，北京的刘大妈就被这免费游忽悠了一下。《北京娱乐信报》报道说，一个星期前，刘大妈所在的小区来了一伙人，说可以带老年人免费去农艺园参观，刘大妈就和其他 20 多名老人一起去了。游览休息时，老人们被带到一个鸡蛋销售处，这些鸡蛋号称是“高能蛋”，能治病，价格当然也不便宜，一个就要 4 块钱。刘大妈听说这鸡蛋能治高血压，就买了 60 个，其他老年人也买了不少。回到家，刘大妈当天就吃了这“高能蛋”，效果很显著，第二天就拉肚子了。看来不是什么好蛋。

最后，还是跟大家分享一个故事。《羊城晚报》的一篇文章说，一位患者最近脑部长了个和鸡蛋差不多大的瘤，需要手术。所有的人都很担心，包括病人自己。在被推进手术室后，病人却看到了四张笑脸，是参加手术的四位医生。其中的一位笑着对病人说：你认得我们吗？病人回答，认识，你们是为我治病的人。医生说：那你要给我们信心啊，我们一起握握手，好吗？于是，病人伸出左右手，紧紧地和四位医生的手握在一起。一瞬间，他突然觉得所有的不安和害怕全都消失了，他很平静地接受了麻醉，第二天病人安全地苏醒。在医生的笑脸前，还有什么不能跨越？所以缓解医患关系，大家都要伸出信任的手。

今天的读报就是这样，再见。

5. 以下是湖南经济电视台《FUN4 娱乐》的播出文本

（标题：《暗夜心慌慌》复赛简介）

主持人甲：王牌 FUN4，

主持人乙：娱乐 OK！

主持人甲：欢迎收看由立白集团冠名播出的 FUN4 娱乐！我是 YOYO。

主持人乙：我是 KK(神清气爽)。

主持人甲：五一节归来，精神很足啊，休息得很好嘛。可是我“五一”却一直在上班！！

主持人乙：不要气不要气，送个小礼物给你。其实我觉得这才是劳动节的真谛所在，劳动是最快乐，最美丽，最性感的。

主持人甲：什么呀，不过，我还确实小有成就感，因为这个“五一”当中，最红火，最热闹的就是《暗夜心慌慌》的演员海选了。

主持人乙：是是是，一个“人山人海”都完全不够形容啊，其实每个人心中都有一个演员梦，所以我相信，不管怎么样这也是一个非常好的展现自己机会……现在已经有一部分的幸运儿已经到更加紧张神秘的复选，赶快来看一下。

（标题：《暗夜心慌慌》A组准备复赛）

主持人甲：我每次听到这个音乐真的特别恐怖，每次听到这样的音乐我就想起我的一次经历了。

主持人乙：什么经历啊？好恐怖啊！

主持人甲：有一天下好大的雨，我开车出去办事，经过火葬场的时候，就看到一个穿白衣服的女人，头发很长很长。

主持人乙：啊，真的，她有脸吗？

主持人甲：有，不过只能看到很小的一部分，她一个人站在雨中，然后拼命朝我招手。

主持人乙：她是想让你搭她一程吗？

主持人甲：因为那天雨实在太大了，我觉得真的很可怜，所以就过去了，结果我觉得越开越不对劲，然后我往后看，那个女的居然不见了！！！

主持人乙：啊，怎么回事？！

主持人甲：我从左到右上上下下看了好几次完全看不到她！

主持人乙：她消失了，好阴森的感觉？！

主持人甲：真的把我吓得不行，我马上刹车，跑下车了。把车门打开一看，发现那个女的趴在座位底下。

主持人乙：啊，她想干什么？

主持人甲：然后她抬起头，一脸的血对我说，麻烦你下次停车不要停这么急好吗，我刚刚在捡我的钱包呢，被你撞死了！

主持人乙：哈哈，YOYO你进步了，你将冷笑话又上升了一个境界。

主持人甲：胡说，明明还不错啊，好啦，还是接着来看《暗夜心慌慌》的复赛准备情况！

（标题：17届台湾金曲奖）

主持人甲：好，记住，是本周日晚9点半，复选第一场，敬请期待！

主持人乙：接下来回到我们小阔别了一阵的娱乐新闻部分，第十七界台湾金曲奖下个月10号举行颁奖晚会，这两天放榜公布了名单。

主持人甲：但是这次的入围名单也非常奇怪，充满了悬疑。

主持人乙：啊，这个音乐又来啦。

主持人甲：主持是两位超级辣妈，小S和陶子，哇，赶快来看一下！

（标题：罗志祥和大S//李安//李宗盛彩排演唱会）

主持人乙：这两个人真是的，不在家好好喂孩子到处乱跑。

主持人甲：就是做女艺人的艰险啊，大S也是一位，你看小S连孩子都生了，她却连结婚都不可以。

主持人乙：刚刚被公司无情地公布了禁婚令。

主持人甲：所以，赶快来关心一下她拍电视剧的消息，支持多挣点钱，早结婚！

（标题：邓丽君逝世11周年纪念）

主持人甲：那今天也是邓丽君小姐逝世11周年的纪念日，虽然，伊人已经逝去这么久了，但是还是非常多的忠实fans在纪念她。

主持人乙：而且，今天他们公司在整理她过去的录音中呢，还有一个不小的收获，发现了两首从未公开过的歌曲。

主持人甲：电视机前的阿姨叔叔们，赶快先别做饭了，来听一下。

（标题：全球最美//SHE香港签唱//阿雅今日留学）

主持人甲：邓丽君的出现，改变了一代中国人的审美情趣。

主持人乙：让我们爸爸妈妈那一代人豁然发现了一种新的美。

主持人甲：我觉得这也是艺人的工作的重大意义之一了，那现在全球最美的又有哪些人呢？

（标题：结束语）

主持人甲：好了，今天FUN4娱乐就到这里了，最后有一个好消息要向大家公布，我们最近推出了一个叫做FUN4拇指乐园的互动板块。

主持人乙：只要大家编辑短信发送到我们制定的号码，就可以得到明星派送的精美礼物了。

主持人甲：而且是由明星亲自给大家抽取的，具体的范例呢，请大家留意我们明天的节目。

主持人乙：好啦，拜拜！

（拜拜常用语：MTV 常用语：底版）

（湖南经济电视台《FUN4 娱乐》，2006 年 5 月 8 日播出）

【思考题】

1. 如何理解节目主持人的变“活”能力。
2. 如何才能提高纯文本语境下节目主持人语言的变“活”能力？
3. 为什么说纯文本主持能力是节目主持人必备的语言能力？

第三部分
无文本主持口语能力及训练

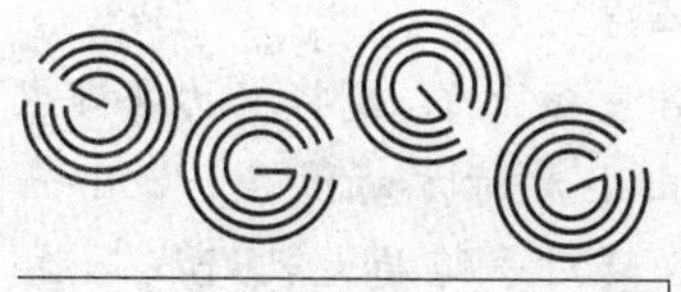

无文本主持口语能力，即即兴说话的能力，是有交流对象类节目主持人必备的口语能力。有交流对象的语境特点，既对节目主持人口语能力提出了不同的要求，同时，也给节目主持人口语表达提供了更为广阔的空间，节目主持人应该抓住这个机会，充分地展示自己富有个性的、优秀的语言才能。

本部分共四章，分别从听悟能力、思维能力、即兴说话和应变能力等方面展开训练。在每一章的课后训练题中，提供一些趣味训练题，让学习者在饶有兴味的训练中优化和提高自己的即兴说话能力，相信你会从中体会到训练带给你的快乐。

第一章　听悟优化训练

一、理论概述

听悟，是指人们在口语交际中，通过“听”这种复杂的感官功能，以一种积极状态，集中注意力，“察言观色”后获取最准确全面的信息的过程。

题例

听话听音　锣鼓听声

“应氏杯”世界职业围棋锦标赛抽签仪式结束以后，主持人请参赛高手们各说一句话表达自己的抱负。虽然是只言片语，却大有弦外之音——这正是“听话听音，锣鼓听声”：

聂卫平：这次因为是中国人举办的比赛，我希望中国人能得第一。（两次强调“中国人”，咄咄逼人，且颇有威力）

赵治勋：我特地赶来参加这场比赛，希望进入第二轮。

（关键词是“特地”、“赶”，可见来者不善，志在必得）

小林光一：我预感最近不会与曹熏铉下棋，未料竟碰上了，我将努力去下。（“最近不会与曹熏铉下棋”是暗指曹会被淘汰，透出小看对方的傲气；又用一个“碰”字暗示曹的取胜纯属侥幸，目的是激怒对方，让对手阵局大乱好战而胜之）

林海峰：这个名单我越看越害怕，我想只有一盘一盘好好下了。（林海峰是超一流选手，却说这么软绵绵的话，显然是麻痹对手，但骨子里还是很硬：“一盘一盘好好下。”）

藤泽秀行：第一轮就能够同中国天才的棋手马晓春对局，这是一件十分愉快的事情。（以“捧”松懈对方的斗志；但也透露自己实力雄厚，并不感到吃力反而感到“愉快”）

可见要完全听清、听懂别人的话，不是很容易的事情。

听悟的前提是“听”，只有入神地听，才能准确悟出对方想要表达的真正意蕴。有交流对象的语境，要求节目主持人专心而有效地听，即节目主持人采取十分重视的态度，努力集中自己的注意力，力求不分心，试图了解对方的感觉和思想，抓住对方所讲的主题，观察分析对方的态势语言，并在听的过程中做出积极的反应。对于节目主持人来说，听不仅是听懂别人的话，它更体现着主持人的专注、真诚和耐心，体现的是一种积极的沟通状态，一种平民化的心态，一种敬业的精神，它是圆满完成主持任务的大前提。

听悟训练的目的是提高主持人的迅速集中注意力的能力、注意力的持续性、听出“弦外之音”的能力，为交流过程的顺畅无阻，为节目推进的流畅、深化和升华打下坚实的基础。

二、听悟训练

1. 听辨注意力训练

(1)悄语听悟

请人在没有体态语辅助的状态下,用中等的语速,降低音量的声音讲一段话,说完即复述。

【训练提示】

①讲述的内容不宜简单、生动,枯燥的材料更能达到训练注意力的效果;

②时间不宜过短,以训练听悟注意力的持久性;

③训练时,学生最好围着坐,以免前后座听觉感受出现差异。

(2)耳语传话

把学生分成若干组,由老师悄悄将一句话分别告诉每组第一位同学,宣布开始后,每组第一位同学向后座同学耳语传话,看看哪一组传得又快又准。

【训练提示】

做耳语传话游戏时,传话声音要小,速度要快;传话者不能要求前一位同学重复所说内容。

(3)闹语听悟

在以市场的嘈杂声为音响背景下,或者在自由讨论的课堂环境下,让一组学生进行故事接龙或者传话的游戏。

【训练提示】

①做故事接龙游戏时,由第一位学生讲故事的开头,之后由老师随意点接讲故事的人并掌握讲述时间的长短;

②接讲故事速度要快;接讲者不能要求前一位同学重复所说内容;

③接讲故事的内容要合理,与前面的故事内容有紧密联系,构成一定的逻辑。

(4)快语听悟

由教师或学生当众讲一件事或说一个富有哲理的故事,故意说得很快,很急,在快速的语流中可以夹杂一些冗余的语汇,听后即复述大意。

【训练提示】

①特别要注意听领句、结语与关键性的词语;

②边听边浓缩语言信息的要点,将其归纳成短语记住;

③以沉稳的心态适应语速,在表达的延宕间隙抓紧时间对语意进行提炼

和归纳；

④不要对听的内容轻率地作超前判断。

2. 听辨记忆力训练

①请人传达一份内容较长要求较多的会议通知，然后由学生作准确复述。

②请学生轮流作一分钟自我介绍（包括自己的出生年月、出生地点、个人爱好以及座右铭等），然后交换复述，看看准确性如何。

【训练提示】

不允许用笔记录，语速可以有一些变化，以增加难度。

3. 听辨理解力训练

由老师进行"散点式"叙述，之后请学生讲出这段叙述的大意，并对叙述中的语序和层次提出自己的调整建议。

【训练提示】

①在听的过程中，要梳理思路，从杂乱的表述中找出说话人的语脉；

②增强听辨的"定向意识"，如时间顺序定向、空间顺序定向、过程顺序定向和逻辑推理顺序定向等，定向后进行追踪听辨。

4. 听悟训练

听辨"弦外音"

请每一个学生准备一个包含言外意、潜台词的语言小品，互听互辨。

【训练提示】

①学生可选择小寓言、小幽默或俏皮话作为训练材料；

②要仔细听辨"弦外之音"，留心说故事人使用的双关、借代、反语、隐语等修辞手段；

③注意模糊语言的确切含义。

5. 听辨联想训练

(1)音乐诱发

以一段优美的交响乐曲为启示，听后作联想解说，并表述自己的感受。

(2)对话训练

对话过程中，一方故意突然说半截话或使对话脱节，让另一方做联想听辨练习。

三、课后训练

请别人念题，然后凭直觉迅速做出辨析和说明。

①北京亚运会期间，在泰国对科威特的一场足球比赛中，泰国队打得勇猛、顽强，可是光开花不结果，一直没有破门。但是到了中场，泰国队却以2:1险胜科威特队，这真叫泰国队喜出望外。

——这是怎么回事？

②一位幼儿园教师领着孩子们画热带鱼。老师边画边说："春天来到了，冰雪慢慢融化，热带鱼妈妈带着鱼孩子们游过来。这些鱼都在吐水泡，吐出来的水泡多大呀，大大的水泡浮到水面，越浮越小，多么有趣呀！"

——这位老师的话说得对不对？

③四个学生上学时拾到一个钱包，同学交给老师。老师问："究竟是谁拾到的呢？"甲说，是丙拾到的；丙说，甲说的不对；乙说，我没有拾到钱包；丁说，是甲拾到的。这四位同学有一位说的是实话。

——谁说的是实话？

（课后训练题参见赵忠祥、白谦诚主编《主持人技艺训练教程》）

【思考题】

1. 请谈一谈听悟对于节目主持人的重要性。
2. 请结合自己谈谈如何优化听悟能力？

第二章　思维优化训练

一、理论概述

古希腊哲学家亚里士多德说:"语言是思维范畴诸经验的表现。"人创造语言就是为了表达思想,思想是思维活动的结果,语言是思维的外壳,思维是语言的基础。愚人只知道接受思想的灌输,智者则重视掌握思维的方式。

思维优化训练在节目主持人口语训练课程中占有重要地位。所谓思维优化具体体现在以下几个方面:

1. 思维的广泛性

在日常生活中,我们能够发现,有些人在谈话中思维跨度很大,能够海阔天空地联想,而有些人则言语枯竭乏味,只能在一个问题上绕来绕去,思路总是打不开。节目主持人应该是前者,其思维应具有广泛性。所谓思维的广泛性,就是指在表达一个事物、一个观念时,能够在多大范围内联想起别的事物、观念和问题,以及联想数量的多少。即考虑问题是要思路开阔,联系广泛,能把一个事物放在广阔的时间、空间和复杂的环境中去考察认识,从而能全面深刻地反映事物的现象与本质、内因与外因、过去与未来等多种联系。思维的广泛性往往表现为口语表达得丰富灵活、绚丽多彩、旁征博引、联想丰富。

2. 思维的深刻性

我们常常发现,有些人谈话很深刻,能够追本溯源,达到一个问题的最深层次;有些人则只能浮在表面,蜻蜓点水,浅尝辄止。所谓思维的深刻,就是要准确把握事物的本质,能够预测事物发展的未来。优秀的节目主持人必须具备思维的深刻性,即在对某一事物的分析、综述、比较、抽象、概括等方面,要做到去粗取精,去伪存真,由表及里,由此及彼;完全把握事物,能够透过现象抓住本质,从事物的现状把握它的发展过程,从具体领域进入到抽象领域,从原因探索结果,或者反过来追溯原因,最终做出科学的结论。

3. 思维的精确性

日常口语交际中,人们常常会出现以下一些语言问题,如有的人用词不当,词不达意,词义含混甚至前后颠倒,在发表见解时,有的人东拉西扯,不知所云,有的人语无伦次,条例不清,层次混乱等。这些口语中暴露出来的问题,从根本上来说,是由于说话人的思维不够精确。

思维的精确性由思维的确定性和严密性两部分构成。思维的确定性是指思想明确,只有思维在词语概念、语义判断、论题和论点等诸多层面上都确定无误,才能保证口语的准确性和鲜明性。思维的严密性就是思考问题全面、周到、细致,能科学地反映事物的多面性、发展性和复杂性。它直接影响着语言的严密性、论证性和逻辑性。

4. 思维的敏捷性

思维的敏捷性是节目主持人提高口语能力的重要保障。一些节目主持人在无文本语境下,面对交流对象或突发事件张口结舌、语言滞涩也不是少见现象;有的主持人满口的"这个"、"那么"也多是由于思维的迟钝造成的。讲话和写文章不同,没有时间精雕细刻,慢慢斟酌,它要求在极短的时间里表达出成熟、完善的思想成果。培养这种能力,第一要增加自己的知识积累;第二要有冷静的头脑,能在任何场合讲话都从容不迫,自如发挥;第三就是要大量实践,不断磨练,不断适应。

学者在思维优化训练过程中,应注意避开以下几个思维误区:

(1)权威定势

思维中的权威定势来自于后天的社会环境,是外界权威对我们思维的一种制约。其形成主要通过两种途径,一是儿童在走向成年的过程中所接受的"教育权威",二是由于社会分工不同和知识技能方面的差异所导致的"专业权威"。

在讲话中,不少人习惯引证权威的观点,不假思索地以权威的是非为是非,一旦发现与权威相违背的观点或理论,便想当然地认为其必错无疑并大张挞伐。这就是思维的误区之一——权威定势。

过分相信权威,会妨碍我们的独立思考,说出话来缺乏创造性,不能表达出自己的真情实感。不能做到"我口说我心"的演讲或谈话让人听来是毫无生气、枯燥乏味的。因此,主持人在讲话时,要敢于冲破权威的束缚,表达出自己的思想、观点,"我"的语言才能塑造出富有个性的"我",才能真正说服受众,打动受众,感动受众。

(2)从众定势

从众定势是指群体中的少数人服从多数人,与多数人保持一致的思维习惯。

在日常口语交际中,"从众定势"是最常见的,以众人之是非为己之是非,人云亦云随大流，这种人是别人怎么说自己就怎么说，不出头就没有错，自己的想法是微不足道的，只有“别人”才是重要的。

然而主持人的魅力往往在于，善于用自己的观点影响受众的观点，让“少数”变成“多数”。中央电视台《面对面》主持人王志，正是突破了从众心理定势，大胆地提出“质疑”，才形成了自己独特的主持风格。

语言是一门艺术，它要求创新，要求别具一格，要求对个人认识充分肯定。一个有好的语言修养的人，决不会随随便便地就降低个人品格，去迎合潮流，更不会因为大众的思想潮流而放弃自己的独立思考。

(3)惟经验定势

贝多芬之所以伟大，并不只是在作曲方面，因为一切革新都要先从观念做起，只有打破传统经验的束缚，才能拓展新的领域。

经验与口语表达的关系，是一个较为复杂的问题，一方面要相信经验，因为它具备不断增长、不断革新的特点，从而可避免犯常识性的错误，进而使人开阔眼界，增长见识。

但是，也要看到经验的另一方面，它是相对稳定的，因而有可能导致人们对它过分依赖，形成固定的思维模式，结果削弱我们的想像力。从这一点来看，我们又不能过分相信经验。

大凡经验丰富的节目主持人，都有自己说话的“套路”和一些固定的“套话”，久而久之，少了一些真诚，多了一些应付，语言越来越乏味、单调，一旦有新的主持人出现，受众的忠诚度就难以保持。因此，有经验是好事，也可能是坏事，主持人只有敢于突破既有经验的束缚，不断创新，才能推陈出新，永葆主持青春。

(4)惟书本定势

英国哲学家贝克莱说过一段很妙的话：

“人们不能吃观念，不能喝思想，只能依靠物质性的东西来存活。所以，把握两个世界的不同，乃是人生第一要义。”

在口语训练方面，我们当然要从书本中吸取营养，得到教益，但同时不可生搬硬套书本上的知识，要将书本上的东西与现实生活密切联系在一起，只有源于生活的表达才是鲜活生动的，才能让人听来生气盎然，引人入胜。

节目主持人的口语，应该是既朴实无华，同时又让人觉得有“领先一步”的感觉。它既富有丰富的生活情趣又充满深刻的哲理。如果只有前者，就会流于浅薄，如果只有后者，又会流于“学究气”、“书呆子气”。当说话变成了“掉书袋”似的一切以书本为依据时，就会让人听来索然无味，这就是“惟书本定势”的害处。

(5)非理性定势

巴顿的攻心战术就在于激怒对方，使对方丧失清醒的头脑，失去理性的人可以像动物一样残暴，也可能像动物一样愚蠢。

主持人在主持节目或采访的过程中，要防备各种非理性因素的干扰，如情绪化、冲动、潜意识等。我们常在冲动下说出语无伦次、不合逻辑甚至是错误的话，提一些不着边际的荒唐问题，这些都直接影响到节目的质量和自己的形象。中央电视台著名主持人敬一丹在她的《99个问号——敬一丹漫谈主持人》一书中曾经谈到她的一次失败的采访经历。由于非理性定式作怪，她在采访时受被采访对象影响，和被采访对象一起泣不成声，致使采访失败。

克服非理性定势，并不是说在讲话时毫无情感可言，这样的讲话是没有感染力的，我们要做的是使各种情感的宣泄与发挥都保持在理性的驾驭之下，使它们收放自由，感情丰沛而又张弛有度，不是一味的激动疯狂，失去控制。做到了这一点，我们的讲话才能既感人至深又充满理性的睿智，让人听来易于接受，进而受到启迪，受到感染。

掌握正确的思维方法，对于节目主持人提高在无文本状态下的语言操作能力具有重要意义。本章节的思维优化训练将会告诉你，主持人最需要的思维方法是什么，最需要的训练方法是什么，最应该避免的思维误区是什么，通过训练，使说话者在积极、活跃的思维状态下实现语言表达思路畅达、反应敏捷、推理缜密。

二、思维优化训练

1. 逆向思维训练

逆向思维，又称反向思维，即反过来想一下，变肯定为否定，或变否定为肯定。这种打破常规和固有思维模式的思维方式，往往可以产生新的观点。培养逆向思考问题的能力，有利于提高对传统观念的批判、继承能力，以及善于发表独立见解的能力。

例1 为“邯郸学步”鸣不平

(1)逆向辨析

A. 燕国寿陵人听说邯郸地方的人走路轻盈优美，就不顾路途遥远，不辞辛苦前往学习，这种对“自身完美”的执著追求，于己有益，于人无损，何“罪”之有?

B. 燕国寿陵人发现邯郸人比自己走路好看,就去学习,这种随时随处都能发现自身不足的"虚心好学"的精神,不但不应该遭到讥笑嘲讽,而且值得赞美。

C. 寿陵人不去邯郸学步,路也走得下去,日子也过得下去,而他却不愿意"固步自封",毅然前往学习,这种"积极向上"的生活态度,不是很值得我们学习吗?

D. 寿陵人学步未成,连原来的步法都不会了,只好爬着回去,结果虽然意在嘲讽,但却提醒我们,凡事不可半途而废,浅尝辄止,以免弄巧成拙。

E. 故事中,寿陵人虽然学步未成,但精神可嘉。他毕竟超越了"旧我",战胜了"旧我"。具有这种精神的人,即使他暂时是"爬"着走,但终究会"站"着行。

(2)新意立论

A. 纵观人类文明发展史,从某种意义上说,也可以看做是各个民族互相学习,取长补短的历史。从当今各国向先进发达国家派去的留学生为例,在某种意义上,不就是前往"邯郸学步"的寿陵人吗? 反之,如果固步自封,得过且过,人类今天岂不仍是茹毛饮血的"穴居人"?

B. 以我国当前形势而言,如果我们不虚心好学,对国外的新技术、新管理模式充耳不闻,"开放"不就是一句空口号吗? 如果我们固步自封,得过且过,改革又如何进行? 如此观之,当今中国,不正需要"邯郸学步"式的"不耻求学"的勇气和精神吗?

(此例引自孙海燕编著的《口才训练十五讲》)

高水平的说话者,善于从一般人认为是正确的观点、现象中发现谬误、不足之处,或能从传统认为是错误的观点、现象中发现真理的成分,其形式特点表现为对传统思维模式作逆向思维,鲜明地表现出对传统的批判精神。往往随着"批判"的完成,一个尚未被人们所发现的全新的结论就随之诞生了。

例 2

采用"甲方乙方"的趣味论点迅速而扼要地逆向描述一下事物。

气　球　甲:你的信念是不断追求新的高度。

乙:被吹得越大,越接近毁灭的边缘。

铁　钉　甲:把别人的打击,化作自己前进的动力。

乙:从不知主动进取,因而只能被动挨打。

爆　竹　甲：为给他人带来欢乐，不惜自己粉身碎骨。
　　　　乙：本想一鸣惊人，反倒粉身碎骨。该！
瓦　　　甲：手挽手，肩并肩，辛勤地为人们遮风挡雨。
　　　　乙：一生总喜欢爬到高处抛头露面。
仙人掌　甲：用尖利的刺，捍卫自己的尊严。
　　　　乙：沾了点儿"仙气"，就触摸不得？
暗　礁　甲：谁不按航线行驶，就给他以应有的惩罚。
　　　　乙：只因惯于暗中害人，才见不得阳光。
电　扇　甲：在狂热的季节，让人们保持清醒的头脑。
　　　　乙：一旦被人利用，就摇头晃脑起来。
春　蚕　甲：为人类抽尽了丝，才悄然离去。
　　　　乙：作茧自缚，实在可悲。

（此例选自《杂文月刊》2003 年第 10 期，作者邹吉庆）

【训练题】

①成语新解

A. "东施效颦"，何错之有？
B. "狐假虎威"，何错之有？
C. "班门弄斧"新解。
D. 近朱者未必赤，近墨者未必黑。
E. 不破"规矩"，不成"方圆"。
F. "滥竽充数"新说
G. 叶公好龙，有何不可？
H. "朝三暮四"，聪明的高招！
I. "愚公移山"质疑
J. 眼见未必为实
K. 良药甜口更好
L. 开卷未必有益
M. "想入非非"很重要
N. "忠言"应当顺耳
O. "敝帚"不必"自珍"

【训练提示】

在做逆向思维训练时，要注意逆向立论应当比原成语（俗语）的内涵更加深刻、更有积极意义。防止曲解原意或表面化、浅层次甚至消极地思考问题。

②“甲方乙方”——用所给事物描摹的逆向论点加以表达：

漏斗　甲：流过的油水成千上万，从不为自己截流一点一滴。

　　　乙：(　　　　)

天平　甲：(　　　　)

　　　乙：谁多给点儿，就倾向谁。

直尺　甲：因为本身正直，才敢于去度量别人。

　　　乙：(　　　　)

流星　甲：在生命的最后时刻，仍然闪闪发光。

　　　乙：(　　　　)

竹笋　甲：(　　　　)

　　　乙：削尖了脑袋往上钻。

汽笛　甲：用高亢的嗓音，时刻提醒人们保持清醒的头脑。

　　　乙：(　　　　)

灯蛾　甲：(　　　　)

　　　乙：总想把火扑灭，真是不自量力。

月亮　甲：在人们最需要的时候，给大地带来光明。

　　　乙：(　　　　)

秤砣　甲：(　　　　)

　　　乙：一生都在称量别人，却从不知道自重。

石榴　甲：敢于袒露自己的内心世界，是成熟的标志。

　　　乙：(　　　　)

（此题引自吴郁主编的《主持人思维与语言能力训练路径》）

(3)辩论训练

A. 先请每一位学生用逆向思维分析“知足者常乐”。

B. 开展辩论。学生分为正反两方，正方观点——知足者常乐；反方观点——不知足常乐。正方同学按正向思维方式作 3 分钟阐述，反方同学按逆向思维方式作 3 分钟阐述，然后展开辩论。

C. 正反方交换观点再辩。

(4)请阅读下面这则消息，然后以“大学自主招生采用面试”为主题开展辩论，正方观点——大学自主招生采用面试好；反方观点——大学自主招生不宜采用面试

自主招生，高考改革破冰

今年，复旦大学在自主招生工作上又迈出一步，经教育部批准，将在上海部分考生中试行“自主选拔录取”，300 名上海考生将主要通过面试获得复旦大学的录取资格。

从 2003 年开始，教育部在全国 22 所高校试点自主招生，复旦大学是首批试点高校之一。自主招生的一大特点就是各高校可以根据自身特点在高考前对考生进行自主选拔，但入选考生依然必须参加全国统考，而且成绩要达到生源所在省（自治区、直辖市）确定的与试点高校同批次录取控制分数线，才有可能被高校录取。

此次复旦大学进行的小规模“自主选拔录取”的一大突破就是以面试成绩为录取的主要依据，高考成绩只作为参考依据。

复旦大学副校长蔡达峰介绍，此次复旦大学自主选拔录取，招生计划单列，在上海市招收 300 名学生，数量上较以往国内部分高校实行的 5%的额度有成倍增加。此次自主选拔录取不分专业招生，选拔考试将在 3 月至 4 月间进行。

据了解，复旦大学此次自主选拔录取的招生对象比较广泛，“重点中学的学生可以报考，普通中学的学生同样可以报考。”复旦大学党委书记秦绍德说。

蔡达峰介绍，自主选拔录取的程序包括 4 个步骤，即申请资格测试、提出入学申请、面试遴选录取和录取确认。凡是符合条件的学生，都可以报名参加“申请资格测试”，测试成绩排名前 1200 名的学生将会收到入学申请资料。

而之所以要首先进行“申请资格测试”，秦绍德表示，这主要是考虑到限制名额，“但这个门槛不会很高”。进入面试环节后，所有 1200 名考生不论笔试成绩如何都站在同一起跑线上，面试才是招生过程中的关键环节。

具有入学申请资格的 1200 名学生可向复旦大学提出入学申请，申请资料包括一张个人基本信息表、一份陈述申请理由的申请信、一份由学校盖章确认的高中三年各科成绩单、两封推荐信以及平时表现的各项能力证明材料、获奖证书、特长证明等。推荐信中至少要有一封是中学老师写的。

最为关键的面试环节，复旦大学 150 名专家组成面试团，现场随机安排面试双方，每个考生都将分别接受 5 位专家每位 15 分钟的面谈。每位专家将对申请者的气质品格、表达沟通、知识结构、逻辑思维等给出综合评价，汇总 5 位专家的评价形成申请者的面试成绩，再决定录取与否。录取结果在通知本人的同时并网上公布。

不过，即使面试通过已被录取的学生，还必须参加 2006 年上海市普通高校统一招生考试。这是因为放弃录取的考生可以通过统一高考实现又一次升学选择；“面试”入读学生的高考成绩，可为自主选拔录取改革试点工作提供跟踪素材。郑方贤表示，高考成绩只作为自主选拔录取考生的参考依据，除非考生高考成绩特别低，学校将研究是否录取。

对于公众关心的自主招生的公平问题，秦绍德说：“今年复旦大学的自主招生，将拒绝一切‘条子生’，任何‘条子生’都不在此次考试之列。”

2. 发散思维

发散思维又称扩散思维、求异思维、多向思维、辐射思维，即思路从某一中心向不同层次、不同方向辐射，从而引出许多新的信息，并能主动灵活地转换问题的思考方式，从多个角度对话题展开立体分析的思维方式。有人把发散思维模式形象地比喻成“如空间爆炸状”，“即由一个点向任何空间放射出去，每一条轨迹，都可以形成思维过程，最终达到目标，则成为解决问题的办法。”发散思维训练是优化主持人思维的重要方法，它可以使主持人思维开放、敏捷、灵动，对于主持人不断提高思维品质，挖掘创新，从而增强语言能力有着重要意义。

例 1 “手”的随想

A——手

B1 手的最基本的动作是弯曲和伸展指头，这样简单的动作却让我们领悟到一种人生谋略。出于逆境时，适时进退，能屈能伸，非大丈夫不能为也。越王勾践，卧薪尝胆，忍辱负重，终有雪耻之日。

B2 手的五个手指长短不一，可从没有人想过要把它们削成一般齐。天既之，必有其用。一定要相信，天生我才必有用。

B3 手又如一个集体，当五个指头攥成一个拳头时，便可击倒强大的对手。一个班级、一个学校、一个单位、一个国家无不事同此理。全班同学共同努力，会使这个班级充满活力；全国人民万众一心，会将我们的祖国建设成为富强之邦。五个指头握成拳头，就可以印证一句至理名言——团结就是力量。

B4 俗话说手心手背都是肉，这是一种平等的意识。漂亮健壮的孩子是祖国的花朵，丑陋孱弱的孩子，不也是祖国的花朵吗？国有企业是我国社会主义经济的主体，私营企业也同样有资格参与市场竞争。今天，平等已成为一种广泛的社会要求，无论是人权、法制，还是市场竞争，都在呼唤平等，平等的意识终将深入人心，而中国则将会因此而更加充满希望。

（此例引自孙海燕编著的《口才训练十五讲》）

例 2 《“0”的遐想》

把“0”作为 A 点，由此生发遐想，可得 N 个 B：

B1 “0”是一无所有，荒凉而神秘，但在开拓者眼中，它又是有待开垦的处女地；

B2 在数学中，“0”是一枚熠熠发光的宝石，没有质量，没有体积，只有位置——这就是 0；

B3 “0”是分界线，正负的交叉点，它标志着两个方向、两种结果，差之毫厘，就会谬之千里；

B4 “0”犹如一个小生命，蕴藏着无限生机；

B5 “0”就是人生新的起跑线，我们只有踏踏实实从头开始，才能到达辉煌的终点……

B6 “0”虽然可大可小，但绝非可有可无。在数学王国的三维空间里，它极其活跃而又可以变化无穷，犹如一个充满生命活力的小精灵；

B7 在生活中，我们每个人都应该与“0”为友，时时牢记“千里之行，始于足下”，只有时时以“0”为新的起点，才能摆脱历史因袭的重负，才能在人生旅途上轻装前进。

例 3

一位节目主持人在主持一档科技节目谈到“水”的时候说道：

水，无处不在：沟渠、江河、海洋，乃至云雾、虹霓、雨雪、冰霜都是水。水，形态不定：或潺潺淙淙，或滚滚滔滔，或浩浩荡荡。水极其平凡，但又十分宝贵：动植物缺了它，生命就无法延续；工业农业少了它，生产就只有停顿。水比棉柔软，比钢坚硬：坚持不懈，滴水可以穿石；团结一致，涓滴可以成海……

（发散思维例 2、3 引自吴郁主编《主持人思维与语言能力训练路径》）

【训练题】

(1)请给下面的故事设想一个合乎逻辑的结局。可以有几种结局，看谁想得多、想得合理：

①晚自习上，同学们正在忙碌，有的做着作业，有的预习着明天的课程。突然，停电了……

②放学了，王雨朦背起书包正要往外走，无意间看到自己的桌角处有一个细长的纸条，边缘处似乎写着一个“王”字……

③夏夜，韩兵的心情被闷热的天气和没完没了的蝉鸣搅得一团糟。他无法入睡，索性走到窗前，忽然，他看见……

【训练提示】

①联想、想像要符合人物身份和实际生活。

②要有创新。

(2)有一天吃饭的时候，突然停电了，小兰给全家人提出了一个奇怪的问题："要是全世界的电线线路都断掉了，会产生什么结果?"请分别说出当医生的爸爸，善于持家的妈妈，正上小学的弟弟，正面临中考的小兰的回答。

(3)同一种现象可以有无数种原因造成。请列举出下列现象的各种可能的原因，列举得越多越好：

①总经理上班迟到了；

②街对面的霓虹灯不亮了；

③两个女人突然打起来了；

④某商场服装大减价。

(4)触发训练

学习者每人在裁好的纸片上写一个词，练习者从纸片中随意抽取3—4张，如"警察"、"鲜花"、"风车"、或"春节"、"数学"、"护照"，思考片刻以抽到的几个词作为连缀触媒，发挥想像力，感悟某种事理，说一段话。此项训练的目的是提高训练者迅速发现事物在"互不相干"的表象下深藏着的"内在联系"的能力。

【训练提示】

①拟题时要注意构成题目的材料之间的跳跃性。跳跃越大，联想难度越大，可是一旦联想成功，其训练效果越好，训练目的也就达到了。

②练习者可综合运用多种思维方式，把命题中规定的零散材料联结成有机统一的整体，同时要求显现出一定的思想意义。

例1　窗户、渔网、汽车、女人

几千年来，中国女性和社会地位一直随着历史的发展、变化，而发展变化着。

在漫长的封建制度下，中国女性始终处于社会最底层，受着最深重的压迫。在那个时代，她们是完全从属于男子的，能见到能感觉到的只是自家小窗户内外那窄小的世界。封建的观念，视她们为"贱妾"、"奴婢"，使得女性就如那方窗户一样，别人把她们放在什么位置上，她们便在那儿无法移动，便只有在那儿任人开,任人关,任风吹,任雨打。她们依附着男人而活,如同窗户依附着墙壁而生,“窗户”一样的社会地位带给中国旧制度下的女性的,是“窗户”一样的苦难命运。

伴随着封建王朝的被推翻,“解放女性”、“提高女性地位”的口号,也曾一时甚高。然而,封建王朝的垮台却并不意味着封建意识的同时消亡,旧的观念的窒息,新的迷茫的无奈,如同一张极大的渔网虽已陈旧,却很大很结实,胆小懦弱者仍只能在网中苟延残喘地过着“窗户”式的生活。激进者也多数只能转了个圈又回到原地,留给自己的是更大的悲哀,留给别人的是无尽的叹息。如同鲁迅先生的小说《伤逝》中的子君,她曾那样勇敢地说出了“我是我自己的”,并与封建之“网”进行了抗争,然而,结局却是个人被“网”所窒息而身亡。

中国女性地位真正获得提高,还是在以汽车为主要交通工具的当代,女性和男性一样,可以参加各种社会活动,同男子一样参政,处理国家大事,和男性一样,像驾驶汽车般地把握着自己的人生的方向盘。她们再也不是男性的附属,而是和男性一样拥有自己的“半边天”。现代女性,如同汽车一样,自由自在地奔驰在自己的“人生高速路”上。

中国女性从“窗户”时代进入“渔网”时代,再进入“汽车”时代,走的是一条最终得到平等、自由、幸福,然而其过程却是极其艰辛的弯弯曲曲的道路。今天,我们生活在“汽车”时代的女性,回头望去,仍可见有众多女性在“渔网”中挣扎,仍在经受着“窗户”式的苦难。我们只有加倍地努力,为更多的女性能坐上自己命运的小汽车而奋斗!

(此例引自孙海燕编著的《口才训练十五讲》)

例 2　大海、飞机、鞋拔子

学生 A:

小的时候,我梦想飞上蓝天,自由自在地在天空翱翔。终于,有一天我如愿以偿坐上飞机,然而却发觉在空中是那样的飘忽不定,离开了大地,仿佛一切都失去了根基。

生活在内陆的我,渴望见到大海,期盼着终有一天,能在大海里徜徉。当有一天,我真的身处大海的波涛汹涌时,我却觉得晕,它的变化无常让人无所适从,生活的方向也难以把握。

也许更多的时候,我们并不需要太多的带着漂亮光环的奢求,我们需要的只是踏在这坚实而广袤的土地上,用一只普通的、默默无闻的鞋拔子,让双脚舒适地在属于自己的鞋子里,走好人生的每一步。

学生B：

“拇指”文化流行的今天，短信成为人与人之间一种新的沟通方式。前几天偶得一位朋友发来的短信，告知说：人的一生总会遇到三种人：一种是爱你的人；一种是你爱的人；还有一种是能与你生活一辈子的人，只要你懂得珍惜，你就会拥有幸福。看后觉得很有道理，沉思许久，不由感慨万千。

其实，爱你的人就像“大海”。他有海一样的胸怀，包容着世上各类情感，只要有机会他会用不同的方式让你感受他的爱意与关切。时而汹涌澎湃，时而柔情似水。可是不管他如何表达，你也许总会觉得缺点什么，只因为他的表达并不合时宜。

而你爱的人就像“飞机”，他和你总是有着一定的距离，他的生活没有固定的落脚点，他不会因为你的爱而改变自己的生活轨迹，稍事休息之后，便会重新启航开始下一站的人生旅行，留给你的只是等待和一声长长的叹息。

那位将和你生活一辈子的人就像是“鞋拔子”。他虽然平凡，却是你生活中不可缺少的物件儿。也许平淡的生活常常使你忽视了他的存在，可在你出现为难时，哪怕只是一点点不顺利，他都会随时出现发挥他的作用，为你送去依靠和安全。

细细想来，大海也好，飞机、鞋拔子也好，他们都是我们生活的一部分，不管他们带来的是快乐还是忧伤，只要我们能从这些不同的经历中学会生活，不断地长大、成熟，就是一种收获，足矣！

学生C：

我不爱大海一样的男人，时而波涛汹涌，时而风平浪静，变幻莫测，喜怒无常。涨潮的时候，爱能将你淹没，退潮的时候，爱走得干干净净。

我爱小溪一样的男人，涓涓细流终生不息。清澈晶莹、滋润心田，让你徜徉其中感受到爱情的温馨与感动。

我不爱飞机一样的男人，身居高处不胜寒冷，云里雾里不知所为，好高骛远，一事无成。

我爱雄鹰一样的男人，白天高瞻远瞩、搏击长空，夜晚又按时归巢对亲人尽职尽责。

我不爱鞋拔子一样的男人，琐琐碎碎碌碌无为，成天只关心生活的细枝末节。

我喜欢鞋子一样的男人，并不一定好看，却知冷知热，穿在脚上，贴心的温暖，让你觉得生活原来是这么幸福！

例 3　厕所、黑豹乐队、导弹、宇宙

随着人类文明进程的加速，城市正以越来越快的步伐改变着面貌，而且越变越美，越变越好。

厕所，曾因其不雅，古今中外无不讳言之。我国古代就有“更衣”、“出恭”的说法以代替“上厕所”，西方也有“到大树后面去”、“到詹妮姨妈那里去”等同类说法。但随着物质生活水平的提高，纵观城市里的厕所设施，已由早先简单挖个坑，到砌成大小便池，到抽水马桶，到现在的半自动化、自动化，设施越来越先进完备。所以有人说，厕所现在成了城市现代文明发展的一个标志。

城市文明进步的另一个标志则是人们精神文化生活的日益丰富多彩，人们早已不再是一家子坐在一起听妈妈讲那过去的事情，也不再汇集到别人家去围坐在一台小黑白电视机前静候联欢晚会开始，而是开始追求多层次、多品位的享受，这就有了郭富城的柔情、麦克·杰克逊的疯狂，当然其中也有黑豹乐队的呐喊……

但是，与文明进步同时存在的另一面则是战争的阴影，与人们正在竭力加快文明步伐对立的，则另有一些人念念不忘扩大军备、制造武器，这就使得我们的城市文明实际上还处在毁灭性武器，例如导弹的阴影笼罩之下。

人类只有一手抓好文明建设，一手抓好防止战争，地球，才能真正成为人类的安乐居所，并且，总有一天，人类得以迈出地球，在宇宙中建立太空城，人类成为宇宙主人的愿望才能得以真正实现。

例 4　橘子、马桶、字典、抹布

橘子，美味水果。咬上一瓣，或甜或酸，或甜中有酸，或酸中有甜，其味人吃人爱。但其表皮，又老又皱，坑坑点点，真可谓“才不外露”，试想第一个吃橘子的人，也不知要有多大的胆量。

马桶，其内里成分不言而喻。但如此物件，人们曾经精雕细刻，还要涂以红漆金粉，以盖密封之，是女儿出嫁大喜日子里重要的陪嫁物件之一。“金玉其外，败絮其中”了。

字典，厚厚实实一个大“砖头”，动辄洋洋数百万字，庞然无比，其状令人生畏。然而只要我们懂得了编排规律和使用方法，字典，则又成了无所不知、无所不晓，且随时都可提供服务的好朋友。或者说，是个并不难驯服的、名副其实的“纸老虎”。

抹布，油腻龌龊，人见人避，地位卑下，然而他肮脏了自己，清洁了别人，表现出一种“毫无利己之心”的奉献精神。

这些材料向我们提供了一个很深刻的启示，即很多事物都具有“表里不一”的特点，这就要求我们要有透过现象看本质的能力，既要能透过质朴无华的表象去发现其深层次的本质美，还要能透过其华丽的外表识破其“假、冒、伪、劣”的实质的“丑”。

（以上例2、3、4引自吴郁主编的《主持人思维与语言能力训练路径》）

(5)看图说话

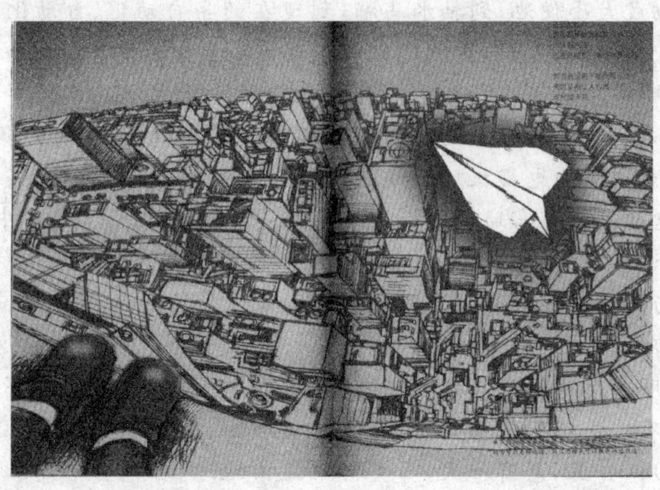

请看出示的图片后，分别作以下练习。

①假如你就是图中的主人公，请你用第一人称表述你此刻的感受；

②假如你就是图中这个人，场景换成站在地面上，请你表述此刻的感受；

③以第三人称，从旁观者的角度讲述你看图片后的感受。

3. 聚敛思维训练

聚敛思维又叫统摄思维或集中思维，它是将许多新的信息围绕中心进行选择、归纳和重新组合。与发散思维不同，聚敛思维是根据已有的知识经验，在获取大量现实信息的基础上，向着一个方向去思考，得出一个认为最好的结论。如果说，发散思维的特点是“放”，其练习的重点在于加强思维的开阔度，那么，聚敛思维特点就是“收”，练习者要能够在“放”的基础上，将无数活跃的思维闪光点，经过提炼、浓缩，优化组合出有价值的共同属性、共同的本质，得出带有普遍性的结论，追求语言的深度。优秀的节目主持人往往善于从大量的信息中理出主线，抓住本质，这种能力离不开聚敛思维。

例 1

《东方时空》的《面对面》栏目有一次谈到"59"岁现象时,主持人先列举了几个案例:原上海市总工会主席石××是一个工人出身的发明家,一直兢兢业业地工作,但是在 59 岁退休前接受了两笔贿赂,进了监狱。四川省××市招办副主任石××,也是在 59 岁时开始接受贿赂的。北京市人大副主任××接受贿赂的年龄也是在 59 岁。接着主持人又介绍了一个统计数字:去年上海头 10 个月,1600 多件有关党政干部违法乱纪案件中,59 岁上下的占三分之二,以至于有人将这种现象称为"59 岁现象"。如何认识这种现象呢?

分析它的原因,无外乎有两个:一方面这些人可能在自我约束上开始放松,他总觉得自己兢兢业业工作了一辈子,临退休的时候要额外回报;另一方面,从社会环境来讲,59 岁,做干部时间比较长,也许他们的周围都是一些老关系、老同事,甚至是老部下。这些人觉得,对这样临近退休的干部不要要求这么严,可以睁一只眼闭一只眼。两个因素加在一起,使得一些意志薄弱的人最后走上了违法乱纪的道路,翻了"末班车"。虽然"59 岁现象"可能是发生在个别人身上,但是这种现象的存在,值得我们警惕和深思。(例子引自《新闻报道新思路》陈作平著)

分析:在此例中,无论是提出现象还是分析问题,主持人都充分运用了求同聚敛的思维方式。主持人通过对三个(具体)个案和一个整体数据的分析,采用"求同"聚敛的思维方法,提出社会上出现了发人深思的"59 岁"现象。年龄都是 59 岁,此为"一同";都是领导干部,此为"二同";都是因为受贿而锒铛入狱,晚节不保,此为"三同"。接下来,主持人在对产生这种现象的原因进行深入细致地剖析时,又运用聚敛思维分析出,这些人之所以犯错误的相同原因:主观上要回报,客观上讲人情。主持人运用求同聚敛的思维方式,揭示出事物的共性,有据有理,分析得既深刻又具说服力。

例 2　由"植树节"所想到的

1. 现象分析

(1)我从读小学开始,就年年看见大人们一到"植树节"就开始奔忙,现在,至少十几年过去了,按理说,我居住的城市早就应该"绿树成荫"了,可是事实却是,与十几年前变化不大。其原因在于,每年都是过节时只管种,过节后却无人管,任小树自生自长。

(2)其实,有时候连自生自长的水平都达不到。有时已成活两三年的小树,被人折、人踩、车压,伤痕累累,可怜巴巴地立在路旁。

2. 纵深分析

(1)出现这种“年年只见种,年年不见活”的情况,很重要的原因是“组织种树行动有余,组织护树措施不够”。我国《森林法》规定,我国公民每年必须义务植树3—5棵,必须存活几棵呢?没有规定。

(2)形式主义、官僚主义的影响干扰。植树造林,优化环境,美化家园,应是一个很大的系统工程。现在变成了只当“过节”是一句空口号。

(3)靠“过节”是完不成“绿化祖国”的重任的。根本的解决办法,还是应该适应市场经济的特点,责任到人,承包负责,收入与效益挂钩。这样才能从根本上排除形式主义、官僚主义的影响和干扰,也就不会出现“年年只见种,年年不见活”的现象了。(此例参见孙海燕编著的《口才训练十五讲》)

分析:沿着某一根因果链条朝上或者朝下穷追不舍,不断延伸思维的深度,是高度的聚敛思维能力的体现。由“植树节”引发的纵深思考,帮助说话人透过现象看到问题的实质,从而找到了解决问题的方法。

例3《面对“8”的深思》

近几年来,数字“8”的身价倍增,电话号码、门牌号码、牌照号码等等,一沾上“8”就备受青睐。

这是历史进步的标志之一。中国人不仅不再认为“越穷越革命”,而且在物质日渐富足、生活日渐改善之中,又终于可以堂堂正正地喊出“想发财”的心声,无疑表现了历史的进步。

追求者对“8”的狂热迷恋,又表明其自身精神的空虚。拍卖“幸福号码”的场面之热烈、成交金额之巨,虽然已成为历史的过去,但其思想深处的问题并没有从根本上得到解决。“竞买幸福号码”是以富翁们的攀比、炫耀为前提的,在这些“先富起来了”的“大腕”身上,“发财后怎么办”的精神文明问题暴露已久,至今仍未解决。

“8”之所以如此受欢迎,原因多种多样,商界的瞬息万变,财运的难以把握,使有些人将希望寄托于冥冥,寄托在“8”上。

“8”的受宠,从更深一层分析,说明中国人传统的心理定势并未改变,信天信地,信“8”信“发”,就是不敢“信”自己。

其实,只想“发”,而没有“发”的能力,不知道怎样去“发”,不要说“发”不会从天而降,就是降下来了自己也把不住、握不牢。

如果中国人再这么沉浸在“8”的迷梦中,敢问“发”在何方?

(此例引自曾致编著的《节目主持技能训练》)

分析：此例中，主持人从“现象描述”、“现象分析”、“纵深分析”等三个层面展开思维。对现象进行分析时，思维灵动而缜密，将问题由表及里、由浅入深地诠释开来，充分满足了受众期待主持人多层面探究分析事理的心理诉求，拓宽了受众的思路，延展了受众的视野。

【训练题】

1. 请从以下物体或现象中抽象出他们共同的属性

(1)桌子、水池、足球场、报纸；

(2)油条、桂树、苹果、火龙果；

(3)蜗牛、毛笔、滑雪、喷气机；

(4)嘴巴、烈火、大海、洪水；

(5)旗帜、墨水、袖章、印泥、救火车、信号灯。

例如：雪花、淡云、石灰——白色

雪花、冰棍、空调——寒冷

2. 请想出具有以下属性的事务或现象，数量越多越好

(1)淡蓝色

(2)刺耳的声音

(3)柱状

(4)能使人产生恐惧的东西

(5)能使人产生愉悦的东西

3. 即兴演讲练习

【训练提示】

①演讲时，遵循“感性描述”——“拓展联想”——“理性升华”的过程。注意把握两点：一是思维的辐射面(思维宽度)，二是思考要有一定的深刻性(思维深度)。

②可分为“略加思索”和“不加思索脱口而出”两个阶段作练习，以提高难度和能力。

③即兴演讲之后，可进行文字整理后再做练习。

(1)请参看例1，然后以“爬山虎”的随想为题进行演讲。

(2)请参看例1和例2，然后进行观物演讲练习，即对随意拿出(或举例)的一样实物，做即兴演讲。

一根粉笔；一支钢笔；一本画册；一本杂志；一束鲜花；一把雨伞；一片落叶；一盏路灯；一套房门钥匙；一本日历；一根拐杖；一本小说；一把玩具枪；一

只电灯泡；一部电话机；一个汽车模型；一双跑鞋；一包方便面；一张鼠标垫；一只发卡。

(3)请参看例2，然后以“四季”的遐想为题进行演讲练习。

(4)请设想不同年龄、不同性别、不同职业、不同性格的人“做什么事，需要最大的勇气？”设想得越多、越合理越好，并请以此为题作即兴演讲。

例如：读初三的学生唐唐认为“穿着破鞋子去上学，需要最大的勇气”。性格内向的银行职员大刘认为：“向敌人道歉，需要最大的勇气。”

4. 请看图片新闻，谈谈观感。注意运用聚敛思维引发纵深思考

在这张摄于2月12日的照片中，苏丹南部的一名居民直接饮用阿肯河的河水。2月15日，联合国官员宣布，苏丹南部两城市大面积暴发霍乱，目前已造成27人丧生。不清洁的饮用水是霍乱传播的重要途径。(图中人物面颊明显有局部溃烂)

5. 请阅读以下新闻资料，用较精炼的语言概括新闻事件并作评论

“我是从长沙上的飞机——一个人在长沙旅游完，然后再往青岛旅游。我现在身体没事了。”昨日，当这个名叫蓝云的20岁女孩接受本报记者采访时，语气显得很平静，在她的记忆里，也许对自己在飞机上的遭遇并不是十分清楚。然而，记者昨日经过辗转采访却发现：为了救这个在飞机上心脏病突然发作的年轻女乘客，飞机改变了航线；为防止改变航线有可能发生的撞机危险，有4个来自其他城市的航班在空中紧急避让——

年轻女孩　心脏病突然发作

“我有点不舒服，能不能帮我一下？”4月14日晚6时30分，国航CA4559

次航班在从长沙飞往青岛的旅途中，乘务长曹永突然被一名年轻女乘客拦住。曹永一看，女孩手捂胸口，呼吸非常急促。“小姐，你怎么啦?”曹永赶紧问道。年轻女孩表情十分痛苦，几乎无法说话。曹永发现，年轻女孩开始口吐白沫。“不好，可能是心脏病!”曹永一下紧张起来。就在曹永和同事准备把女孩扶到飞机前排的头等舱休息时，女孩突然身子一歪，晕倒了。再呼唤时，女孩已经神志不清了。必须想办法营救她！一场飞机、空管和机场三方联动的营救开始了……

情况危急　女乘客有生命危险

“让客人平躺，赶紧给她吸氧。”正巧在飞机上的青岛海军疗养院陈桂香大夫赶紧上前来提醒道。在几名乘客的帮助下，年轻女孩被轻轻地抬到飞机地板上平躺。“应该是心脏病。飞机上有硝酸甘油吗?”陈大夫问。“有!”曹永和同事立即准备好了药和备用氧气袋，开始给年轻女孩输氧。“简单的急救肯定不行!”在陈大夫的建议下，曹永立即把情况通知了机长邹勇富。

人命关天　请求“直飞”青岛

“流亭机场吗，我是 CA4559 航班机长，飞机上一位乘客突发心脏病，情况危急！我们请求改变航线，直飞青岛!”了解了情况，邹勇富立即拿起飞机上的特高频电话，与流亭机场空中交通管理站值班人员通话。“这个特高频电话一般是机场空管部门指挥飞机起降用的，除此之外，我们只有碰到劫机等紧急情况，才会主动使用。”邹勇富告诉记者。让他没想到的是，请求发出不到 5 分钟，流亭机场空管部门就回复同意了。“我很清楚，改变航线直接涉及到同在一片空域中的所有其他航班，空管部门并不是轻易就能同意的。”

“我们是晚上 6 时 55 分接到 CA4559 航班机长的请求的。人命关天，接到请求，我们立即开始请示上级部门。”民航青岛空管站赵杰副主任告诉记者，一片空域中可能同时存在许多条航线，飞机每执行一次飞行，其在空中的航线是固定的，而且航线并不是人们想像的两点之间划一条直线，而是带弧度的折线。两点之间直线最近，这大家都知道，改变了航线以后，CA4559 得以“直飞”青岛。

如果一架飞机突然改变航线，可能会与其他的航线重叠，就有可能发生撞机危险，因此改变航线必须申请。“我们向上级部门申请后，由于事关乘客安危，上级部门很快就批准了。我们得到批准后，马上通知了 CA4559 航班。”赵杰说。

提前降落4架飞机空中让路

晚上7时刚过,CA4559进入青岛空域,而此时,正是机场每晚最为繁忙的时间段。机场指挥塔台马上安排其他准备降落的航班空中避让,为CA4559腾出降落空间。"在机场繁忙的时候,可能会有多架飞机同时抵达机场上空。所以,飞机降落时也要排队。为了让患病旅客尽快得到治疗,我们让CA4559'插队'优先降落。"赵杰告诉记者,为了让CA4559优先降落,4个来自其他城市的航班在空中盘旋等待。

机场急求 幸亏来得及时

晚7时12分,CA4559航班顺利降落在流亭机场。此时,流亭机场急救中心的救护车已经等候在停机坪上。年轻女乘客被立即用担架抬上救护车,接受救治。"幸亏抢救及时,国航航班的机组人员也很有经验,在飞机上照顾得比较好,所以,我们给她实施了急救后,病人的心率、血压和神志很快就恢复正常了。"机场急救中心宋琦大夫告诉记者,女乘客清醒后,坚持不去医院,到市区的宾馆休息了。

犯病原因 做过心脏搭桥手术

随后,记者拨通女孩的手机。这个女孩告诉记者,她叫蓝云,是浙江人,今年20岁,因为心脏病,半年前曾经做过心脏搭桥手术。"不担心自己的病情吗?"记者问蓝云。蓝云告诉记者,由于已经做过手术,所以不太担心,飞机上发病可能是劳累过度。

长沙登机 独自前往青岛旅游

昨日,本报记者又从多方面了解到,这位名为蓝云的女孩是从浙江到长沙来旅游的,再由长沙登机前往青岛。

辗转联系上蓝云后,她透露说自己是从长沙上的飞机,一个人到长沙来旅游,然后再往青岛旅游。然后,记者从长沙黄花国际机场方面了解到,CA4559次航班是经长沙的中转航班,它的飞机线路是贵州—长沙—青岛。据机场相关工作人员介绍,虽然CA4559最后一段是由长沙飞往青岛,但由于事发时航班已抵达青岛境内,空管方面的协调均由青岛方面负责,因此黄花机场方面并不知道此事。黄花机场的航班起降都很正常。

另据机场方面介绍,乘坐飞机的乘客所持机票上的旅客须知中,特别强调了患有重病,如心脏病、高血压等病人不能乘坐飞机,如有特殊原因需乘坐飞机,应事先告知承运方,经许可方可购票乘坐。

三、课后训练

1. 形象思维训练

例1　珍珠是什么?

我们发现,在日常生活中,形象化的语言可以使身边的事物变得生动起来,有趣起来。例如,有人问:"珍珠是什么?"通常的回答往往是:"就是我脖子上戴着的、圆圆的、白白的珠子呗。"而有人却这样回答:"在贵妇人眼里,珍珠是情人温柔的眼光。在化学家眼里,珍珠是磷酸盐和磷酸钙的化合物。在诗人眼里,珍珠是大海的眼泪。在生物学家眼里,珍珠是贝壳类动物的分泌物。"有人问:"朋友是什么?"人们常常会答:"朋友就是你遇到困难需要帮助时,他(她)就出现在你面前并助你一臂之力的人。"而如果回答:"朋友就像空气,平时你感觉不到它的存在,可当你缺少它时,你会发现不能没有它。"效果是不是更好呢?

例2　大学评议会,绝不是男澡堂子

德国女数学家埃米·诺德获得博士学位后,还不能立即开课,因为她还没有讲师资格,但其学识和才华受到了从事广义相对论研究的希尔伯教授的赏识。

在一次教授会上,为埃米·诺德是否能成为讲师发生了一场争论。一位教授激动地说:"怎么能让女人当讲师呢?如果她做了讲师,以后就要成为教授,甚至进入大学评议会。难道能允许一个女人进入大学最高学术机构吗?"

希尔伯教授反驳道:"先生们,候选人的性别绝不应该成为评选讲师的标准,我请先生们注意,大学评议会绝不是男澡堂子。"

话音刚落,所有的教授都哄然大笑,一致举手通过了埃米·诺德的讲师资格。

可见,形象化的语言不但给人印象深刻,而且会在关键时刻起关键作用。

【训练题】

①请用形象化的语言说明什么是生命。

【训练提示】

可以用隐喻式的描绘,把具体生活感受汇聚起来,寻找到可以表述的意象语言。

例如:A. 生命如同烹调菜肴一样,菜肴的味道完全取决于调料的齐备和火候的把握,你可以按照固定不变的食谱来烹调,也不妨有你自己自由发挥。

B. 生命如同一条河，时而宽阔，时而狭窄，时而平静，时而湍急，变幻无穷。

C. 生命犹如一只万花筒，稍稍调整角度就能呈现出不一样的图案。

D. 生命是一座你找不到出口的迷宫。

②请用比喻的方式说说地球的构造。

③请结合现实情况用形象化的口语描述一下你的集体、宿舍、同学、朋友、亲人等。

2. 类比思维训练

类比，在新华词典中解释为：一是比较，二是类比推理，即类比法。所谓节目主持人的类比思维，就是主持人采用比较或类比推理的思维方法进行思维和表达。类比思维使主持人的语言丰满、鲜活，能极大地提高主持人的口语表达效率，避免使用生涩艰深的词汇去介绍受众本来就不很熟悉的事物。这不仅使我们在受众面前以一种开放的、平易的形象出现，更能拉近主持人与受众之间的距离，让受众的思维随着你的语言运动，潜移默化、润物无声地传达那些受众本并不熟悉甚至并不感兴趣的信息。

例 1

1998 年 3 月 27 日，中央电视台播出的《面对面》栏目中，主持人针对当时许多城市提出建立“国际大都市”的目标，列出世界公认的国际大都市在国民生产总值、第三产业从业人员比重、地铁发展情况、科技在经济增长和劳动生产率提高中的作用等方面的数据，与国内城市现实情况做对比，引发人们实事求是的、科学冷静的思考。

主持人说：

……提起来挺枯燥，比较一下就形象、具体了：国际大都市的人均国内生产总值大致在 3000 到 5000 美元，香港、新加坡是国际公认的国际大都市，比较起来北京、上海、广州人均国内生产总值是香港、新加坡的十分之一。

金融保险业和社会服务业从业人员比例代表着经济竞争实力，纽约、东京第三产业从业人员占总从业人员的比重百分之七八十，北京、上海、广州不足 50%。

国际大都市的地铁客运量占客运总量的 60%—80%，纽约地铁线路 1179 公里，而北京、上海地铁加在一起，运营线路不足百公里。

国际大都市经济增长和劳动生产率提高的因素中，科技所占的比重达 60%—80%，北京、上海、广州大约 30%。巴黎有 64 个图书馆、北京 23 个，上海有 32 个,广州有 15 个……

(此例引自吴郁主编《主持人思维与语言能力训练路径》)

分析:主持人运用类比思维,通过类比推理,把原本老百姓难以理解的或者生疏的概念、名词等变得易于理解和清晰了。由此可见,类比思维在主持人语言表达中的作用和重要性了。

例 2　在英达主持的《夫妻剧场——让我热血沸腾的都是年轻人/娄乃鸣与孙文举》一期节目中有一段对话:

英:下一个问题,坦率地讲,你们俩最不喜欢对方的哪种行为?

孙文举:有时候她比较武断。有点儿什么事儿,本不该她参与,她非要把这事儿给你定了。

英:就是说这个会议本不该她列席,她进来以后直接当了主席。(笑)

(此例引自吴郁《主持人思维与语言能力训练路经》)

分析:英达在与话剧导演娄乃鸣和她丈夫孙文举这对"老妻少夫"交流时,把日常生活中夫妻间的"小摩擦"巧妙地类比工作上的"武断",使生活中常见的妻子的"武断"行为变得既形象生动又不那么令人反感,倒是生出几分可爱来。巧妙、适时地类比不仅有助于创造亲切、诙谐的现场交谈气氛,而且有助于淡化夫妻间的矛盾,促进夫妻间的交流、沟通、理解。

例 3

在中央电视台《挑战主持人》的一期节目中,主持人马冬给选手出了一道题:请将西瓜、榴莲、柠檬、苦瓜与中央电视台节目主持人毕福剑、张越、王小丫、李咏的主持风格连线。2 号选手,来自中国传媒大学的学生左天鹤和 3 号选手,来自上海戏剧学院的学生王晨辰在面临这道考题时,都有较为出色的表现。

2 号　左天鹤

首先,我将西瓜与张越联系在一起,二者对比起来,都是那么的——可爱,往往体积比较大的东西呢,它的容量都比较大,西瓜呢,含很多量的水分,是夏天消暑止渴的最佳水果,在夏天的水果市场上啊,西瓜可以称得起是顶起水果摊上半边天,而张越她的主持呢,非常的贴近生活,贴近百姓,是一种非常平和的主持方式,因此呢,将这种贴近平民的西瓜与贴近平民的张越连接在了一起。

柠檬和李咏连在一起,从"幸运 52"到"非常 6+1",李咏在两个栏目中时时刻刻都彰显着他的活力,据说柠檬具有很强的酸性,如果把铜丝插进去的另一头连上灯泡的话，灯泡会亮起来，也许李咏就是掌握了这一招自行发电的本领，所以才会活力四射。

那么第三个呢？我将榴梿与毕福剑连结在了一起，榴梿呢虽然长得难看，但是打开之后却是内藏乾坤，大家知道吗？榴梿又称水果之王，它的果肉极其鲜美，虽然闻起来味道不怎么样好，但吃起来味道特别好，毕福剑的主持风格呢，既融入了幽默，又融入了稳重，而且还很平和、很简单，几种风格融在一起呢，就形成了一种特殊味道的主持风格。

最后呢，将苦瓜与王小丫连结在一起，苦瓜又称凉瓜，它的药用价值是——清扫祛火，它的口味非常独特，味道特别清爽，开心辞典本来应该是一个竞争激烈的考试类栏目，但是经小丫一主持呢，变得温火适宜，恰到好处，她甜美的微笑，还有那种娇好的面容，还有温柔的话语，无时无刻不给人一种清凉的感觉。有人会问了，这个苦瓜苦，苦从何来呢？像王小丫这种美丽的女性，正是我们心目中苦苦追寻的梦中女神。

3号　王晨辰

首先咱们看西瓜，西瓜要我连啊，我把它跟王小丫连在一起，为什么呢？因为我觉得西瓜在这几种水果中啊，是颜色搭配最好看的一个，你把西瓜切开这么一看，这里面瓤是红的，外面皮儿是绿的，这红中绿这么一搭配，这是多么大胆和自信的一种用色啊，这说明王小丫是非常自信的，每次面对形色的选手，都是从容地伸出那张时尚的右手："请听题！"让人看了是那么亲切。

柠檬呢，我要跟张越连在一起，为什么呢？因为柠檬非常有特点，大家看这个形状啊，两头尖，中间圆，张越也有这个特点，就是两头尖：这么大个，中间还特别的饱满，大家知道，一般吃柠檬大家很少都……很少有吃下去的，一般都切成片，泡在酒里——提味，要么呢，就把它切成片，榨成汁，兑点儿蜂蜜，加点水成为一杯柠檬汗儿，这就说明一个什么道理呢？生命总是给我们酸苦，让我们去制造甘甜，张越就是这样一个特别能够制造甘甜的人，她主持的节目——半边天啊，因为有一块调味柠檬张越的存在，使得不仅许多女性特别喜爱，而且使更多男性朋友开始关注起女性那灿烂的半边天了！

再看榴梿，榴梿特别有特点，我要跟李咏连在一起，这个榴梿大家看它外表，是好多刺儿，很扎人，李咏身上也有很多带尖儿的地方，比如说，下巴就很尖，鼻子很尖，脸型很尖，这身上也很尖，为什么呢？因为他瘦啊，人瘦啊，骨头主就容易扎人，我估计，您要是抱榴梿一下，跟抱李咏的感觉应该是一样的，而且李咏还有个最大的特点是什么呢？品榴梿和看李咏的节目，都是会上瘾的哦！

最后咱们说：苦瓜，这苦瓜我要跟毕福剑连在一起，大家看，他们俩很像哦，苦瓜——又细又长，毕福剑——又高又瘦，而且苦瓜的外表是有纹路的，是不平的，那么老毕啊，不笑则矣，一笑，您就会在他的眼角发现很多褶皱啊，连眼睛也找不着了，苦是苦啊，可是苦瓜被换为瓜中之冠，因为它的营养含量是最丰富的，老毕也是如此啊，可以说是内有乾坤啊，而且是多才多艺，这就是我的比较，谢谢！

【训练题】

(1)试运用比喻，在3分钟内把下面的几段话讲完：

①决策犹豫不定，岌岌而危的企业必定会垮台，这就好比是——

②废话说了不少有何用？言不在多达意则灵，比方说——

③他"跳槽"有好几次了，还在找路子"跳"，他这样还想在事业上有什么进展？这就好比说——

④你在夜大攻读高等数学，缺几节课没什么关系？科学知识有个系统性，不能缺课，这好有一比——

⑤中学时代不能偏科，各门知识都重要，比方说——

⑥光听课不复习巩固，是学不好真本领的。这好比——

(此题引自赵忠祥、白谦诚主编的《主持人技艺训练教程》)

(2)请运用类比思维分别谈谈夏天、冬天、冰雹、大雪和台风给你带来的心情上的变化。

(3)请将莲花、菊花、牡丹、玫瑰几种花分别与你知道的某些人进行类比。

(4)请将文房四宝：笔、墨、纸、砚分别与你喜欢的优秀新闻节目主持人进行类比。

【训练提示】

①注意运用比较的方法，突出几种自然现象(或其他)各自不同的特色。

②注意在同一具体事物上寻找差异(人的心情变化差异，优秀节目主持人风格、外形气质上的差异，人的性格上的差异等)，从而抓住其特点。

③任何两类事物或者观念之间，都有着或多或少的相同点，注意要在思维中抓住两事物共同点，把千差万别的事物联系起来思考，从而发现新创意。

【第二章部分训练题参考答案】

"甲方乙方"

①漏斗:乙:张着贪婪的大口总也没有满足的时候。

②天平:甲:公正无私的楷模。

③直尺:乙:总以自己的标准去衡量别人。

④流星:乙:偏离了正确的轨道,必然坠入黑暗的深渊。

⑤竹笋:甲:敢于“冒尖”,才能脱颖而出。

⑥汽笛:乙:一路只会扯着嗓门空喊。

⑦灯蛾:甲:为追求光明,不惜赴汤蹈火。

⑧月亮:乙:借助太阳的光辉来炫耀自己。

⑨秤砣:甲:身子虽小,却能压千斤。

⑩石榴:乙:肚里有点东西,就笑咧了嘴。

【课后训练题(1)参考答案】

①一只兔子死在两堆嫩草之间。

②井中青蛙整天呱呱叫有谁注意?棚里的公鸡天亮时只啼叫一两声,人们就起床了。

③跳窝的鸡不下蛋。

④链子上的每一个环节都重要,掉一环都不行。

⑤中学各科知识形成合理的知识结构,就好比一个木桶,它由若干木块组成,少一块不行。

⑥醉汉赶马车,一车货看来不少,如果不捆不扎,赶到家时已掉精光。

【思考题】

1. 请谈谈思维与语言的关系。
2. 思维的优化具体体现在哪几方面?
3. 在进行思维训练时,我们应该尽量避免哪些思维误区?
4. 结合自己谈谈如何进一步优化思维。
5. 请谈一谈思维对于节目主持人语言表达的重要性。

第三章 即兴说话

一、理论概述

即兴说话，我们在日常生活、工作中常常遇到。朋友聚会，要你来段即兴感言；单位搞活动，临时让你登台；一次重要而成功地会议，需要你做总结等等。精彩的即兴说话，能够使你在群众中确立威信，塑造良好的形象，是你一步步走向成功的催化剂。

即兴说话能力是节目主持人必备的语言能力。节目主持人的主要交流方式就是说话，面对不同的语境，面对不同的交流对象，主持人的每一次即兴说话都必须满足受众的审美要求和期待，如果主持人的即兴说话令受众失望，后果可以想像。

即兴说话的特点在于“即”和“兴”。

即兴的“即”体现出说话的临时性，要求说话人有较好的临场发挥。说话人要善于利用临场所提供的宝贵时间，哪怕是30秒时间。

即兴的“兴”体现出说话人良好的发语状态，体现着说话人说话状态的积极、思维的活跃和情感的涌动。即兴说话者“兴”的状态，是成功说话的保证。节目主持人应该善于适时适景快速起“兴”，从而提高说话质量和效果。即兴说话的“兴”从何来？又如何让受众“兴”？这是练习者要重点考虑的问题。下面介绍几种开头起“兴”的方法和例子。

1. 即“时”起兴

如果是在一个具有特殊意义的时间做即兴说话，说话人可以即“时”起兴，把特定时间作为一种现场触媒，激起兴致，引发说话。

例1 一位教师在师生联欢会上的即兴说道：

“您们好！‘教师节’是我们在座的每一位师生自己的良辰吉日，可喜可贺！现在不正是如此吗？师生欢聚一堂，欢迎她，情意殷切，你我竞相赞美；祝贺她，激情满怀，此时此刻我感触良多……”

分析：即兴说话的老师抓住“教师节”这一特定的时间，有感而发，既显得自然真诚，又易与听者产生强烈共鸣。

2. 即"地"起兴

一次激情洋溢的即兴演讲往往与当时的语境有很大关系。如果说话人对所处说话地点有着难以忘情的人生记忆,就可能由此激起内心强烈的情感活动,从而产生一吐为快的表达欲望。

例 2　台湾省前国民党主席连战 60 年后第一次回大陆,在机场面对中国民众,他激动地说道:

"台北和南京可以说距离不是很远,但是刚才飞机落地的时候,让我想起来这个访问间隔了上一次到南京来的整整 60 多年,所以,今天看到大家,实在有一种相见恨晚的感觉,很高兴终于有了这个历史性的第一步。

对中国国民党来讲,南京是一个具有历史连接、感情连接的地方。就历史来讲,南京曾经是国民政府的所在地,'国父'以及创党总理中山先生的陵寝所在地,今天本人能够率同所有中国国民党工作的同仁,大家一起来到南京,向创党总理孙中山先生致上最高的敬意,这是国民党全党共同的心声,也是众多人民共同的期盼,我深深地感到此行真是难能可贵。

这次到大陆来访问,我想有关两岸共同的未来,如何能够营造一个互惠互利、和平双赢的一个未来,是大家所关心的一个问题。中国国民党访问团愿意为和平稳定的两岸关系来尽绵薄之力,也非常希望各界人士,所有的相关团体,能够同心协力一起奋斗一起努力。

看到好多好朋友,实在是意外的惊喜,谢谢各位!"

分析:对于连战个人来说,踏上久别的祖国土地,激动之情可以想像;对于国民党来说,南京又是"一个具有历史连接、感情连接的"特殊地点,因此,连战即"地"起兴,激动的话语滚滚而来。

3. 即"景"起兴

特定景象,往往是点燃主持人说话欲望的因素之一。

例 3　在 2004 年雅典奥运会上,我国选手刘翔夺冠时的情景相信许多中国人还历历在目。当时,中央电视台解说员解说到:

"比赛开始了。刘翔的起跑非常的顺,他目前排在第一位。……旁边的是特拉梅尔……奥里加尔斯……刘翔,处于领先的位置……刘翔!刘翔赢了!……刘翔赢了!刘翔创造了历史!一个黑头发、黄皮肤的中国人成为了世界飞人……刘翔创造了历史!刘翔获得了世界冠军,奥运会冠军……"

分析:亲眼目睹刘翔夺冠的中国人无不激动万分,解说员面对这一对于中国人,对于中国体育有着特殊意义的场景,脱口而出:"刘翔创造了历史!""一个黑头发，黄皮肤的中国人成为了世界飞人！”。寥寥数语，胜似千言，算得上是高质量的即兴说话，片言成经典的范例。

4. 即“人”起兴

特定对象，也是说话人激发说话欲望的触媒。

例4　在小学校长培训班结业典礼上，市教委副主任即兴说道：

“刚才，我听会议主持人说，在座的各位都是来自农村的小学校长。我也当过农村小学校长，我深知在贫困落后的偏远山区当好一名小学校长是多么艰辛和劳苦。尽管如此，你们却义无反顾地肩负起了培养社会主义新农村建设人才的重担。我本来不准备讲话，现在却想借此机会，向你们表示崇高的敬意，并说几句心里话……”

此外，节目主持人在主持节目时，还可即“事”起兴、即“物”起兴、即“言”起兴、即“行”起兴。请记住，好的开头是成功的一半。

二、即兴说话训练

即兴说话时，有的人语言流畅，思路清晰，而且句句说到点子上，极具说服力，而有的人结结巴巴，思路不畅，且说话目的不明确。要想“出口精彩，闭口留香”，掌握语脉是非常重要的。有经验的人在讲话时，都有他们自己摸索出来的“套路”。下面介绍两种即兴说话的“套路”。

1. 结构精选模式

结构精选模式是美国演讲专家理查德归纳的模式化表述方式：

——喂，请注意！（开头就激起听众的注意）

——为什么要费口舌？（进而强调指出听演讲的重要性）

——举例子。（形象地将一个个论点印入听众脑海里）

——怎么办！（具体地讲清大家该做什么或怎么做）

题例　“请保护好您身边的人类自然遗产”

	喂，请注意！	为何要说	举例子	怎么办？
误	今天我要讲的内容是我们要保护我们身边的自然遗产……	保护自然遗产很重要，这不是一个可讲可不讲的问题……	为什么要保护自然遗产，原因有如下几点：	下面提几点原则性意见供参考：1 …… 2 ……3……

	喂,请注意!	为何要说	举例子	怎么办?
正	上个星期天,前往湖南张家界观看俄罗斯空军特技飞行表演的游客们大失所望,因为原计划穿越张家界天门洞的特技飞行表演被临时取消了。	不讲保护自然遗产有多重要,而是介绍天门洞奇观和描述计划取消后当地山民的喜悦心情……	通过一个个事例,说明保护身边的自然遗产对我们所具有的重要意义。	下面我想告诉大家,当……时,应当……;当……时,应当……;当……时,应当……

2."三字诀"

说话时,先开门见山用直言肯定句式提出自己的见解或主张。这个"直言肯定句式"就是全篇演讲的中心,然后构思同表达同步进行,讲的时候依次为表达依据,围绕它,从破题、展开到深入、归纳,这句话如同一根红线贯穿始终。

"三字诀":

——正面说(正面提出某种观点主张)

——反面议(如果不这样就如何)

——为什么(列出理由)

——怎么做(从哪几方面做才能实现)

——找证明(运用事例对观点作实证)

——驳异议(反驳与之相反的见解)

——做归纳(回应论点,强调"片言")

——做预示(描述坚持某种主张的前景)

【训练题】

1. 请运用"结构精选模式"四步骤的提示信号,快速选题构思,做即兴演讲训练。准备时间3分钟,讲3分钟。

【训练提示】

①说话不宜太长,简明扼要更显力度;

②可以根据当时的语境灵活机敏地处理开场;

③"语不惊人死不休",想办法给人留下深刻的印象。

(1)地球生态环境已亮"红灯"

(2)请您少抽一根烟

(3)"3·15"谈诚信

(4)请保护好您身边的自然遗产

(5)植树节,请您栽活一棵树

(6)谣言止于智者

2. 请按照“三字诀”方法，做即兴说话练习。

【训练提示】

①围绕论题展开时，注意内容的扩充与组合；

②“三字诀”是展开论题的提示，但讲时不必面面俱到，一般除第一点“正面说”和第七点“作归纳”外，其他可侧重一两个方面说清楚、说透彻即可；

③注意要紧扣论题，据此确定“意核”。句句话的意思都要“粘”在“意核”上。

(1)我看“追星”现象

(2)高分与低能

(3)一分耕耘一份收获

(4)自信与自大

(5)压力与动力

(6)我看选秀

(7)我的 2008

(8)当国旗升起的时候

(9)失败乃成功之母

(10)小聪明与大方向

3. 请看图后，自拟主题作即兴说话练习。

哪里有什么天才，我是把别人喝咖啡的时间都用在工作上了。

——鲁迅

4. 人们的惯性思维总认为“老鼠”是害人精，偷吃粮食，损坏衣物，传播疾病。请用3分钟时间，以“老鼠的贡献”为题说一段话。

【训练提示】

①可以运用逆向思维，突破思维惯性；

②注意说话时的语篇结构。

三、课后训练

【幽默趣说】

受众大都喜欢语言幽默风趣的主持人，因为，他能给大家带来快乐。节目主持人的幽默趣说，不是以外表的滑稽可笑取胜，更不是低俗的恶搞，而是主持人精心的审美选择，是智慧的闪光，追求的应当是审美的、心理层次的愉悦和“笑”。同时，幽默趣说也是主持人的一种应变技巧，他常常能帮助我们在瞬间摆脱困境。

题例　质量可不一样

有一次，国际象棋冠军谢军来做嘉宾，介绍她时，杨澜开玩笑说：“谢军这么聪明，大概是因为脑袋特别大，容量也就大。”转身看到赵忠祥，杨澜发现他的脑袋也不小。赵忠祥嘿嘿一笑，说了一句：“脑袋大，里面东西的质量可不一样。”

分析：赵忠祥借“质量可不一样”的自嘲式幽默，来褒扬国际象棋世界冠军谢军的聪明。不惜将自己缩小，突出了嘉宾，同时增添了幽默情趣。这种自嘲，不但不会损坏自嘲者的形象，反而是一种自信的体现。

【训练题】

1. 说俏皮话

说话风趣，最常见的是选词择语很俏皮，他们常常不用陈词套话说话，而要绕个弯子换个说法，比如用俗语、谚语、歇后语、外来语或用比喻、比拟、反语、双关、移用等把话说得俏皮一些。

试将下面的话说得俏皮一点。例如，胆子特别大，什么都不怕，可以说：“他吃了豹子胆。”或者说：“老虎屁股他敢摸。”

①说话爱罗列现象；　　②相互包庇、勾结；

③很小气，很吝啬；　　④脾气极坏，常吵架；

⑤迎着困难上；　　⑥说话不能兑现；

⑦什么本领都用上了；　　⑧吃吃喝喝成了朋友；

⑨很小很小的官；　⑩思想顽固不化；

⑪妒意顿生；　⑫想到哪儿说到哪儿；

⑬外表好看但不学无术；　⑭身边极危险的人物；

⑮说话使人肉麻；　⑯缺点慢慢暴露；

⑰两边都不讨好；　⑱工作你推我、我推你；

⑲领导不齐心；　⑳打靶一环未中；

㉑只能前进却不能后退；　㉒单位歧视妇女；

㉓热衷引进外地人才却冷落了本地人才；

㉔单位要进行大的整顿；　㉕本事很大却摆脱不了控制。

2. 走题岔说

走题岔说，靠的是岔话引趣，“误”入题外的话，由庄而谐，使言语在反转突变之中出现幽默效果。注意“岔话”分寸要把握得恰到好处。

请用“走题岔说”的技巧完成下列幽默。

①教师：牛是很有用的动物，牛肉可以吃，牛皮可以做鞋子，谁说说，牛还有什么用处？

学生：________________

②甲：请问，警察局怎么走？

乙：________________

③一位士兵向将军敬酒，不小心把酒洒到正要站起的将军那光秃秃的头上。

将军：________________

④男：我一看到您，觉得您的眼里包含着某种……某种特别的东西。

女：________________

⑤水果摊主：进口货，咱这苹果可是进口的！

顾客：进口货？苹果还进口？别吹了！

水果摊主：________________

3. 巧说反语

说反话，古罗马修辞学家称之为“欲褒则虚贬，欲贬则虚褒”的幽默表达方式，它使人们在诙谐的反语中领悟并确定一种是非观念，而“虚晃一枪”的揶揄调侃更能构筑一种和谐的氛围。

请用反语幽默方式说下列话题：

①我的母亲（或父亲）很“傻”

②他有一个“缺点”

③这个人有一个“优点”

④抽烟的“好处”

4. 顺推成趣

先肯定对方,然后利用语言的多义性或者利用仿拟手法,将表达推向有趣的方面,或利用语意外延的多义性,把对方的话“顺推”到荒谬有趣的方面来。

请用“顺推成趣”方式完成下列幽默对话。

①男:玲玲,我钓了一条大鱼,快来我家吃吧!

玲:然后呢________

②顾客:我的炸蜗牛还没有做好吗?

侍者:我去看一下,请稍等片刻。

顾客:(生气)我已经等了半个小时了!

侍者:________

③男:请问《女人是男人的奴仆》这本书有没有?

女:那是一本幻想小说。

男:你读过?太好了,请借我一读。

女:________

④甲:糟糕,“皇上”上场拍戏忘了摘下手表。

乙:没关系,________

⑤甲:真倒霉,新房子附近有个厕所!

乙:厕所那么远,而且转了个弯,不臭的。

丙:(为乙找理由)不,________

⑥女:你说五六分钟就来,看,半小时过去了!

男:________

【第三章部分训练题参考答案】

走题岔说答案:

①“牛”还可以用来喻人。

②您只要拿块石头把商店的玻璃窗砸碎,就知道怎么走了。

③你认为这是治疗秃顶的有效方法吗?

④您看出我有沙眼了吗?

⑤你买了苹果不进“口”进哪儿?

顺推成趣答案：

①你就用钓来的鱼来“钓”我。

②对不起，蜗牛是行动迟缓的动物。

③那就等幻想变成现实再借吧！

④皇上弄块手表戴戴，不必大惊小怪！

⑤不，臭气是会打弯儿的。

⑥5 乘 6 不是 30 吗？

（幽默趣说训练题及答案引自赵忠祥、白谦诚主编的《主持人技艺训练教程》）

【思考题】

1. 请谈谈如何理解即兴说话的“即”和“兴”，它们对说话人提出什么要求？

2. 为什么即兴说话能力是节目主持人必备语言能力？

3. 请简单介绍两种语篇结构模式。

第四章　应变能力与训练

一、理论概述

应变，即随机应变，指能根据情况的变化采取适当的应对行为。应变能力是节目主持人必须具备的能力。较强的应变能力能够帮助主持人在节目进行中，无论出现什么意想不到的突发情况，都能相对而动，出口成章、出口成趣，巧语解围，妙语服人。

例1　汽车又转了一圈

1997 年香港回归祖国，中央电视台组织了一次规模空前的“香港回归 72 小时特别报道”。在对前港督彭定康离开港督府做直播报道的时候，出现了意外情况：为了体现全方位立体式报道，中央电视台在港督府外面安排了一台摄像机和一位现场主持人，准备随时向观众报道新闻现场发生的情况。按事先从有关方面获知的信息，彭定康在主持完港督府降旗仪式以后，将乘车在港督府内绕场一周，以示惜别之情。为此，节目组事先设计了一段现场的说词。说词大致是这样的：

彭定康的汽车在港督府内绕了一圈，车行缓慢，试图表示港督对这片土地的依依不舍之情，然而，历史的车轮滚滚向前，香港回归祖国已经是任何人也无法阻挡的现实。

事情的发展果然按计划好的进行着，彭定康在降旗仪式以后，立即钻进小汽车，那辆小汽车围绕港督府的院子开始转圈子。现场主持人于是将事先早已设计好的那段话说了一遍。可是，意想不到的情况发生了，当主持人说完“历史的车轮滚滚向前”之后，却发现前港督彭定康的小汽车并没有按事先预定好的那样开出港督府大门，绝尘而去，而是继续围绕院子转圈。主持人沉默了好一阵子，将眼前的突发情况如实说出：“彭定康的汽车又在院子里转了一圈。”

糟糕的是，彭定康的汽车开得太慢了，为了避免冷场，主持人又把刚才说过的那段话又原样重复了一遍。可是，紧接着，更加糟糕的事情发生了，彭定康的车子绕完第二圈之后并没有要离开的意思，竟然开始了第三圈的绕行。面对这突如其来的一系列变化，主持人慌了神，只好说了句：“汽车又绕了一圈。"

分析:这个案例反映出一些主持人在面对突发情况时语言能力的不足。面对不可预知的语境,主持人一方面要做好充分的前期准备工作,把各种可能性都尽量想到,做到心中有数。另一方面,要练就机敏的应变能力。应变能力反映出主持人较强的心理素质、思维能力和语言表达能力。

例 2　吃饭和睡觉你选哪个呀

在 2006 年"隆力奇"杯第十二届 CCTV 全国青年歌手电视大奖赛第六场比赛中,第 15 号选手,北京电视台选送的蒙古族歌手孟和达来进行完综合素质考试后,分数还没出来,主持人为了避免冷场,与选手做简短攀谈。

主持人:"我发现你的这个马头琴,可以说是琴不离手,为什么?答题的时候也一直拿在手上。"

孟和达来:"因为什么呢,嗯,我的专业是马头琴,马头琴就是我的命,我走到哪里,马头琴也是跟着我走到哪里。"

主持人:"那你这次是第一次以一个歌手的身份来参加比赛吗?

孟和达来:"是的。"

主持人:"第一次?"

孟和达来:"是的,第一次参加。"

主持人:"那你这次参加歌手大奖赛如果拿了奖,是继续拉马头琴呢?还是改行当歌手?"

孟和达来:"嗯,这两个我都一起,一起吧。"(评委席上许多评委点头)

主持人:"一定得在一块儿?如果今天现场就让你做个选择,二者只能选其一。"

孟和达来:"哎呀,(思考片刻)那我,如果,如果我问你好吗?"

主持人:"嗯。"

孟和达来:"你选,生活当中,吃饭和睡觉你选哪个呀?"

(主持人笑了,观众席传来笑声和掌声)

主持人:"我饿了的时候我就吃,我困了的时候我就睡。"

孟和达来(快速地):"那也一样,有歌声的地方一定要有琴声,有琴声的地方也绝对有歌声!绝对!"

(他的回答赢得在场评委和观众热烈的掌声。)

主持人:"我发现他还可以干一个职业——主持人!向你学习。"

……

分析：这是一段精彩的妙语对答，它使本来有些紧张、沉闷的比赛气氛一下子变得轻松、有趣起来。我们生活中也会遇到类似的问题，二者选其一，选谁？选手孟和达来思考片刻，没有正面回答提问，而是反过来给主持人出了一道选择题：吃饭和睡觉，怎么选？反问的同时，已经巧妙地回答了主持人提出的问题，拉琴和唱歌对于我就像吃饭和睡觉一样都很重要，哪样都不能缺。其实，主持人董卿提问的初衷正是要突出表现孟和达来"歌"、"琴"相伴的特点。选手孟和达来有着少数民族特有的倔犟个性和幽默天性，他以问制问，反守为攻，给评委和观众留下了较深刻的印象。面对选手如此机智的回答，董卿没有口吃，而是以一种平常心去面对眼前的问题，快速地回答道："我饿了的时候我就吃，我困了的时候我就睡。"体现出一位优秀的节目主持人良好的心理素质和较强的临场应变能力。

出色的应变是以具备良好的心理素质和思维素质为前提的。具体地说：第一，要有自信力。许多没有自信力的人，在应变性表达中常常处于"被动挨打"的境地。究其原因，很大程度可能是我们长期地过分宣扬所谓"谦虚谨慎"，客观上可能鼓励了平庸。当处于困窘之时，如果敢于对自己说"我能行"，你会惊讶于你蕴藏的能量。第二，要有意志力。意志是一种自觉地确定目的，并根据目的支配、调节自己的行为以实现预期目的的心理过程。在应变性表达中，意志力可以使你以积极主动的态势，以昂扬顽强的情绪趋动自己对表达作恰当的适应性调控。如果缺乏意志力，情绪消极懈怠，态度犹豫不决，性格畏崽胆怯，就会始终处于被动、压抑的状态，这样就根本谈不上表达中的随机应变了。第三，要有注意力。"注意"具有指向性、集中性的特点，具有选择、保持、调节的功能。要养成在不同语境中保持注意力的习惯，这样可以自觉排除或抑制干扰，通过有效的听辨和反馈，在意识处于十分敏锐的状态下，保证思维活动产生应变性表达需要的悟性。第四，要有创造力。应变性表达是一种创造性的语言活动。既然要"应变"，思维就必须处于高速运动状态，要有意识地使思维灵活快速地运转，使形象的、逻辑的、集中的、扩散的思维活动和谐配合，使记忆"仓库"里的材料骤然涌出，通过分析、综合、联想、推测，产生新的思维成果，这时才有审时度势的精言妙语。

节目主持人在有交流对象的语境下，会遇到这样或那样意外变化，这对主持人应变提出了较高的要求。下面我们例举几种意外变化情况，以及主持人是如何应变的，供学习者参考。

(1)非主观性的人为意外变化，即由于人员的疏忽大意对节目造成干扰，既可以是其他人，也可以是主持人本身，如嘉宾坐错了位置，主持人被绊倒等。

例 3 狮子滚绣球

杨澜曾经在广州担任过一场文艺晚会的主持人，上场的时候却发生了她踩空台阶，滚落到台下的意外事件。顿时观众哗然，有的观众还吹起了口哨。然而，杨澜镇定自若，重新上台后开口说道：

真是人有失足，马有失蹄啊，我刚才的“狮子滚绣球”滚得还不够熟练吧？看来这次演出的台阶不那么好下哩，但台上的节目会很精彩。不信，你们瞧他们……

分析：很显然这是由于主持人杨澜自己不小心造成的意外。面临如此尴尬的场面，杨澜没有慌乱，说诸如“对不起，我刚才不小心摔了一跤”之类的废话，也没有灰溜溜匆忙下场，而是镇定自若，依旧灿烂的笑容和欢快的语调，解除了观众的忧虑；同时，用自嘲的口吻很巧妙地把话题引向下一个节目，也使“这一摔”成为经典瞬间。

(2)故障性的意外变化，主要是非人为因素造成的对节目的干扰，特别是机械故障，如话筒走音，信号传输中断，现场灯光熄灭，计分屏幕出现差错，以及道具发生损坏等。

例 4 白岩松对皇岗口岸的点评

1997 年 6 月 30 日晚，中央电视台主持人白岩松在深圳皇岗口岸直播报道驻港部队入港过程时，突然出现一段断档空白时间，他立即对早些时候邓小平同志登上过的口岸办公楼发表点评：

“各位观众，在我们前方那幢白色的楼房，是口岸办公楼，是当年邓小平同志眺望香港的地方。现在那幢楼里还挂着他视察口岸的一幅照片……今天晚上，当驻港部队跨过这条界线的时候，在所有为部队送行的人群中，我们相信，肯定还会有一位老人深情目眺的注视……”

分析：由于技术因素，直播时出现断档空白。面对直播时难以避免的技术故障，白岩松处变不惊，他即景生情说了以上这段话，不但消解了技术故障带来的不利，而且还借此升华了主题，变不利为有利，充分体现出一名优秀节目主持人机敏的应变能力。

(3)主观性的人为意外变化，指主持人本身。如忘词、错词，纽扣系错，主持搭档抢词，节目顺序报错等。

例 5 南新燕“小姐”

上海东方电视台袁鸣一次在海南主持节目，她“望文生义”，把一位“南新燕”先生误说成了“小姐”，当这位南新燕走上舞台时，台下一片哗然，袁鸣急中生智，赶忙说道：

“哎呀，真是非常抱歉，我望文生义了。不过你的名字使我想起了一首古诗句：‘旧时王谢堂前燕，飞入寻常百姓家。’这可真是一幅充满诗意的美妙图画啊！同样，国粹京剧作为宫廷艺术，一直盛演于北方，如今狮子楼京剧团的成立，古老的京剧艺术也首次飞过了琼州海峡，到海南安家落户，这不也是一幅美妙的图画吗？”

分析：很显然，这尴尬的局面是主持人袁鸣自己造成的。好在袁鸣有能力“挽回损失”，她首先道歉，并坦诚地向观众承认错误是自己望文生义造成的；然后巧借“南新燕”这个名字中“新燕”大做文章，联想古诗句、联系京剧史，瞬间建构了两幅美景，使受众沉浸到祖国传统文化美好的意趣之中。如此一来，袁鸣不仅挽回了由于自己疏忽造成的损失，而且使观众领略了一位女主持人在应急状态下的出色表演与出众才华，刚才的哄笑化成了热烈的掌声，以示钦佩。

主观性的人为意外变化不应出现在优秀节目主持人的主持中。节目主持人应恪守职业道德，对每一次的主持都保持认真负责的态度，尽量避免因自己准备不充分所造成的主持失误。

二、应变能力训练

1. 处置意外

在节目录制或直播过程中，各方面的情况并非总是依照预想按部就班地进行，意外情况时有发生。处置意外练习，考察的就是主持人在不同的突发状况下应该表现出的现场应变能力。

请根据以下例举的各种不同情况，进行适当的语言处理和发挥。

【训练提示】

①请根据以下情况介绍模拟主持现场，以便快速适应特殊语境；

②练习者一定要视自己为正在现场主持节目的主持人，在突发状况下，继续将节目做下去，而不是简单阐述解决问题的思路；

③意外处置的方法多种多样，不一而足，希望大家不要被每例后的提示束缚，展现更多的富有创意和机智的应变。

例 1

（节目主持人正在直播）

主持人：观众朋友，大家好！欢迎您收看我们这期节目。最近，老百姓议论比较多的是煤汽涨价的事。今天，节目一开始，我们首先电话连线有关方面负责人，了解一下有关煤气涨价的问题。喂，张处长吗？

张处长：你好。主持人好。（信号断了）

主持人：喂？喂？

耳机里传来导演的声音：信号断了，马上就好。

提示：由于技术故障造成了突发状况，主持人在了解到可以很快恢复正常的情况下，可以围绕即将电话采访的话题再多说两句。例如，主持人可以说："俗话说得好，'心急吃不着熟地瓜'，你越迫切想要了解的事，它越出状况。好了，信号恢复了，我们将连线的是……"

例2

（文艺晚会直播现场）

一位歌唱家正在深情演唱，当她唱到最后一句时，忽然音响出了故障。在没有伴奏音乐的情况下，歌唱家坚持把歌唱完。

主持人走上台来，说……

提示：千万不要把时间花在解释为什么伴奏音乐停了，而应该在歌唱家的歌唱和表现上做文章。

例3

（电台热线点歌节目）

主持人：我们再来接听下一位听众，看看他想要点播什么歌曲。喂，你好！

听众：主持人，我不想点歌，想点一段侯宝林的相声送给我爸爸。

提示：面对不按点歌游戏规则来的听众，主持人一方面要耐心地说明点歌的游戏规则，但语言切忌生硬，或显得不耐烦。另一方面，主持人可在交谈过程中了解他的意图，如果确有特殊原因，可以考虑在以后节目中满足他的要求，体现出主持人为听众服务的真诚。

例4

（某大型晚会的现场，现场有观众）

一首歌曲之后，主持人现场采访来自贫困山区的小姑娘，

主持人：第一次来北京，觉得北京怎么样？

小姑娘：……（小姑娘太紧张了，怎么也说不出话来。）

主持人：北京好玩吗？

小姑娘：……

主持人：谁陪你来的？

小姑娘：……（小姑娘太紧张了，怎么也说不出话来。）

提示：碰到不善于表达或由于紧张说不出话的被采访对象，提问一定要简短，头几个问题以疑问句为宜，只需对方回答是或不是。如果还是不行，要安抚对方，说些话为他解围。

例 5

（电台音乐节目）

主持人：您刚刚听到的是庾澄庆演唱的《特别的爱给特别的你》，接下来请听他的一首新歌……

导播跑进来递上一张纸条：报错歌名了，是伍思凯演唱的《特别的爱给特别的你》。

提示：应巧妙地更正自己刚才犯的错误，同时自然进入下一首歌曲的介绍。

例 6

（"3·15"晚会的谈话现场，现场有观众）

主持人：你能肯定这个厂生产的都是假酒？

观众甲：都是假酒，就是把工业酒精和水兑在一起，装上瓶，然后，装上车就拉出去卖。

主持人：你怎么知道的？

观众甲：我原来也是厂里的工人，就是因为不愿意干这件事情，让他们给开除了。今天要不是"3·15"，我还真不想说。

主持人：那他们不知道这会害死人吗？

观众甲：怎么不知道，为了钱，他们还管这些。

观众乙（老年）：这些人都该枪毙，三天前，我儿子去参加一个朋友的婚礼，就是喝了这种酒。回来后人事不醒，到现在还在医院里（痛哭），医生说，即使抢救过来，也只能是植物人。我的孩子，我的孩……（突然昏倒）

工作人员跑上来扶起观众，对主持人说："他昏过去了。"

提示：面对主持现场发生的紧急情况，主持人应首先采取措施抢救晕倒的老者，并借此强化"3·15"晚会主题——对生命的尊重。

例 7

（谈话节目现场，现场有观众）

主持人：谢谢两位嘉宾的精彩发言，谢谢！（鼓掌，两位专家下场）

主持人:观众朋友们,刚才两位司机就我市的交通拥堵状况已经谈了很多,那接下来,我们要谈的内容就是要如何解决交通的拥堵这个话题,现在我们请本市交管局的李科长和来自新加坡的交通问题专家林玉良教授和大家一起来聊聊,大家欢迎。

现场掌声。

现场导演对主持人:林教授在路上堵着呢。现场不要停,你们继续。

提示:主持人应敏感地捕捉到嘉宾误场的原因与探讨的话题之间的机缘巧合,并借此大做文章,提升节目主题的意义,以摆脱嘉宾误场带来的尴尬。

例 8

(谈话节目现场,现场有观众)

主持人:刚才大家已经对婚前财产公证的话题谈论了很多,那我们今天的现场也请来了一对即将步入婚姻生活的年轻人李小玫和赵强。我们来听听他们两位对婚前财产公证是怎么看的?小赵,你先说说。

赵强:我觉得婚前财产公证是应该的,这样既可以保证夫妻双方的利益,也可以避免了将来有什么问题的时候,大家吵来吵去扯不清楚。

李小玫:我不这么看,我觉得婚前财产公证没什么必要,如果结婚前就分那么清楚,这么防备着,那就说明两个人没有真感情,那你还结婚干嘛?自己过不是更好吗?

赵强:我说的是万一有什么问题的时候,婚前财产多的那一方损失能小一点。

李小玫:啊,你的意思是不是说,如果我们要结婚,你先得把你开饭店挣的那 30 万块钱拿去公证一下,然后咱们再办是吗?那别结了。这样你将来的损失会更小。可你别忘了,那 30 万里面也有我的一份儿。

赵强:我不是这个意思。

李小玫:我不管你什么意思?既然钱对你那么重要,你跟钱结婚不是更好吗?

赵强:你这人怎么听不懂话啊?

李小玫:我不懂,你懂。

两位观众不再说话,生气地背向而坐。

提示:话题节目,没有矛盾冲突不好看,当现场矛盾激化已偏离节目主题和违背话题初衷时,主持人应该本着让双方互相理解,不偏袒其中一方的原则,确保节目的顺利进行。

例 9

游戏节目的录制现场，在观众参与的过程中，忽然有几个照明灯熄灭。主持人耳机传来导演的声音：

导演：电路照明出了点问题，马上就可以修好，你的话筒有声音吧？

主持人：有。

导演：那好，给你一分钟时间调动一下现场观众的情绪。一分钟后我们继续录制节目，好，你现在开始吧。

提示：既然是娱乐节目，就应该让参与节目的每一个人都快乐起来，兴奋起来，突发事件为营造热烈的现场氛围提供了时间和条件，主持人应抓住这个大好时机，带着大家继续做游戏，并想办法让更多的人参与其中，将 high 进行到底。

例 10

（模仿秀娱乐节目的直播现场，有观众参加）

主持人的结束语：观众朋友们，这一期的节目到这里就要结束了，谢谢大家收看我们的节目。

主持人耳机传来导演的声音：主持人，主持人，再延长一分钟时间，再延长一分钟时间。

提示：可对这一期节目做一个简要地回顾和盘点，展望并期待下期节目。

例 11

（中秋节文艺晚会的演出现场）

主持人：下面我们有请著名歌手毛阿敏为我们带来她的最新作品。

（出场节目却是相声）

导演临时通报主持人："主持人，节目顺序临时变更，这个节目结束后，你想办法上台处理一下。"

提示：先就晚会节目安排出现的错误向观众诚恳致歉，然后，借下一个节目的看点重新调动起观众的收看欲望，从而巧妙地化解尴尬局面。

例 12

（流行音乐人与歌迷见面会的演出现场）

按照原先的计划，歌手现场要演唱三首歌曲。然而歌手因为出场费用问题和主办方在幕后有一些争执，于是在经纪人的授意下只演唱了两首歌曲就匆匆离开。

现场：台下观众高呼歌手的名字，期待应该继续的演出。

提示：首先注意不要用刺激性的语言扩大事态的发展，应将观众的注意力巧妙地转移到下一位歌手身上。

例 13

颁奖晚会上，助兴演出的几个小伙子的舞蹈刚刚开始，随着一个踏脚动作，脚下的玻璃板破裂，舞者跌倒，手和胳膊划伤出血。

提示：除了考虑到人文关怀的精神之外，可以借此深化和提升颁奖晚会的主题，使意外事故变为晚会又一个高潮点。

例 14

某大赛现场，第一次大屏幕亮分，有评委大声提出"那不是我打出的分数""我的分数也不对"，必须停下查找并排除故障。

提示：比赛最重要的就是公平、公正、公开，从这个角度迅速切入，弥补计分错误所造成的短暂节目空当。

例 15

一次歌舞晚会，一位独舞女演员由于对该舞台不够熟悉，在旋转中突然踏到遮住乐池的苫布上跌入乐池，观众发出惊呼。

提示：用冷静的主持状态、稍缓的语气节奏和合理的话语控制现场的不安气氛，化解演员的尴尬，根据现场情况灵活处理节目进程。

例 16

一台娱乐节目的观众绝活展示，一个小姑娘表演滑轮低身过杆，随着横杆高度的降低，观众热烈鼓掌，可是接下来连续三次小姑娘都碰掉了她平时可以顺利通过的横杆，节目该向下进行了，小姑娘十分沮丧。

提示：安抚并调动所有的观众鼓励受挫的小姑娘。

（以上处置意外例 6—16 的情况设计参见吴郁《主持人思维与语言能力训练路径》）

2. 珠联璧合

如今，广播电视节目中，两人或两人以上搭档主持的节目越来越多。主持人们你一言我一语，语言流畅、生动，配合默契、协调。珠联璧合训练，考察的就是主持人在与搭档共同主持的语境下，能围绕主题或话题互为台阶，应对自如的语言能力。

请根据以下节目类型和节目主题进行珠联璧合训练。

(1)生活服务类栏目。主题：节油的窍门与误区

(2)访谈节目。主题：作家×××

(3)体育节目。主题:走进世界杯

(4)娱乐脱口秀节目。主题:迎奥运,学英语

(5)综艺节目。主题:下一个节目是残疾儿童的舞蹈

(6)主题晚会。主题:环保从我做起

(7)主题晚会。主题:中秋节

(8)主题晚会。主题:端午节

(9)主题晚会。主题:劳动节

【训练提示】

①把握节目主题,紧紧围绕主题展开话题;

②搭档配合要注意互为阶梯,一呼一应,切忌自己说自己的。

三、课后训练

1. 快速择语

训练目的:增强对自己头脑里"库存"语言材料的驾驭和控制能力。

(1)语词荟萃

①搜集近义词和反义词。例如:阳奉阴违/口是心非 不翼而飞/不胫而走 土崩瓦解/固若金汤

②首字连锁接成语。例如:以"自"字开头:自以为是,自言自语,自讨苦吃……

③末字连锁接成语。(谐音放行)例如:前所未有/有始有终/忠心耿耿/耿耿于怀/怀恨在心……

④请说出"看"的15个单音节、双音节同义词。

例如:"看"的15个单音节词:瞧、望、瞅……

"看"的15个多音节词:张望、查看、眺望……

⑤请在一分钟之内说出下列词的反义词:

贫贱 贫困 平滑 深刻 忠厚 改革 毒草 卑贱 平稳 黄昏 倔强 贫乏 困难 柔软 秘密 民主 渺小 甜蜜

⑥请以"一"字和"不"字为首字作连锁词练习:

一言为定、一步登天、一清二白……

不自量力、不声不响……

⑦请以首字数字为序,做连锁成语组词练习:

一步登天、二龙戏珠、三言两语……

(2)巧接话茬

①接语练习。一个接一个说“半截子话”,语意可以顺承亦可逆转,要求生动而简洁。

②金钱能买到纸笔,但不能买到________

金钱能买到伙伴,但不能买到________

金钱能买到权势,但不能买到________

金钱能买到服从,但不能买到________

金钱能买到躯壳,但不能买到________

金钱能买到奉承,但不能买到________

(3)妙对成趣

请在3分钟内完成下列民谚的接对。

题例:

虎不怕山高——鱼不怕水深;

有眼不识泰山——百闻不如一见;

嘻嘻哈哈喝茶——叽叽咕咕谈心;

粪堆里长不出灵芝草——狗窝里养不出金钱豹;

水大漫不过船——手大遮不住天。

①千军易得——

②尺有所短——

③鱼怕离水,草——

⑤抓鱼要下水,伐木——

⑥生姜老的辣,笋子——

⑦甘蔗老来甜,辣椒——

⑧明里一把火,暗里——

⑨敲锣敲锣心,敷药——

⑩路不走长草,刀——

⑪人勤地出宝,人——

⑫宁吃鲜桃一口,不吃——

⑬柿子拣软的捏,山芋——

⑭菜刀越磨越快,文章——

⑮一锹挖不成井,一笔——

⑯大河有水小河满,大河——

⑰快马也要响鞭催，响锣——

⑱好花不浇不盛开，小树——

⑲良言一句三冬暖，恶语——

⑳稗草长不出稻穗，狗嘴——

2. 逼问快答

(1)100 秒限时答问

请自己的朋友按照下面提供的例题设计一组常识性或“脑筋急转弯”的问题，然后向你快速提问，你作快速流畅的回答，看看在 100 秒钟内能回答出多少问题。

请快速回答：

①“雷鸣电闪”和“电闪雷鸣”哪种说法更合理？

②什么动物代表澳洲？

③处于困境又遇生路可用什么成语表达？

④1 斤铁重还是 1 斤棉花重？

⑤我们看到的什么影子最大？

⑥鸟都是会飞的，对吗？

⑦1 只猫 5 分钟抓 1 只耗子，100 分钟内抓 100 只耗子，要几只猫？

⑧什么马不能跑？

⑨话不投机、投机取巧，两个“投机”的意思相同吗？

⑩10 条金鱼在鱼缸，死了 2 条还有几条？

⑪大人搀着小孩，小孩是大人的儿子，大人不是小孩的父亲，这人是谁？

⑫什么话自己说了却自己并不知道？

⑬什么东西不能被放大镜放大？

⑭什么东西能携带万吨原油却不能带去 2 斤糖？

⑮两个爸爸和两个儿子上山打猎，每人打了 1 只野兔，一共却只有 3 只，什么原因？

【训练提示】

①限时答问训练的目的是提高对突发性提问的接对反应速度。可相互配合，互问互答。以秒表计时。但要扣除问话所用的时间，100 秒为净答所需用的时间。

②问句语速宜稍快，可以训练听辨的反应力。回答内容基本正确即可放行。

(2)接对成语

一人就一个成语作简明概括的解释,而不说出这个成语,说后要求对方很快说出相应的成语。

【训练题】

事物消亡前的表面辉煌(回光返照)

按自己的需要引用别人的话(断章取义)

表面融洽,其实有矛盾(貌合神离)

请根据下列语意,说出相应的成语:

①过高估计自己的力量去办事一件(　　　　)

②不说对,也不说不对(　　　　)

③得到某种荣誉或称号,毫无愧色(　　　　)

④自命清高、自我欣赏(　　　　)

⑤心地光明,胸怀坦荡(　　　　)

⑥坏主意非常多(　　　　)

⑦重视这个而轻视那个(　　　　)

⑧外表好看,内容空虚(　　　　)

⑨说话不从正面讲,绕弯子、用隐语(　　　　)

⑩在快要成功时失败了(　　　　)

⑪说话谨慎,严守秘密(　　　　)

⑫经历险境,幸免一死(　　　　)

⑬很贪心,没有满足的时候(　　　　)

⑭男女一见面就产生爱情(　　　　)

⑮好名誉永远流传后世(　　　　)

【训练提示】

根据提供的语意接对成语,判定正误宜从宽掌握,大致正确即可放行。有的答案也不止一个,如"好名誉永远流传于后世"的成语,接对"名垂青史"、"流芳百世"均可。

(3)接对"歇后语"

搜集歇后语作练习材料,一人讲出歇后语的前半部分,要求对方在几秒钟内说出歇后语的后半部分。如在规定的时间内说不出"歇后"部分,可以换下一句让其接对,看在限定的时间内能够接对多少歇后语。

题例:外甥打灯笼——照舅(旧)

请快速完成下列歇后语的接对：

①水仙不开花——

②七窍通了六窍——

③干河道里的牡丹花——

④轮胎上的气门心——

⑤猪八戒照镜子——

⑥两脚塞进一只皮靴——

⑦澡盆里扎猛子——

⑧麻袋里装菱角——

⑨套马杆子勾月亮——

⑩背着油桶救火——

⑪挑着棉花过刺林——

⑫小猴子偷黄莲——

⑬一块土打下两只斑鸠——

⑭藏民穿皮袄——

⑮拽着胡子过马路——

⑯老鼠进书房——

⑰对着镜子行礼——

⑱杀鸡用牛刀——

⑲骑着毛驴看唱本——

⑳小葱拌豆腐——

【训练提示】

①根据前言接对的歇后语宜从宽掌握，大致正确即可放行。有的答案也不止一个，比如“马头上长角”的歇后部分，答“不伦不类”、“标新立异”等均可以；

②接对一定要强调速度，最好是两人在一起练，每人拟一份难易适中的测试题，一人说前句，一人说后句并计时；

③自选歇后语，不宜过于艰深晦涩，也不要选用不健康的歇后语；

④“坦诚表白”。

这是涉及个人各方面的快问快答训练。提问由浅入深、由近及远，问句步步紧逼。

你的优点是什么？

你的缺点是什么？

你的爱好是什么？

这个爱好是怎么形成的？

这个爱好给你带来什么好处？

这个爱好为什么至今没有转移？

你的烦恼是什么？

你最珍惜的是什么？

你最讨厌什么？

你最崇尚什么？

你最喜欢的格言是什么？

你最大的乐趣是什么？

你平时经常想的是什么？

你做人的信条是什么？

你最大的愿望是什么？

你怎样评价自己？

听到闲言碎语你如何对待？

你是喜欢春天还是冬天？

你是不是开始觉得金钱并非微不足道了？

你现在是不是打消了出国留学的念头了？

【训练提示】

①问语角度避免单调和程式化，要富有变化；答语要旗帜鲜明，坦率从容，也可以含蓄风趣一点，有一些哲理色彩；

②答语简洁明了，不要模棱两可，不痛不痒，多用短语，直截了当地应对，但要力避用“是”、“不是”方式答对；

③少说空话、套话，内涵力求丰富充实一些，要敢于亮出自己的想法，不要遮遮掩掩，要显示出自己鲜明的言语个性；

④对复杂问语要留心隐含前提，作出有针对性的回答。

（本章课后训练题引自舒丹博士编著《实用口才培训手册》）

【第四章部分训练题参考答案】

语词荟萃答案：

②自命不凡，自相矛盾，自卖自夸，自相残杀，自告奋勇，自食其力，自顾不

服。

④看”的15个单音节词：瞧、望、瞅、张、瞄、瞥、瞪、视、眺、凝、观、盯、睹、窥、见……

“看”的15个多音节词：张望、查看、眺望、凝视、瞭望、目击、瞻仰、查阅、目睹、瞠目结舌、面面相觑、一览无余……

⑤请在一分钟之内说出下列词的反义词：

贫贱/富贵　贫困/富裕　平滑/毛糙　深刻/肤浅　忠厚/狡诈　改革/保守

毒草/香花　卑贱/尊贵　平稳/波动　黄昏/黎明　倔强/柔顺　贫乏/丰富

困难/顺利　柔软/坚硬　秘密/公开　民主/专制　渺小/伟大　甜蜜/苦涩

⑥一视同仁、一模一样、一石二鸟、一心一意、一面之交、一饱眼福、一览无余……

不约而同、不足挂齿、不言而喻、不清不白……

⑦请以首字数字为序，做连锁成语组词练习：

一步登天、二龙戏珠、三言两语(三顾茅庐、三三两两)、驷马难追(四面楚歌、四平八稳、)、五湖四海(五福临门、五花八门)、六神无主(六亲不认、六畜兴旺)、七上八下(七窍生烟、七零八落)、八面玲珑(八仙过海、八面威风)、九死一生(九霄云外、九牛一毛)、十全十美(十万火急、十恶不赦)

巧接话茬答案：

②金钱能买到纸笔，但不能买到——文才

金钱能买到伙伴，但不能买到——友情

金钱能买到权势，但不能买到——威望

金钱能买到服从，但不能买到——忠诚

金钱能买到躯壳，但不能买到——灵魂

金钱能买到奉承，但不能买到——崇敬

妙对成趣答案：

①一将难求

②寸有所长

③草怕见霜

④粒米成箩

⑤伐木要入林

⑥笋子嫩的甜

⑦辣椒老来红

⑧暗里一把刀
⑨敷药敷痛处
⑩刀不磨生锈
⑪人懒地长草
⑫不吃烂桃一筐
⑬山芋拣硬的烘
⑭文章越改越好
⑮一笔画不成虎
⑯大河没水小河干
⑰响锣也要重鼓敲
⑱小树不修不成材
⑲恶语一声六月寒
⑳狗嘴吐不出象牙

100 秒限时答问参考答案：

①"电闪雷鸣"合理　②袋鼠　③绝路逢生　④一样重　⑤月蚀时看到的地球的影子　⑥鸵鸟不会飞　⑦5 只猫　⑧木马、跳马、鞍马　⑨不相同　⑩还是 10 条　⑪是孩子的母亲　⑫梦话　⑬是放大镜本身　⑭大海　⑮爸爸、爸爸的儿子、孩子的爷爷

接对成语答案：

①不自量力　②不置可否　③当之无愧　④孤芳自赏　⑤光明磊落　⑥诡计多端　⑦厚此薄彼　⑧华而不实　⑨旁敲侧击　⑩功败垂成　⑪守口如瓶　⑫死里逃生　⑬贪得无厌　⑭一见钟情　⑮流芳百世

接对"歇后语"答案：

①装蒜　②一窍不通　③好景不长　④里外受气　⑤里外不是人　⑥寸步难行　⑦不知深浅　⑧小露锋芒或里戳外捣　⑨眼高手低　⑩引火烧身　⑪七扯八拉　⑫自讨苦吃　⑬一箭双雕　⑭"留一手"或"露一手"　⑮谦虚(牵须)　⑯咬文嚼字　⑰自己恭维自己　⑱大材小用　⑲走着瞧　⑳一清二白

【思考题】

1. 请谈谈节目主持人出色应变的前提是什么？
2. 请注意搜集身边出色应变的案例并做分析。

第四部分
半文本主持口语能力及训练

打包文本的能力与训练
点评能力与训练

随着主持人节目的发展，节目和观众对主持人的要求越来越高，半文本主持语境是目前和今后较长一段时间，主持人最常遇到的主持语境。半文本主持语境，即主持人面对的是节目流程，零散的语段说词和言路语脉走向的设计等。这种语境强调主持人除了具备纯文本语言能力之外，还要具备如何依据现有文本、资料，将之打包成一个完整的节目的能力，我们称之为节目主持人半文本主持能力。半文本主持能力训练包括打包文本能力训练和点评能力训练。此外，如果是有交流对象类的节目，主持人还应具备无文本主持能力。由此可见，这种主持语境对主持人语言要求是全方位的，这也是我们把半文本主持的口语能力训练放在最后一个部分的原因。

第一章　打包文本的能力与训练

一、理论概述

打包文本的能力，指节目主持人在半文本主持语境下，借助手中掌握的零散文本资料或节目素材,用语言打包成一个完整的节目的能力。主持人必须根据不同文本、素材内容和栏目要求,分析不同受众对象的不同心理需求,并结合主持人自己个性风格,运用“打包法”将节目完整地呈现在受众面前,使传播达到整体的优化。

打包文本的能力包括设计、组织开始语的能力、串联资料、节目素材、节目环节等的能力以及设计、组织结束语的能力等。实践中,有些主持人话题的进入和结束形势单一、缺少变化,语言干巴枯燥,欠生动。打包文本能力的训练目的就在于,提高训练者主持能力,使语言自然、生动,具有吸引力,富有感染力。

打包文本的能力是节目主持人应该具备的基本业务能力,它不但反映出节目主持人对节目的理解、把握程度,而且在打包、处理手头资料的过程中,处处体现出节目主持人的语言智慧,是主持人素质和功力的综合体现;它使主持人的创造才能在广阔而自由的天地中得到充分施展。具备了这种能力,主持人主持起来才能得心应手,信心十足。

节目主持人必须重视自己“打包”文本能力的培养。在训练和实践时,应注意话题首尾设计的完整性,串连方式的多样性和一次节目话题设计的整体和谐性,力求达到这几方面的完善统一。

例1 中央电视台新闻频道,《中国周刊》,主持人白岩松。(2006年1月21日播出)

[开始语]

白岩松(以下简称为白):你好,观众朋友!欢迎打开《中国周刊》。咱们这期节目,首先应该从一张照片说起,我认为这是一张最应该被记录在本周历史当中的一幅照片,哪一张照片呢,来,就看看我身后的这个屏幕。

[出照片]

白:它是在本周我见到的最美丽、最打动我、最让我浮想联翩的一张照片,这是本周三的时候,在北京西客站的候车室,一位母亲正在舀方便面,准备喂孩子,而孩子呢,早就等不及了,张大了嘴;为什么美丽呢?因为母子间的这种关怀、依赖和温暖;又为什么打动我呢?因为一盒方便面展现了特殊状况下的一种生命状态跟人性的一种光辉;而为什么又浮想联翩呢?春运期间一定有太多这样的画面。多少人在路上,甚至可能连一盒方便面都吃不上,这个时候母子间又该是怎样的一种含辛茹苦呢?真的很不容易,您想,在本周我们可能每个人都知道,一场大雪使得很多万人,很多万回家的中国人,在铁路上不得不痛苦地延长自己的回家的路程。就在大雪、寒冬、路途上，在候车室里待上很长很长的时间，在这样的一个时刻，我真的不敢奢求他们舒适、方便，我只是想说，真心地希望每一个在回家路上的中国人平安，能早一点回家，就更好了。好了，接下来咱们共同走进“本周”。

[新闻回顾]

白：居家过日子，中国人呢，讲究开门七件事。柴、米、油、盐、酱、醋、茶。您可别小瞧这七个字，谁都离不开它，但是仔细地看，这七个字的排序是大有道理跟讲究的，几乎是按照需求的强弱来排的，最后一名呢是茶，有的时候没有呢，大家也觉得可以凑合问题不大，但排第一的是柴，柴火的柴，哪家要是没有火，剩下的这六件事，您可就全泡汤了，难怪原始最重大的发明就是学会了钻木取火，拉开了人类的新纪元。但是在本周，在春节即将到来的日子里，在中国的很多的省市，柴火方面的确遇到了很大很大的问题，现代人的柴火已经更多地被天然气、液化气所取代了，家家离不开“气儿”。但自打去年下半年以来，广东、河南、广西、安徽等几个省市自治区的液化气供应紧张，液化气的价格是直线的上涨，深圳甚至出现了130元一瓶的天价，比去年上涨了近一倍，而各地都几乎出了超过100元一瓶的价格，过去说“巧妇难为无米之炊”，现在是“好米等着气儿下锅”。家庭主妇们又心疼又无奈，难道我们就要在这涨价声中过年么？有一首歌中这样唱道：“孤独站在这个舞台，听到掌声响起来，我的心中有无限感慨”，现在这是涨价的声音，这液化气因何而涨啊，影响我们什么，如何发展下去，政府出手还是不出手，还有什么还会不断涨价呢？《中国周刊》本周视点，今天跟您一块儿唱一首流行歌《“涨”声响起来》。

[广州市对市民、煤气站及国家相关部门的采访，记者的自我讲述]

白：价格太高，液化气用不起，就改用煤了，怕烧水，费液化气儿，于是，就到街上买水喝，估计气儿的价格还会涨，好多家庭就改用电磁炉了，您看，宝马、奔驰国产化了，对中国人的日子没什么影响，哪个城市又盖了全世界最高的楼，也没什么，面子从来不当饭吃，但是，这柴米油盐酱醋茶这一涨价，牵一发就动全身，接下来您看这几个调查数据。

[调查数据]

白：您看，老百姓的意见很明确，但是心中的疑惑依然在，每一次水电煤气的涨价都说是改革的需要，从来没听说降价是改革的成果，是不是继续改革，就要继续涨价呢？

[北京涨水价]

白：相声中曾经说过，最让人闹心的还不是那已经扔下来的第一只靴子，而是迟迟不扔，却有可能要扔的第二只。这一波的液化气的涨价就像是扔下来的第一只靴子，已经够让人紧张的了，但是各种信息像第二只靴子，虽然还未扔，却让人分外紧张，在去年年底，展望2006年的时候，国家发改委副主任张庭表示，价格改革，尤其是资源改革将成2006年的一个重头戏，也就是说2006年在油、电、水、天然气、煤炭跟土地价格等六大方面改革将有大动作。指望着大动作是降价，那基本上属于脑子进了水，但是大动作是不是就要大涨价了呢，而北京、南京等领导也纷纷表示要涨价，还说涨价的话要开听证会，这就更让人紧张了，因为听证会就是涨价会，这一点人们基本上已经达到了共识，好了，接下来该问到底怎么办了，是小步慢走，还是大步快跑呢，尤其重要的是政府似乎该拿主意了，出手还是不出手。

[国家发改委对全国的一个通知]

[本期提要]

[上周人物回顾]

白：看这周的人物回顾，您最容易明白"尴尬"这个词的含义。李安呢，并不尴尬，他已经完全是按照美国人的路子在拍电影，捉摸透了美国人，但是我们一些去争金球奖和奥斯卡的电影会很尴尬，以为李安的《卧虎藏龙》之后，武侠片容易获奖，于是《英雄》、《十面埋伏》和《无极》。可是没想到，主题又变了。人家跟心理，跟同性恋叫上劲儿了，看来跟风很难，还得靠自己的创新。而为了同学买票，稍微赚了点钱，结果被当成票贩子给抓了，这个大学生，够尴尬的了。但是更尴尬的还是我们的现实情况，火车票在春运期间一票难求，而运力不足，才是造成这种尴尬的真正原因。当然复制身份证被取消考试资格也够尴尬的了，但是在本周，他们的尴尬如果同《中国周刊》的《本周人物》的尴尬比较起来，还是"小尴尬"见了"大尴尬"，谁在本周这么倒霉，这么尴尬呢？

[本期人物——丘小庆]

白：让我们先离开丘小庆，说一说韩国的黄禹锡，当最初韩国电视台报道出黄禹锡有可能科研成果造假的时候，首先承受压力的可不是黄禹锡，而是电视台自身。人们不能容忍给自己的民族英雄脸上抹黑嘛，可不是。甚至高官都发出对电视台不利的言论，但是首尔大学及媒体扛住了，最后黄禹锡造假终于真相大白。针对这个过程，国外一个作家还说了这样的一句评论："在追求第一的过程中，有的韩国人要抄近路。"好了，这个时候，我们又可以回到丘小庆了，我们也有很多的人要成为第一，这没错，而且值得鼓励，当然，这也与荣誉、利益、面子都有关系，但是抄近路的人，开始连最后一名都不如，因为最后一名人家还真正地努力了，更何况科研及学术没有近路可抄，你要真抄了，可能抄的就是你人生的后路。

[本周声音]

[本周特写]

白：本周三，2006 年 1 月 18 日，被很多商家当成开业剪彩的好日子，不过这一天在北京市海淀区政府对面开的一家酒楼在开业的时候挂出的祝贺横幅，引来了很多人的关注，您看，就是这样的一张照片，甚至有很多人被震住了，一个酒楼开业，上面赫然挂出"中华全国总工会贺某某酒楼开业"、"国家税务总局贺某某酒楼开业"，还有中国曲艺家协会等等，这是什么酒楼谱这么大呢，全总国税都祝贺，等好事的记者接着追问的时候，酒店经理称"搞错了，搞错了"。但，就搞错了这么简单么，而记者在问全国总工会，人家说，这不可能，他们接下来要核实情况，好了，接下来咱们等一等，看过段时间，这搞错了的结果会是怎样，好，接下来看看本周还有什么其他的特写。

[本周特写]

[结束语]

白：一转眼啊，一周就要过去了，不对，确切地说，应该是咱们中国这农历的鸡年就要过去了，下一个周六是除夕，中国人最重要的一天，那一天晚会是重要的，暂时搁下对新闻的关注，可能是对的，因此，过年期间《中国周刊》和你有一个短暂的小别，希望您玩好，休息好，不过由于《中国周刊》跟您小别，就不好在正日子里面给您拜年了，那就提前让我代表《中国周刊》全体同仁给您拜个年，祝您新的一年里头身体健健康康的，心情是相当愉快，家庭和谐，亲情永在，至于名利和权，那永远没个头，差不多就行了，好，咱们农历狗年再见，《中国周刊》祝您晚安。

分析：中央电视台《中国周刊》是 2003 年 5 月 3 日开播的一档全新的新闻综合节目。在 45 分钟的时间里，主持人向观众介绍一周内国内最重要的新闻，最关注的人物，对一周新闻进行盘点式回顾。在本期节目中，主持人白岩松通过极具人情味的开始语、结束语和夹叙夹议的串联语将节目的几个环节《本周新闻回顾》、《上周人物回顾》、《本周特写》等巧妙地打包成一本经典的、物超所值的《中国周刊》。

例 2　中央电视台经济频道，《朱铁说计——半路杀出个"程咬金"》，主持人朱铁。

[开始语]朱轶：大家好，欢迎收看朱轶说计！"我在马路边捡到一分钱，把它交给警察叔叔手里边……"呵呵，小时候咱谁都学过这首儿歌，教育咱从小要拾金不昧！人民警察为人民，这早就深入人心啦！再往后，"有困难找民警"这话谁都知道了，新闻里就听说有的人把钥匙落家里了，最后把民警找来才进了家门，虽说这民警管的事多，可也不能什么事都麻烦人家……哎，不过有的事他不管还不行——

[录像素材]刘小姐这天刚从银行取完钱出来，没走两步，就被一位站路边卖盗版光盘的中年女人拦住了……

中年女人：小姐，看看光盘吧，全是最新大片。

刘小姐：不看不看，买回去都读不出来。

中年女人：我这都是 DVD 版的，质量绝对没问题。

刘小姐：真的吗？

中年女人：我在附近卖了很长时间了，看不了你拿来退，你就挑几张吧。

[主持人串]朱轶：刘小姐一听，反正今天回家也没事，干脆挑几张回家看看解闷，自己住的儿离这也挺近，真要是光盘有质量问题，回来她也管退！刘小姐随手就拿了一沓光盘开始挑上了，就在这时候，旁边小区里冒出来一名警察……

[录像素材]"警察"：干吗呢？知不知道卖盗版是违法的？这些都得没收。

[主持人串]话音未落，穿警服的过来就抄光盘，那卖盘的女人吓得一句话也不敢说，刘小姐一看警察要抄摊，惟恐自己惹上麻烦，起身就要走人……

[录像素材]"警察"：还想跑！

刘小姐：我不是卖光盘的，我路过这儿随便看看。

"警察"：别狡辩了，你们肯定是同伙。

刘小姐：我和她根本就不认识，不信你问她。

"警察"：有什么好问的，所有卖盘的都说不是同伙，你们这种诡计我见多了，有群众反映说你们卖淫秽光盘。

[主持人串]卖光盘那女的一听警察这话，当时脸色就不对了，掏出包里一打光盘拔腿就跑，说时迟那时快，民警一把抓住了那女的……

[录像素材]"警察"：别想跑，快交出来！

[主持人串]那女的极不情愿地交出了手里的光盘，刘小姐一看，哟，敢情全是淫秽光盘，怪不得想跑呢……

[录像素材]中年女人：没有了，我就带了这么多，我这是第一次干。

[主持人串]那个警察搜了搜地上的包，看确实没有了，转过身问刘小姐：她没有了，你身上有没有？

[录像素材]刘小姐：我根本就不是卖光盘的，我怎么会有这种东西。

“警察”：不可能。

刘小姐：不信你搜。

“警察”：还是你自己交出来的好。

刘小姐：我没有，交什么啊？

[主持人串]刘小姐嘴上是这么说，可下意识地还是把手往兜里一摸，哎哟，口袋里怎么真有两张盘呀，这又是怎么回事啊？没等刘小姐醒过味来，那民警一瞧刘小姐脸色不对，立即走过来从她口袋里掏出了两张光盘……

[录像素材]“警察”：还说没有？这是什么？

刘小姐：我，我也不知道是怎么回事。

“警察”：别装了，我早知道你们是一伙的，不可能就这两张，包里肯定还有。

[主持人串]民警一把夺过刘小姐的手提包，立刻开始搜上了！刘小姐从没见过这阵势，傻站在一边吓得差点哭出来，心想，搜就搜，反正我是清白的！！民警把手提包翻了个底朝天，一看确实没有光盘，这才把包还给刘小姐……

[录像素材]“警察”：你真的不是卖盘的。

刘小姐：不是。

“警察”：那你身上怎么会有两张那样的盘。

刘小姐：我也不知道。

[主持人串]民警也没再逼问刘小姐，开始又问那卖光盘的女人。那女的支支吾吾，可现在人赃俱在，自己实在也不好抵赖了，只好全交代了，说这点黄盘自己本来是想拿出来卖的，可赶巧警察来了，情急之下，就顺手把黄盘塞进了刘小姐的兜里，同时也承认刘小姐确实不是自己的同伙……

[录像素材]“警察”：你虽然不是卖光盘的，但是买盗版盘也是不对的，以后可不能再这样了，既然没你的事，你就走吧。

[主持人串]总算证明自己是清白的了！刘小姐如释重负，抬腿就走，一边走还一边埋怨自己呢，这事闹的，纯属自找，没事看什么光盘哪？真是鬼迷心窍了。

走出去挺远了，刘小姐这才想起来自己刚从银行取过钱，赶紧拉开包拿出装钱的纸袋一看——可了不得了，这一看，差点没把刘小姐惊一跟头，纸袋里本来厚厚的一沓钱，这会竟然变成一沓废纸了！

刘小姐两腿发软，当场就瘫坐在路边的台阶上，脑子里像过电影一样搜索，刚从银行出来，难道钱被人掉了包……全明白了，那警察原来是个假的，和卖光盘那女人都是一伙的……

有的朋友可能又要问了，那假警察是从小区里出来的，他怎么知道刘小姐包里有一纸袋钱啊？问得好，每次您听我说骗局，千万不能不求甚解，必须把骗局的来龙去脉全搞清楚！通常来讲呢——

这伙骗子作案之前，总是在银行附近闲逛，寻找下手目标。刘小姐受骗当天，从银行取完钱一出来，就被假扮卖光盘的中年女人盯上了。后来双方一纠缠，又趁机往刘小姐兜里掖了两张淫秽光盘栽赃，目的就是为了让假警察找借口搜包，这一搜包不要紧，真钱也就调了包。

整个过程仍然属于"当局者迷，旁观者清"，而且刘小姐"迷"的还不是一点，就说那假警察吧，凭什么就认定他是警察？那身警服一没警徽二没肩章，在很多军品专卖小店谁都能买！再说这假民警办案也不敢出示工作证，光拿一步话机充事，那不成了小毛孩拿根木棍玩骑马打仗了吗？哼哼！

[结束语]所以下回您可记住了——真民警假民警，一身警服您要分清！真民警为您解决困难，假民警他只能给您添麻烦！

分析：《朱轶说计》是中央电视台经济频道2005年初推出的新版《生活》栏目中的一个小板块。《朱轶说计》的内容是主持人对社会上出现的各类骗术的自评自说，节目风格或一针见血或绵里藏针。从以上案例我们可以看出，主持人通过设计开始语、串词和点评式结束语将节目素材(根据广州刘小姐亲身经历模拟的录像素材)打包成了一个完整的新闻故事节目。

例3　湖南人民广播电台文艺频道《流金岁月》栏目，主持人英子。

[开始语] 倾听流金岁月！感受岁月情怀！各位听众朋友们早上好！欢迎大家来到湖南电台文艺频道流金岁月节目。我是英子。这里是流金岁月之流行经典。对于不同的耳朵和心灵来说，音乐的好坏没有标准，所以这期罗列的歌曲，也许你认为不是最具代表性的，但它们确是流行音乐发展中最响亮的声音。

[主持人串]50年代《我的祖国》，电影《上甘岭》插曲。优美的女声独唱与气势磅礴的混声合唱相结合，唱出了美丽祖国的景象，是不可多得的爱国主义音乐教材。最朴实无华的语言，最真挚深沉的情感。这首歌是中华儿女歌颂自己"美丽、英雄、强大"祖国的真实心声。

(音乐导入——歌曲《我的祖国》)

[主持人串]现在高校还经常把这首歌曲作为大合唱。虽然年轻的一代人并不是生活在那个时代,但是一唱起这首歌,爱国情怀和自豪的情愫也包含其中。

50年代,朝鲜半岛的硝烟,“雄赳赳、气昂昂、跨过鸭绿江”成为时代的最强音。那个时期流行的歌曲跟现在的相比,最大的区别在于:那时的流行绝少是讲述儿女情怀的,大多数都是抒发对祖国、领袖、英雄、生活的热爱,诸如《我的祖国》、《我们走在大路上》、《没有共产党就没有新中国》、《社会主义好》、《英雄儿女》等等。

(音乐导入——歌曲《我们走在大路上》)

[主持人串]我们在成长的过程中,累积了太多的情绪和回忆,在时间的流逝中,也跟着渐渐地淡去,但是他们却隐居在心中那一块不知名的区域中,是我们难以忘却的。在偶然的机缘中,他会一瞬间闪过脑海,或许是因为,一个念头,一张照片,一首隽永的歌曲,一部曾经看过的电影。

60年代,《花儿为什么这样红》是1963年反特故事片《冰山上的来客》的插曲,表现了边防战士和女主人公的真挚爱情。其中另一首插曲《怀念战友》也是这一年优秀的作品之一。这个时期流传开来的歌曲,也大多是电影主题歌或插曲。

(音乐导入——歌曲《怀念战友》)

[主持人串]70年代我们高唱《我们的生活充满阳光》。70年代,一个恶梦的冬天结束了,醒来的是一个红彤彤的年代。粉碎“四人帮”之后,影片《甜蜜的事业》里出现了男追女跑的慢镜头。而这首插曲开朗、明亮,感染力强。后来被评为1980年全国优秀歌曲,又被联合国教科文组织编入亚洲音乐教材。

70年代后半期,施光南心中流淌出欢快的《祝酒歌》旋律,同样充满了大街小巷。

(音乐导入——歌曲《祝酒歌》)

[主持人串]80年代,《年轻的朋友来相会》,伴随经济的改革开放,盒式录音机和录音磁带迅速进入了中国普通家庭,中国港台歌曲以流行的态势进入了内地。刘文正、凤飞飞、张帝的流行歌曲传播最广。

而《年轻的朋友来相会》却是20世纪80年代最著名的励志歌曲。在“花儿香,鸟儿鸣,春光惹人醉”的悠扬旋律中仿佛又看见拎着双喇叭收录机、穿着三接头皮鞋斗志昂扬的新青年们正向着四个现代化的宏伟目标一路小跑。

"创造奇迹要靠谁,要靠你,要靠我,要靠我们80年代的新一辈。"

(音乐导入——《年轻的朋友来相会》)

[主持人串]一个一个音符,唤回了如烟的往事,一句一句歌词,重塑了散落的记忆。所以,世间不管如何炎凉,只要唱起老情歌,就可以悠悠地回溯,徜徉在时间之河吧!

似乎也是从这个年代开始——80年代后,歌坛已经成为抒情曲的天下,尤以李谷一为代表。抒情是抒情,但是,朴实而自然仍然是这个年代的主流,因为歌中所抒发的情基本不脱"家国之爱"的范畴。比如我们熟悉的《在那希望的田野上》、《在那桃花盛开的地方》、《牧羊曲》、《十五的月亮》、《长江之歌》都是这时期的代表作。

(音乐导入——《十五的月亮》)

[主持人串]90年代流行音乐的表现题材虽仍以情歌为主,但也出现了许多在反映时代、反映社会、反映人生的深度和广度上进行了更大的拓展的作品。艾敬的《我的1997》、李春波的《一封家书》和何勇的《钟鼓楼》等城市民谣真实贴切地表现了普通人的日常生活和喜怒哀乐。

张楚的《姐姐》、腾格尔的《父亲》把关注的视角投向了社会的底层。《弯弯的月亮》在赞颂家乡的美丽的同时,也表达了"今天的故乡还唱着昨天的歌谣"的惆怅……

(音乐导入——《弯弯的月亮》)

[主持人串]20世纪90年代中国内地流行乐坛的好歌层出不穷,但这个时期最重要的表现还是校园民谣的兴起。这是中国大学生多情善感的年代,校园里的吉他越来越多,到哪都能看到手抱吉他,三五个围成一桌,边唱边弹的学生,颇有青春不知愁的滋味。

《同桌的你》让人们感触到了社会尘灰掩盖不住的那颗水晶,而作品中所蕴含的怀旧情绪更是直接反映出作者对处于高速发展中的现代社会的思考。

(音乐导入——《同桌的你》)

[主持人串]伴着熟悉的歌曲我们可以回到那个纯真年代,当时,我很年轻,而回忆很暖。进入新世纪后,歌坛更是精彩纷呈。刀郎的出现其实比较有戏剧性,他抓住了部分喜欢怀旧的中年人和歌坛现在缺少独特沧桑嗓音男歌手的空档,真正红火起来。对于这种现象,老是有人在怀疑。有人说:他的编配粗糙,很快就会被人们遗忘。也有人说:这么简单和抒情的音乐正是普通百姓所喜欢的。看来,萝卜青菜各有所爱。在音乐不断发展的今天,我们也希望

好的音乐能够常伴您左右。

（音乐导入——《虹彩妹妹》）

[结束语]一个时代的歌，一直在帮我们记住最初的那一份心中的悸动，与曾经的想念。偶然听见一段熟悉的旋律，不知不觉就跟着哼唱起来，蓦然勾起的是，心中沉沉的感情与思念，那被挑动的心弦，有一点点动心，但更多却是甜蜜的余韵飘荡。收音机旁的听众朋友，您想听到什么样的歌呢？对我们的节目有什么样的建议，欢迎来信告诉我们。来信请寄长沙市雨花路167号，湖南电台文艺频道《流金岁月》节目收。明天同一时间，英子和您在流金岁月节目中再见！

分析：《流金岁月》是湖南人民广播电台文艺频道一档介绍经典老歌旧曲的栏目。主持人运用“打包法”，将建国后不同年代具有代表性的歌曲《我的祖国》、《我们走在大路上》、《怀念战友》、《祝酒歌》、《年轻的朋友来相会》、《十五的月亮》、《弯弯的月亮》、《同桌的你》、《虹彩妹妹》等打包成为一期电台音乐欣赏节目。主持人巧妙的按照时间顺序，将祖国发展不同时期的经典歌曲介绍播放给听众，作为节目素材的所有歌曲因主持人精心设计自然流畅地串在了一起，并且受众在轻松愉快地欣赏经典歌曲的同时也获得更多有价值的信息。

二、能力训练

1. 开场语训练

“开场语”又叫开场白、节目导入语，是主持人在节目刚开始时说的话。开场语是节目开始的标志，是主持人的第一次“亮相”。精彩的“亮相”是节目成功的一半。

例1

《实话实说》：广告知多少

主持人：各位朋友，大家好！欢迎大家收看我们的《实话实说》节目！电视广告在中国只有几十年的历史，但是现在大家已经对它品头论足。广告是多了还是少了，是刚刚起步还是已经泛滥了？我们今天要谈的就是这个话题。

（中央电视台1996年6月2日播出）

分析：主持人采用了报题式的开始方式。在简单的问候和开场白后，直接进入主题。如：“听众朋友，今天生活服务窗栏目的第一个话题是跟朋友们谈一谈如何辨别真假翡翠。”这种简练的开场语常用于专题类节目或者适合节目内容排得较满又较为紧凑的时候。这种开场方式的优点是开门见山，直触主题，较为简洁。它的不足是：较为单调，对有些话题就显得缺少铺垫，生动情趣也显不足。因此，在节目当中使用这种方式开头不能过多。

例 2

《对话》：激情创新

主持人：欢迎大家来到对话现场。有一个非常年轻、时尚的人，他形容今天这个时代给他的感受的时候是这样形容的，他说今天这个时代的创新就像一条疯狗，追得他整天惶惶不可终日。说这话的是一个二十多岁的小伙子。同样是说创新，有一位六十多岁的人她是这样说的，我们拒绝平庸，宁做旷野里呼啸的狼，也不做马戏团的老虎，没有创意，就去死吧！说这话的就是我们今天邀请到的嘉宾——前科技部部长朱丽兰女士。

（中央电视台 2001 年 12 月 30 日播出）

例 3

主持人甲："哎，刘佳，你们女同胞在逛商店的时候首先吸引你们注意力的是什么商品？或者说是商品的什么部分？"

主持人乙："那当然是商品的包装了，精美独特包装的商品最容易吸引人了，其实不只是逛商店，比如在商店浏览的时候，那些封面漂亮、设计巧妙的书往往也最容易吸引人。"

主持人甲："对，你说的这种封面设计巧妙、漂亮的书，之所以容易吸引人，是因为书籍封面装帧艺术的艺术美作用。"

分析：以上两个例子，主持人都是采用"迂回入题式"开场的。主持人借助相关或不太相关的内容，预设某种前提或调动受众兴趣，故设玄机，由彼及此，在人们不知不觉中进入节目。这种开场方式，使节目进入自然、生动又富于情趣，常常会一下子抓住受众的注意力。采用这种方式开头也容易减少主持人与受众的距离，使人感到亲切、热诚。

例 4

主持人：听众朋友大家好！又是一年冬意浓又是一季寒雪飘。当冬日的脚步与我们零距离短暂交汇时候，离别的钟声已敲响在绿色的军营。老兵退伍新兵入伍，周而复始的规律。这幕场景对于人们早已是司空见惯。可每年的这个时候总能够让我们热泪盈眶，感动不已。那感人的一幕已深深定格在我们心中！今天是 11 月 25 日，一个特别的日子，因为在每年的今天都会有一批老兵退伍离开部队开始了人生的新的征途。那么今天我们就为即将复员的老兵做一期特别节目——《老兵你要走》。

例5

男:都市里,倾听缘分的声音;

女:安适中,倾听最美丽的声音;

男:迷茫中,倾听希望的声音;

女:思念中,有来自这里的声音。

男:大家好,欢迎收听——FM93.8《都市情缘》,我是宇航!

女:我是芳菲。

男:让我们给你一个和陌生人握手的机会;

女:给你一个大胆表达的机会。

男:在这个周末的黄昏,

女:是啊,还是这个周末的黄昏,

男:《都市情缘》依旧与你相约在此时。

(背景音乐)

女:朋友们可以在我们节目进行的同时,发送短信过来,来说说想法、对下个星期调整了播出时间以后的都市情缘提提意见!

男:当然,也可以通过我们的短信平台和听友俱乐部结识你生命中的另一半!

女:移动用户——发送到8168938;

男:联通用户——发送到9168938。

女:都说红豆生南国,春来发几枝。

男:愿君多采撷,此物最相思。

女:一篇让我们一生难忘的文字,

男:送给正在相思的人们……

女:进入今天的心情故事——

例6 上海东方电视台庆祝上海解放47周年暨纪念陈毅诞辰95周年文艺晚会

主持人:今天,5月27日,是英雄的城市上海解放47周年的喜庆日子。此刻,灯火璀璨的夜上海沉浸在节日的欢乐中。面对陈毅同志的塑像,倾听浦江悠远的涛声,此情此景,我们更加缅怀新中国诞生后的第一任上海市长、伟大的革命家、政治家、元帅、诗人陈毅同志……

分析：以上三例，主持人都采用抒情式的开头方式。借助此情此景，有感而发，由自己的情感“点燃”受众的情感，从而引发感情共鸣，让大家带着特殊的情感进入节目主题。在现场直播节目中，常常会采用这样的开头方式。

例 7

《实话实说》：子女眼中的父母

主持人：有这样一种说法，一个人来到这个世界上，万物都是可以选择的：要还是不要，掉换还是改变。但是，只有一种是永远无法选择，永远不可能变更的，那就是我们自己的亲生父母。也许是命里注定，在我们一来到这个世界上，首先面对的人与人的关系就是与父母的关系。而且，与父母之间的恩恩怨怨将会伴随我们的一生。好，在今天的话题讨论之前，让我们看一段录像。

（中央电视台 1996 年 5 月 26 日播出）

例 8

北京经济台《都市生活》的节目主持人：“听众朋友，在我们很多中国人的观念中啊，‘草’往往是不被重视的，比如朋友们都比较熟悉的《小草》歌儿里就这样唱道：没有花香，没有树高，我是一棵无人知道的小草。还有一首流行歌里也这样唱道：有妈的孩子像块宝，没妈的孩子像根儿草。我们的成语里还有一个成语叫‘斩草除根’，听众朋友，不管是轻视也好，鄙视也好，或者是仇视也好。总之呢，在我们大多数中国人的眼中，‘草’起码是容易被忽视的。那么在今天，这种忽视‘草’、不重视‘草’以至不愿意种‘草’的观念也要变一变了。下面呢，我们就来谈一谈这个话题。”

分析：例 7、8，主持人都采用了引发思考式的开头方式。这种方式常见于谈话类节目，主持人创设悬念或提出质疑的表述，构筑一个受众积极参与的“思维场”。

例 9

主持人：听众朋友，说起北京百货大楼，很多朋友就会很自然地会想起老售货员张炳贵，以及他对顾客的一团火精神。那么在改革开放向市场经济转变的形势下，这昔日的一团火是熄灭了还是奄奄一息了，还是烧得更旺了，下面就请您同我们一道去百货大楼转一转。

例 10　中央电视台节目主持人敬一丹在《东方时空》特别节目《走进 97》中的开场语

“走进新年，有些人家的旧挂历还挂在墙上，有的朋友呢，还会一顺手把年份写错。我们走进'九七'总还会带着'九六'的痕迹，过去的一年给每个人都印上了属于自己的年轮，留下属于自己的记忆，然而有些事、有些现场、有些瞬间，都是我们大家共有的，对于我们民族来说，有的甚至是历史性的。我们带着'九六'的收获、'九六'的欣慰，也带着'九六'未解开的难题走进'九七'，那么1997年将会给我们带来什么呢……"

分析：以上两例均采用"回顾式"开头。用回顾受众比较熟悉的和较为亲切的人与事的方式展开话题。这种方式容易产生亲近感，缩短传授双方的距离，使受众产生收听、收看的欲望。

例11 上海电视台主持人曹可凡《海外博览》开场语

"观众朋友们，晚上好！欢迎收看《海外博览》节目。本期的文化远旅栏目，我们将向你们介绍别具一格的挪威艺术；在经济广角栏目中，您将亲眼目睹日本关西大机场的建设工程；另外，还请您光顾一家独特的晚间俱乐部……"

分析：主持人采用"摘要式"开头，在节目开始时，把主要内容简要地介绍一下。有些话题的内容可能对一部分受众是需要的，而对其他一些受众呢，则可能是不太需要的。那么这种摘要式开头的长处，一方面是使需要的受众做好认真收听、收看的准备，另一方面也使不需要的受众松弛一下神经，这种方式强调对受众选择权的尊重。

例12

台湾艺人凌峰的自嘲

在下凌峰……这两年，大江南北走了一圈，男观众对我印象特别好，他们在我面前觉得有优越感，因为本人这个样子对他们没有构成什么威胁，他们很放心。(观众大笑)

本人的脸长得很中国，(笑声)中国五千年沧桑和苦难全写在我的脸上了。(笑声、掌声)一般说来，女观众对我的印象不太好，有的女观众对我的长相已经到了忍无可忍的地步了。(笑声)她们认为，我是人比黄花瘦，脸比煤球黑。(笑声)但是我要特别声明，这不是本人的过错，实在是父母的错误，当初并没有征得我的同意就把我生成这个样子。(笑声、掌声)

但是，时代在变，潮流在变，现在的男人基本上可以分为三种：第一种，你看上去很漂亮，看久了也就那么一回事，这就像我的好朋友刘文正这一种；第二种，你看上去很难看，看久了以后是越看越难看，这就像我的好朋友陈佩斯

这一种;(笑声)第三种,你看上去很难看,看久了以后你就会发现,他另有一种男人的味道,这就是在下我这种了。(笑声、掌声)

好,鼓掌的都表示同意了——鼓掌的都是长得和我差不多的,(笑声)真是物以类聚、人以群分啊!(大笑声、掌声)

接下来,按规矩迎接挑战,带来了一首歌曲,叫做《小丑》。在我的人生观看来,我认为每个人都在扮演许多次的小丑:有的是在爱人面前;有的是在领导面前;有的是在孩子面前;有的是在父母面前。我呢,是在鼓掌面前,给大家带来一首《小丑》——掌声有没有就无所谓啦!(笑声、掌声)

分析:凌峰采用的是"自嘲谐趣"式的开场方式。诙谐幽默的自嘲会给人一种真诚、谦逊的印象,产生"自己人"效应,比较容易取得大家的好感。诙谐幽默又能使人在宽松愉快的氛围中,引发对节目的浓厚兴趣,从而把受众迅速带入一种比较热烈、活泼的话语环境。

例 13 《马斌读报》

主持人:今天是周末,但很多人都在上班,大家一上班,这个点看电视的就少了。估计这两天收视率不会太高,所以哪个观众家里要是有两台三台电视,都打开,帮我们提高一下收视率,要是哪个朋友在商场卖电视就更好了,把电视都调到我们频道。开个玩笑,下面给大家读报。

分析:这是一段看似随意说笑,实际精心设计的开始语。节目主持人开始语需要下功夫、花力气去研究、挖掘和捉摸。国外一些著名的节目主持人往往为了一个精彩的开头而绞尽脑汁,费尽心机。在他们看来,节目开始语是展现自己语言风格,树立独特的个性形象的重要一环。

【训练题】

1. 下面是四段主持人节目中的开场语,先分析它们属于什么类型,运用了什么语用方式,它的语用功能是什么,然后熟读数遍,做仿说练习

(1)"来到湖南,我总有一种说不出的亲切感,因为我几年前曾在湖南电视台拍摄的电视剧《毛泽东和他的乡亲们》里扮演毛泽东的女儿李敏,所以我应该算是湖南人的'女儿'了,希望湖南的观众能够给予我更多的支持和帮助……"

(2)听众朋友,今天的《黄金书屋》栏目,我向您介绍两本新书。一本是《微型汽车构造与维修》,内容包括微型汽车的构造、性能、种类和特点,还有故障分析与维修、检查的方法。另一本呢是《汽车仪表》,这本书详细介绍了汽车仪表的结构和工作原理,想必司机朋友会对这两本书感兴趣。

(3)主持人:听众朋友,有些老北京啊,面对不断高档化的商场,还挺怀念六七十年代那些经营物美价廉、耐用实惠的小商品的商场。一位叫徐博渊的老先生最近的一段经历引发了他的一番感触,他写了一篇文章,叫做《被高档化遗忘的角落》,下面呢,我和某某就给朋友们介绍一下这篇文章的内容。

(4)主持人:下午好,现在是(时间),今天我第一次坐在广播台的直播间里跟大家分享这半个小时的美丽时光。

你,读过张爱玲吗?不知道为什么,一提起张爱玲,我就联想起梅雨霏霏的季节,湿漉漉的漫天细雨。仿佛是旧上海的某个特定的场景,颓废但极有韵致的灰蓝色调子,一柄温润的油纸伞穿行其间,一双桃红色的高跟鞋飘动得步态袅娜,像极了王家卫电影里唯美般的深情演绎。读张爱玲的小说,也是在品一点老上海的味道。纵使它落满尘土,一不小心就会迷了眼。那骨子里透着上海人与别处的不同,总在最深处给你微微的震颤。如果,可以用颜色来形容一个人的话,张爱玲应该是苍茫的浅灰加鲜亮的红色。

2. 按照下列语境要求设计开始语,主持人数可单人,亦可双人或多人

①设计"春天的脚步"诗歌朗诵会的开场语。

②设计中秋晚会的开场语。

③设计电台老歌欣赏栏目的开始语。

④设计一档游戏娱乐节目的开始语。

⑤设计各种竞赛节目的开始语。

⑥设计《为你服务》节目开始语。

⑦设计某电影或电视奖颁奖晚会的开始语。

⑧设计新闻故事类节目开场语。

2. 串稿能力训练

"串稿"的"稿"包括文本资料、节目素材和节目环节等。节目主持人根据节目需要,将不大相关的"稿"串联、组合起来的能力就是串稿能力。一些优秀的节目主持人都善于巧妙的"串"。

例 1

在《正大综艺》节目中——

杨　澜:……好,我们现在过最后一关。

赵忠祥:杨澜啊,我们这猜谜活动只是为了增长知识,不是说过关,什么"最后一关",把问题看得太严重了吧?

杨　澜:赵老师,我们就是要过最后一关——嘉峪关。

赵忠祥：啊，你早说呀！

分析：主持人赵忠祥故意向杨澜提出疑问，设置悬念以引起受众注意，两人用类似相声里“抖包袱”的趣味方式将谈话自然地进行下去。

例 2 《正大纵横》，主持人秦佩、李玲玲

秦：60 年代在美苏两国进行太空竞赛的同时，英国出现了一只乐队。

李：他们是一个私人的组合，就是著名的披头士。披头士不但风靡了英国，并且也风靡了全世界。

秦：而乐队的灵魂就是约翰·列农。他不但是个歌手，也是个作曲家，他还是个思想家，对当时的年青人来说有深远的影响。

李：他虽然已经离开了人世，可是他的作品到现在还是受很多人喜爱。我也是他们的其中之一。

秦：在跟着下来的环节——《信不信由你》，我们会介绍一位画家。他会表演令人叹为观止的画画技术，而他画的就是约翰·列农的人像。

分析：这一段“串”不但承上启下，而且为观众提供了更多有价值的信息。主持人巧妙地将前一个栏目《空中之最后界限》和下一个栏目《信不信由你》衔接起来，丝毫没有牵强附会之感。

例 3

叶惠贤有一次在中央电视台主持一台全国性的大型文艺晚会。当著名评书演员袁阔成的《三国》片断在“啪”的一声惊堂木声中嘎然而止时，只见叶惠贤从容不迫地走上台来，学着袁阔成的语调声腔开了口：

上回说到赵子龙主意已定，心中暗喜，低头一看，一张粉红色的请柬搁在桌上，“金盾之春”文艺晚会。啊呀，差点把大事给忘了！来人哪，快把我那辆桑塔纳轿车备好！就听“笛——”一辆小车直奔友谊宾馆。赵子龙下得车来，匆匆上了二楼，打开说明书这么一看：京剧清唱，演唱者天津市青年京剧团。这不是前些天全国青年京剧演员大奖赛上，因得病失去夺魁良机的吗？据说她还是张君秋老先生亲授真传 100 天的名角儿。这真是来得早不如来得巧，我赵子龙来了不能白来，来了就得大声叫好——这不，她不是来了……

（此例引自曹可凡、王群著《节目主持人语言艺术》）

分析：袁阔成的评书讲完了，而下一个节目京剧清唱的演员还没有准备好，叶惠贤将计就计，借袁阔成的评书，信口编演一段评书，扮演常山赵子龙，直奔“金盾之春”，当看到演员已准备好了，便猛然打住，请演员出场，巧妙的应急让观众看不出丝毫破绽。在节目进行过程中，当某些环节遇到障碍时，主持

人为串连节目，推进节目进程而随机应变地说上几句，起到铺路搭桥的作用。

【训练题】

1. 下面是几段主持人节目中的串连词，请先做分析，再熟读数遍，做仿说练习。

(1)“心连心”艺术团来到江西革命老区演出，场面非常热烈。关牧村演唱《多情的土地》时却乌云密布，落下了阵阵雨点。歌声一停，主持人赵忠祥登台：

“乡亲们：关牧村动情的歌声，把她自己的眼睛唱湿润了，也把老区人民的眼睛唱湿润了，连老天爷的眼睛也给唱湿润了！老乡们，我们的演员都商量好了，如果雨下大了，只要大家不走，我们的演员就决不会走……”

(2)在《综艺大观》110期中，《中国人》演唱完毕——

牛群：真是气壮山河，听了让人扬眉吐气！纪念世界反法西斯战争和抗日战争胜利50周年的活动进入高潮，这时我们就不由得想起那些为了民族独立解放而献身的抗日英雄们。

袁鸣：在中国共产党的领导下，中国人民取得了抗日战争的胜利，很多地方矗立着抗日英雄纪念碑，但是，也有很多英雄并没有树立纪念碑，有些人我们甚至不知道他们的名字，这些英雄的纪念碑，就是我们祖国的山水草木，这些英雄的纪念碑，就在人民的心中——现在请欣赏短剧《将军渡》。

(3)如果说周星驰、葛优、赵本山的忽悠功夫，都是为了某些急功近利的目的的话，那最后我隆重向大伙推荐的这位大忽悠，和上面那几位比起来觉悟要高得多了！此话怎讲啊？因为这位忽悠界的大腕，一旦忽悠起来，那绝对就能进入忘我境界，你给钱也罢不给钱也罢，有人听也好没人听也好，实在没人忽悠，他能把自己给忽悠了。

(中央电视台《朱轶说计》2006年4月3日播出)

(4)接下来这位，和刚才那二位比起来，忽悠的杀伤力已经达到了无以复加的地步！他的忽悠功夫，真可谓“梅花香自苦寒来”，人家“十年磨一剑”，他是“十年磨一嘴”。 (中央电视台《朱轶说计》2006年4月3日播出)

(5)“……得，一个塑料袋把人诓进来了，原来没有免费赠送，是‘买了才送’啊！典型的‘高举免费大旗骗生意’！唉，它不仅不送，花钱买的洗涤剂还根本不好使！可您这包里的钱，它还洗得挺干净！所谓的‘免费’，嚷嚷得挺欢，可惜是‘干打雷不下雨，雷声大雨点小’，到最后，‘免费’还得变‘破费’，都说促销有高招，我看不是什么高招，全是歪招，不信您再瞧——”

（中央电视台《朱轶说计》2006 年 4 月 24 日播出）

(6)“再到北京南站去看看。北京南站在 5 月上旬就已经停运改建了，但是沿线废弃的铁路设施却成了一些人眼里的肥肉，日前，他们就动手开始拆盗铁路设施，好在及时赶到的铁路民警将他们现场抓获。

……

这几位偷铁路设备被抓个正着，重庆还有一个在杂货铺偷东西的小偷，逃跑后又主动找警察投降，我们来看看是怎么回事。

……

这些偷东西的人说出来就招人痛恨，但是也有一种行为，虽然也属于偷，可是很多人却还做得理所当然。偷的是什么呢？就是偷用消防栓里的水。”

（中央电视台《第一时间》2006 年 5 月 18 日播出）

(7)学生们在家躲避“珍珠”的袭击，但是不少人也在一直为“珍珠”而忙碌。在受到台风登陆威胁的汕头市，有一些危房住户因为种种原因不肯搬迁到安全地点，工作人员只好多次冒雨前往劝说。

（中央电视台《第一时间》2006 年 5 月 18 日播出）

2. 请根据以下提供的各组文本资料分别设计新闻栏目，并做开场、串稿练习。

【训练提示】

①所提供的各组文本资料无先后顺序，可根据自己的想法重新安排；

②请给提供的几组文本资料分别设计新闻栏目，自拟栏目名称；

③除了做开始语、串场的设计之外，还要对文本资料动动“手术”，不能一个字不改地照着念；

④“串”要串得自然顺畅，避免生硬，牵强附会；

⑤语言要朴实、自然，贴近性强。

(1)

元宵天灯点燃台北机场草坪
导致部分班机延迟起飞或抵达

据新华社电　台北机场跑道 12 日晚间草坪突然起火，影响部分班机起降，有一班机转降高雄，部分班机则是延迟起飞或抵达，火势在两个小时后被扑灭。

台北机场方面透露,12 日 19 时 28 分消防队接获通报,机场北环场道草坪起火,在消防队的支援下,开辟防火带后才没有扩大火势,大火在两个小时后被扑灭。大火烧掉了近 400 米长、10 米宽的草坪。大火中,机场关闭了南北两个跑道,暂停班机起降,使部分班机受到影响。至于起火原因,台北机场方面指出,由于 12 日是元宵节,附近民众正在施放烟火和天灯,经初步调查,大火是由于民众施放天灯所引起的。

酒后吞木筷腹痛 70 天

据新华社电　广西桂林市一市民 70 多天来一直腹痛难忍,先后到医院做过 B 超、胃镜等检查,却始终找不到原因。2 月 8 日,桂林市人民医院医生通过手术,从他腹中取出两双一次性木筷,才揭开其两个多月的腹痛之谜。

这名王姓市民今年 32 岁,2005 年 11 月底的一个晚上,他独自喝酒,酒醉后稀里糊涂地抓了些东西吞下肚。一周后,他开始出现腹痛、恶心呕吐等症状,进食量也日益减少。为找出病因,王某曾多次到市内医院就医,先后作了 B 超、拍片、胃镜等检查,均被告知未发现胃肠中存有异物。

手术中,医生们发现有两双一次性筷子卡在其 12 指肠水平部位,筷子为一次性木筷,分别长 20 厘米和 15 厘米,并已将肠壁穿破,周围局部组织发生坏死和炎性反应,因此造成他一直腹痛。

公安局长自费创办搜人网

本报综合消息　只要敲上 www. souren. cc 的网址,轻轻敲击鼠标,由湖北省麻城市公安局局长朱伯儒自费创办的"搜人网"就会展现在你面前。

工作中,朱伯儒经常遇到一些群众到公安机关反映其亲友丢失的情况,但却不能提供具体线索;民政和公安机关收到丢失的老人和孩子,也不知家庭地址,还有因各种原因死亡的人员尸体无人认领。为方便百姓寻亲,2004 年 11 月,朱伯儒自费 1 万多元,申请创办了"搜人网"。"搜人网"开设了"寻亲启示"、"人员招领"、"寻亲访友"、"尸体认领"等栏目,事主只要提供一张失散人员的照片和相关资料,就能免费上网。

【范例】

(开始语)

主持人:读报时间,读尽天下新闻。您好,欢迎再次收看我们的《读报时间》，我们将继续为您送上精彩。我是汪海亮。刚刚过完元宵节，电视机前的您是否还过得开心呢？可是在台北啊，这台北机场的工作人员却过得不太顺心。原因呢，就是因为一场大火。看第一条新闻。

（新闻内容略）

（主持人串）

主持人：正所谓天干物燥，大伙儿啊，也得好好地小心火烛了。不然您看，这放一次天灯，遂了自己的心愿，却烧掉了别人节日的快乐。所以我们《读报时间》也提醒您，这在家在外啊，是一定得小心火烛，注意安全。那说到安全呢，在广西桂林市的一位吴姓市民，就犯了一个不大不小的糊涂，给自己狠狠敲了一次安全的警钟。我们看看第二条新闻。

（新闻内容略）

（主持人串）

主持人：看来这位吴先生还真是太糊涂了。这喝酒，不是不可以，可是切勿贪杯。试想，幸好吴先生吞的是木块，如果当时稀里糊涂抓的不是木块，是刀子什么的，那就真的很难想像会发生什么事儿了。继续看新闻。

（新闻内容略）

（主持人串）

主持人：朱局长您真是费心了，谢谢您！如果这全天下所有的父母官都能像您这样儿，那咱们老百姓可真是睡觉都得乐出声了。而电视机前的您如果有亲友走失的情况，也不妨去搜人网上看看。好，下面是广告时间，广告回来之后，我们继续看新闻。

（范例根据湖南大学广播影视艺术学院学生练习演示整理）

（2）

磁悬浮列车变革城市交通

本报讯　在昨日现场众多的科技成果展览中，一项关于磁悬浮列车的科技成果格外引人注目。在 204 米的长沙磁悬浮列车基地的实验线路上，CMS03 磁悬浮列车已累计安全运行 7500 多公里，这预示着磁悬浮列车技术的日益成熟，不久的将来将成为一种新型轨道交通工具与市民见面。这种磁悬浮列车利用电磁力克服地球引力，使列车与轨道之间保持 1 厘米左右的悬浮气隙，然后利用直线电机推动快速前进。具有低噪音、爬坡能力强、转弯半径小、与其他轨道交通技术兼容强等特点。在CMS03的研制基础上，为昆明世博园修建的一条长约2公里的观光旅游示范线已经于2005年7月下线。该项目在未来城市交通发展中极具潜力。

危险工作机器人可代劳

本报讯　在一些有辐射、有粉尘、有毒等环境中，常常会对人体健康产生很大伤害，这时便可以邀请机器人代劳。扭动、前进、后退、左右侧行……昨日在一高新科技展台前，一具由国防科技大学自主研制成功的新一代仿人型机器人——黑金刚活灵活现地做出各种动作。

仿人型机器人集机械、电子、计算机、材料、传感器、控制技术、模式识别技术等多门学科于一体，是多种高科技成果的集中体现，不仅能代替人类作业，也可以在康复医学上形成一种动力型假肢，使截瘫病人实现正常行走的梦想。另外，仿人机器人在影视、娱乐以及服务业中也具有广阔的应用前景。

科技助市民吃上放心肉

本报讯　我省是国内的生猪大省，但几十年来，育种工作，一直是制约发展的瓶颈，“生猪靠湖南，种猪靠外省”成为我省生猪产业不争的事实。

在湖南农业大学施启顺、柳小春教授主持下，经过几年努力，在优质瘦肉型良种猪选育方面取得了重大进展。我省的种猪质量得到很大提高，种猪不仅在省内畅销，而且大量销往外省。以正虹猪场的配套系猪肉为例，平均日增重由733克提高到955克，料肉比由2.77降至2.61，瘦肉率达69.04%，无PSE肉和DFD肉。到目前为止，优质瘦肉型良种猪选育项目已直接间接创造经济效益1亿多元，为广大市民提供了安全放心肉，促进了养猪业的可持续发展。

无级自动变速器让爱车升级

本报讯　未来的某一天，“有车一族”们也许会给爱车装上无级变速器，其无级控制输出的速比，使动力衔接连贯，车辆在行驶中如行云流水，让您根本感受不到在换挡。

在昨日的科技成果中，还有一项叫汽车无级自动变速器的成果备受关注，该种汽车无级自动变速器又简称CVT，是世界汽车业公认的十大划时代技术之一。与其他类型变速器相比，该无级自动变速器具有节能、环保、安全、舒适等特点，可广泛应用于排量为1.0—3.0L的国产经济型轿车、商务车和微型面包车。目前，世界无级变速轿车年产量已达50万辆，应用前景广阔。

【范例】

（开始语）

主持人："读报时间，有报天天读。"大家好，我是张睿。嗯，前段时间呢，我跟我朋友聊到一个话题啊，就是手机。这个手机呢，从以前无绳电话到现在移动电话，再到未来的3G手机，这个过程发展得确实十分地迅速，那么什么东西在这个里面起了最重要的作用呢？那就是科技，科技是推动社会发展的第一生产力。我们今天的新闻就与科技有关，首先让我们来看一下今天的新闻。

（经过"手术"后的新闻内容——磁悬浮列车变革城市交通）

主持人：在昨日现场众多的科技成果当中，一项关于磁悬浮列车的科技成果格外引人注目。在204米的长沙磁悬浮列车基地的实验线路上，CMS03磁悬浮列车已累计安全运行7500多公里，这预示着磁悬浮列车技术的日益成熟，不久的将来将成为一种新型轨道交通工具与市民见面。

昆明世博园修建的一条长约2公里的观光旅游示范线也采用了这种技术，它于2005年7月开始投入运营，该项目在未来城市交通发展中极具潜力。

（主持人串）

主持人：说到科技的发展啊，还确确实实给我们提供了许多的方便，像刚刚我们所说的磁悬浮列车，下面呢，我们就来看一下仿人型机器人。

（经过"手术"后的新闻内容——危险工作机器人可代劳）

主持人：在一些有辐射、有粉尘、有毒等环境中，常常会对人体健康产生很大的伤害，这时候，仿人型机器人便可以为您效劳。

国防科技大学自主研发的这种新一代仿人型机器人集多门学科于一体，它不仅能代替人类作业，还可以在康复医学上形成一种动力型假肢，是截瘫病人实现正常行走的梦想。

（主持人串）

主持人：科技真的是能推动各行各业的发展，刚刚我们看到的是科技在交通和医学等上面的发展，现在我们再来一起看看科技在食品业上的成就。

（经过"手术"后的新闻内容——科技让市民吃上放心肉）

主持人：俗话说："生猪靠湖南，种猪靠外省"，我省是国内的生猪大省，但是几十年来，育种工作却一直是制约发展的瓶颈。在湖南农业大学施启顺、柳小春教授的主持下，经过几年的努力，在优质瘦肉型良种猪选育方面取得了重大的进展。到目前为止，优质瘦肉型良种猪选育项目已直接创造经济一亿多元，为广大市民提供了安全的放心肉，促进了养猪业的可持续发展。

（主持人串）

主持人：下面这条新闻呢，同样是科技带来的变化，有车一族的可就要注意了哦。

（经过“手术”后的新闻内容——无级自动车变速器让爱车升级）

主持人：未来的某一天，有车一族们也许会给爱车装上无级变速器，其无级控制输出的速比，使动力衔接连贯，车辆在行驶中如行云流水，让您根本无法感受到在换挡。

这种汽车无级自动变速器又简称CVT，是世界汽车业公认的十大划时代技术之一。它具有节能、环保、安全、舒适等特点。目前，世界无级变速轿车年产量已达50万辆，应用前景广阔。

好了，先进一段广告，广告过后，我们再一起说新闻。

（范例根据湖南大学广播影视艺术学院学生练习演示整理）

（3）

陕西一疑犯当了8个月警察

据新华社电 在知情群众检举揭发下，陕西省渭南市最近查处了一起“疑犯当警察”事件：被当地公安机关追逃一年多的犯罪嫌人董博“摇身一变”，竟然成了渭南市公安局临渭分局的警察。董博目前已被澄城县人民检察院依法批准逮捕。

据介绍，渭南市澄城县城关镇南关村个体煤窑老板董清斌之子董博，1998年通过修改年龄和户籍造假入伍，2000年12月退伍等待安置。2004年11月，董博与其父司机赵某一起，将澄城县人大代表张建军及其女婿杨先军故意撞伤后潜逃。

负案在逃期间，董博竟从东北某刑警学院大专“毕业”，并于2005年3月被渭南市公安局“分配”到临渭分局工作，同年8月正式上班。直到今年3月同案的另一犯罪嫌疑人赵某归案后，澄城县公安局才从临渭分局将董博抓回，此时董博已当了近8个月的警察。

服饰店里"冲"出吉普车
另类广告引来安全争议

本报讯　一辆吉普车探出半边身子悬挂在一家店铺的二楼，路过的市民都要小心翼翼地从下面走过。仔细一瞧，大家这才发现悬挂的吉普车竟是一家服饰店的另类广告。

这家服饰店位于建湘路北桥口。吉普车的"内脏"已经被掏空，军绿色的外壳略显陈旧，车头朝地，探出半边身子似乎要从店铺的二楼直冲出来。该店铺的一女店员介绍，该店是去年 11 月开张，吉普车是去年 12 月份挂上去的。悬挂吉普车是店铺老板为了招揽顾客想出来的创意。车子挂上去后，的确招来不少行人的关注，不少顾客特意来店内询问，大家都对店铺的商品非常感兴趣。

记者发现，市民如果要从定王台书市到达建湘路北，就必须走过浏城桥底下的人行通道，而该通道的出口上方正好是这台"吉普车"。

家住定王台附近的李女士经过该通道时说："猛地看上去，好吓人的，怕吉普车会掉下来。"一位李同学认为这种广告挺有意思的，就是不知道安不安全。记者看到，不少路过的市民经过吉普车下面时，都会有意识地避让。

对此，该店老板安伟解释，挂上去的吉普车只是一具空壳，车身里的零件已经全部拆卸下来。安伟称，悬挂吉普车前，他已充分考虑过安全问题，并征求城管部门的同意。悬挂时，他请来专业人员用吊车将吉普车壳吊到二楼，采用了电条焊接，把车身固定在整个广告板上，还有铁绳绑住车身及广告板。

帮人追肇事车惹来一顿打

本报讯　昨日清晨 6 时许，杨奇辉、周爱桃夫妇俩驾车在雷锋大道望城县入口处遇到一名拦路求助的男子。该男子名叫杨七军，骑摩托车在雷锋大道望城县青山锅炉厂附近被一辆货车撞倒在地，货车当场逃逸。杨七军希望杨奇辉能帮忙追逃。

热心的杨奇辉一直追到猴子石大桥五星村附近时，逃逸的货车突然停车，货车上下来四名手持铁棒、铁锹的中年男子，将杨奇辉驾驶的微型面包车砸坏，并将杨奇辉打伤，抢走三人手机 2 台及周爱桃现金近 2000 元后扬长而去。目前，警方已经对此案展开调查。

昨日上午 6 时许，在天心区东瓜山做生意的杨奇辉、周爱桃夫妇驾驶自家的微型面包车去望城县进货。在雷锋大道望城县青山锅炉厂附近，看到一男子在路旁拦车求救，不远处还有一辆摩托车倒在地上。杨奇辉将车停下来，这名男子跑到车前说："大哥，帮我追前面的货车，他把我撞翻了，我要他停车他不停。"事后得知，这名求助男子叫杨七军，也是骑摩托车去望城进货。

热心肠的杨奇辉便让杨七军上车，载着他往前面牌照为湘 A48053 的货车追去。

上午 7 时许，车子追到五星村附近一偏僻处，货车突然停下来，杨奇辉也停下来。车还没停稳，四名手持铁棒、铁锹的中年男子从货车内蹿出。四人靠近杨奇辉的面包车，抡起铁锹、铁棒向汽车前挡风玻璃砸来。杨奇辉被人重击头部、左臂及背部。

四名男子持续施暴长达 10 分钟，在抢了周爱桃近 2000 元现金及杨奇辉、杨七军的 2 台手机后扬长而去。在追赶货车的时候，杨奇辉夫妇打电话报警。

目前，杨奇辉正在医院接受治疗。医生初步诊断，杨奇辉为急性闭合性中型颅脑损伤，被送至医院前一直昏迷不醒。

拆房飞石砸坏两栋民房

本报讯　房屋拆迁应该在保证左邻右舍的安全下进行，但长沙市荷花池巷附近一施工单位在拆迁时，飞坠下的砖石竟然将一巷之隔的两间铺面砸坏，另一栋房子的房顶被砸破。受砖石灰尘影响，还有 5 家铺面被迫关门。

被砸坏的房子离长沙市财经职业中专不远，分别是荷花池 83 号和 89 号房子，造成两房受损的，是其对面一栋正在拆迁的 6 层房子。

昨日下午 1 时许，记者在现场看到，83 号两间铺面被砸后，施工单位请了人正在给其重新修整铺面，两店铺内的东西被砸得东倒西歪。89 号房子一楼是经营珍珠奶茶的铺面，记者看到二楼房顶上的石棉瓦被砸出一个 20 厘米左右宽的窟窿。

89 号房的经营户胡贤敏告诉记者，对面原来是新华电脑学校的房子，后卖给另一大企业，5 月 1 日趁学生放假，施工单位开始拆靠近他们这一边的 6 层楼。

前日下午 4 时许，随着一阵"轰隆隆"的响声，被拆房子飞下了很多大块砖石，它们飞过围墙将 83 号房子一楼大门砸破，后有一小砖石碎块将胡贤敏租赁的房子的房顶砸破。

事发后，在当地社区、派出所的协商下，施工单位答应对两家破损的房子进行修补,将承担相应的责任。

疯狂盗车牟利吸毒

他们一行14人,利用特制工具,半年时间流窜湖南、贵州等4个省(区)疯狂作案,盗窃车辆近40辆,涉案金额200多万元。浏阳市公安局历时两个多月,行程数千公里,抓获犯罪嫌疑人6人(4人是"瘾君子"),追回赃车12辆。昨日,记者从警方了解到,在12辆赃车中有3辆至今没有找到失主。

今年2月20日晚,浏阳市公安局刑侦大队接到市民谢先生报警,称其停在滨河路上的深绿色的本田轿车不翼而飞。

接到报警后,刑侦大队民警立即前往现场,经勘察和技术鉴定,警方在现场竟然没有发现任何遗留物。警方初步判定被盗轿车是技术开锁,并分析不是一人所为,很有可能是一盗窃团伙。

随后,警方进行暗中调查,收集线索,终于将侦查方向锁定为邵阳市。邵阳人李增杰等人逐渐浮出了水面。3月18日,民警接到群众举报,称在浏阳市生物医药园区一娱乐场所内将李增杰、李进辉等4人抓获。随后,民警又将浏阳销赃人员董某、邓某抓获。

经审讯,4人都是"瘾君子",有吸食K粉的习惯。自今年以来,采用特制工具,先后流窜到湖南、贵州、广西、江西4省(区)疯狂盗窃39辆高档轿车。他们将这些赃车通过销赃人卖到广东,从中谋取暴利,赃款均用来买K粉。目前,警方正在追捕另外8名在逃嫌犯。

在追回的12台赃车中,有9辆已找到失主,但还有3辆车由于发动机号码和车架号已被磨损,无法辨别,至今没找到失主。这3辆车被盗时间和地点为:2005年8月,在衡阳盗窃的一辆红色丰田大霸王车;2006年3月,在怀化城区盗窃深蓝色本田轿车;2006年3月,在娄底某县城盗窃的一辆蓝色长安之星面包车。

为此,民警提醒市民,在上述时间和地点丢失车辆的,请马上前去报案,报案电话是0731—3813003。

(4)

"三里屯孕妇被打案"再次开庭

"三里屯孕妇被打案"昨日下午在北京市朝阳法院再次公开开庭审理。原告方面请出6名当时在场的证人出庭作证，支持邹雪被赵薇的司机吴珏殴打的事实。法院首次公布了派出所记录的包括赵薇在内的当事人和在场目击者的调查笔录。赵薇和吴珏依然都没有露面，由律师全权负责，但没有提供更多证据。对原告请来的证人，被告的律师认为他们都是邹雪的朋友，证言也有一些前后矛盾的地方，并坚称二人没有打人。由于原告邹雪拒绝调解，法官宣布休庭，该案将择日宣判。

张曼玉维权打一元钱官司

闹得沸沸扬扬的张曼玉状告上海波司登公司的侵权纠纷一拖再拖，因为之前波司登公司曾提出了管辖异议，但日前法院已驳回。张曼玉代理律师昨日接受记者电话采访时表示，为维护自己的名誉和形象，张曼玉对这桩官司绝不手软，目前双方律师各执一词，只有在法庭上见分晓了。至于提出的精神抚慰金1元人民币，张曼玉本人表示并不想从中牟利，而是一种道德诉求，希望藉此呼吁企业及其经营管理者，尊重知识产权及其他公民的合法权益。

2005年度港姐招募展开

2005年度香港小姐竞选昨日起开始接受报名，昨日举行记者会，应届三位港姐徐子珊（左）、朱慧敏（中）和符思思（右），与多位历届得奖港姐佘诗曼、杨思琦、曹敏莉、袁彩云等穿上当年参选港姐的旗袍示人，再秀好身材。本届港姐口号为“美丽由心开始”，入围佳丽由20位增至40位，分组进行训练后再筛选20位入决赛，决赛将于8月20日在香港红磡举行。

李冰冰新戏搭档“未来战士”

日前，记者获悉，在港片《猛龙特警队》中，李冰冰将饰演女一号游静，在片中与李冰冰演对手戏的是《未来战士》的男主角——好莱坞男星麦克尔·宾。此外，李冰冰还要与吴建豪、佘文乐等明星过招，而混血美女 Maggie Q 将饰演反派女狙击手。《功夫》中的新秀黄圣依将扮演女警察。

梅艳芳蜡像香港揭幕

身穿桃红艳丽长裙，梅艳芳傲然而立。昨日14时30分，梅艳芳的蜡像在香港杜莎夫人蜡像馆揭幕，栩栩如生的蜡像馆揭幕后，梅妈抱紧蜡像痛哭不已。据介绍，梅艳芳的蜡像历时5个月、花费100万元港币制成。

安妮斯顿出演《分手》

珍妮弗·安妮斯顿本人前不久发表声明，说媒体一再揣测其究竟是否要和布拉德·彼特复合的新闻，纯属无聊炒作，目前她只想专注于事业，并于日前接下一部新片《分手》。而该剧正是描述与她现实生活状况雷同的离婚案件，男主角由文斯·活恩出演，《随爱沉沦》的导演佩顿·瑞德执导，预计6月开始，明年2月上映。

杰克逊因背痛当众哭泣

美国当地时间本周一，迈克尔·杰克逊的娈童案继续审理。杰克逊再次迟到，而且看上去身体很虚弱，走路时动作很慢，肢体显得很僵硬。在被告席上入座后，杰克逊还在不停地颤抖，一度小声地哭泣起来。杰克逊的女发言人雷莫妮·巴恩表示，杰克逊告诉她背部疼得厉害，有时感觉恨不得死了算了。

(5)

林青霞夫妇1.3亿建豪宅

本报综合消息　林青霞夫妇近日花1.3亿多港元，在香港西贡买地建豪宅。据了解，此豪宅占地约2787平方米，是林青霞老公邢李分别以4610万港元和8749万港元，共1.3359亿港元买下两栋大房，然后拆建而成。兴建工程已展开3个月。邢林大宅将有两栋各占地约372平方米的豪宅，确保3个同父异母女儿（邢与前妻所生的女儿嘉倩；与林青霞所生的女儿爱林和言爱）都有私人空间。另外，豪宅内还配有网球场、游泳池，以及可以停放多辆车子、接待逾百宾客的草地和大堂。据报道，邢李的身家已逾200亿港元。

章子怡为李安写英文推荐

本报综合消息　1日上市的最新一期时代杂志选出一百位世界最有影响力的人物，台湾导演李安是“艺术家及娱乐界人士”项目惟一入选的华人，撰文介绍他的则是当年执导《卧虎藏龙》时提拔的章子怡。章子怡在文章中特别推崇李安跨文化的艺术成就，和突破疆界直入人心的深度。章子怡说：“因为李安，更多人才认识中国电影，2000年的《卧虎藏龙》虽然说华语，却令西方观众目眩神迷。去年的《断臂山》不论观众或影评人都交相赞誉，风靡全球，达到电影制作的巅峰。”

李英爱崔智友抢当“总统”

本报综合消息　由连载漫画改编，以政治阴谋为主题，描述韩国第一位女总统的生活和在权力斗争中脱颖而出的过程的韩剧《大政治家》(暂译)即将开拍，制作单位开出的主演名单集合了“韩流”的风头人物，希望在崔智友、李英爱、李娜英三人中择一饰演剧中的女总统，至于在总统身边的机要秘书人选则属帅哥李秉宪或张东健。

阿汤哥不想拍《碟中谍4》

据新华社电　汤姆·克鲁斯日前出席在墨西哥城举行的《碟中谍3》首映式时表示，他不准备拍摄第四部《碟中谍》，并称更喜欢演员和制片人的身份，短期内没有当导演的计划。阿汤哥就电影本身谈论很少，只表示对《碟中谍3》很满意，希望这部充满活力的影片给观众留下印象。他非常乐于回答记者们提出的有关他半月前出生的女儿苏里的问题，和记者以及影迷分享他初为人父的喜悦。

陈好择偶受“万人迷”影响

本报讯　“万人迷”陈好近日应邀回到母校中央戏剧学院举办讲座，期间她自曝在学校读书时接的第一部戏是张铁林和宁静主演的电视剧《乱世英雄吕不韦》，片酬定为2000元一集。陈好迄今为止最为人熟知的荧幕形象就是《粉红女郎》中的“万人迷”，出演该剧给她带来了什么呢？陈好笑称：“《粉红女郎》让我一直会回想的就是里面的一段‘如何判断你身边什么样的男孩不可交’的台词：第一，会不停地打电话；第二，一直把妈妈放在嘴边；第三，老是喜欢照镜子。”她表示一直地琢磨自己身边是不是有这种男孩，直到现在还会拿这个标准出来“衡量”一下追求者。

超女杭州唱区29日启动

本报讯　昨日，湖南卫视总编室方面透露，本月29日，“2006超级女声”杭州唱区将正式启动，赛事在当地的合作方是杭州西湖明珠频道。2005年，杭州唱区涌现出了如纪敏佳、丁叮等优秀选手，因此本届“超女”再度将杭州设置为一个分赛区，并安排在长沙之后第二个启动。据知，杭州唱区将从本月

29日至5月6日每天9时—18时接受报名。另悉，主办方公布的最新统计数据显示，“超女”长沙唱区报名人数近万人，基本上与去年持平，而备受关注的预选赛实况将于本周六12时30分开始播出。

周慧敏下月香港开个唱

本报综合消息　阔别香港红磡舞台十年的周慧敏，将在下月底重踏红磡举行两场“威马照明闪耀呈现——周慧敏 Back for Love 演唱会”。由于多年未踏红磡舞台，周慧敏对此次演唱会非常重视，为求做到最好，她事事亲力亲为，上至音乐编排，下至服装设计，她都亲自兼顾，同时又频频开会商讨个唱细节和内容，令工作量激增，即使回到家中，脑海仍想着个唱，压力甚大。不知是否因为太过紧张，她最近瘦了10斤，健康状况令人忧心。据悉，周慧敏在演唱会中会又唱又跳，而余家安则担任个唱的服装设计。

（6）

LG杯决赛第四盘陈耀烨再扳一局

本报讯　昨日，第10届LG杯世界围棋棋王战五番棋决赛结束了第四盘棋的决赛，结果年仅16岁的小将陈耀烨五段执白与古力七段大战276回合，最终古力因在劫争中无力坚持下去而投子认输。这样，陈耀烨在先输两局的情况下连扳两局，把冠军归属的悬念保留到了最后时刻。陈耀烨在先输两局的情况下连下两城，把总比分改变成了2∶2平，为自己赢得了夺取世界冠军的机会。本届LG杯五番棋决赛决胜局将于21日进行。如果陈耀烨获胜，那么他将以年仅16岁的年龄打破李昌镐保持的最年轻世界冠军记录。

斯诺克世锦赛　傅家俊闯进16强

本报综合消息　北京时间昨日凌晨，2006年斯诺克世锦赛结束了第四比赛日的争夺。中国香港选手傅家俊10∶3轻取苏格兰选手麦克马努斯。傅家俊与麦克马努斯之间势均力敌，大比分一度战成3∶3平。随后的第7局比赛傅家俊以73∶34赢下，第八局比赛成为转折点：麦克马努斯和傅家俊对最后一颗剩下的黑球展开争夺，苏格兰人有一个好机会但没有打进，傅家俊将黑球打进后以一分优势险胜，大比分5∶3领先。在大好形势下输掉关键局，麦克马努斯随后难以冷静下来，又被傅家俊连赢五局，傅家俊顺利闯入16强。

体会走秀小丁带万元球杆

本报综合消息　今日，丁俊晖将抵达成都，参加体博会。据主办方介绍，考虑到会场的环境限制，本次丁俊晖成都行的两场球赛严格意义上不能算做比赛，只能算表演。即便如此，丁俊晖本人却很看重本次成都的亮相，坚持携带自己专用的上万元的球杆。随着国内台球运动的升温，丁俊晖绝对算得上是国内体坛的热门人物。为安全考虑，主办方向记者透露，届时在比赛现场他们会给小丁配上保镖。据悉，在本次表演中，现场观战的球迷，都有机会获得一张丁俊晖海报，并能获得丁俊晖的亲笔签名。

F1 圣马力诺站舒马赫称将反击

据新华社罗马电　法拉利车队头号车手大舒马赫 18 日声称，尽管法拉利在过去的两站 F1 分站赛中未取 1 分，但任何人都不能忽视他们的能量。舒马赫认为，不论是澳大利亚大奖赛的撞车意外还是马来西亚大奖赛上的糟糕成绩，都不是法拉利车队水平的真实反映，赛季首站巴林大奖赛的第二名才能代表车队目前的状况。前三站过后，曾七夺年度车手总冠军的舒马赫在车手榜上暂列第四，落后领先的卫冕冠军、西班牙小将阿隆索 17 分。下站比赛将于本周末在圣马力诺进行，舒马赫和法拉利车队都对该站比赛寄予厚望。

3. 根据所给某校园文化节开幕晚会节目单，做晚会开场、串场练习。节目顺序可调整。

器乐合奏《浏阳河》、舞蹈《跨越》、音乐剧《约定》、双人舞《蛇》、

女声独唱《木叶吹啊吹》、相声《回家》、喜剧小品《照镜子》、

男子群舞《壮士》、吉他弹唱《栀子花开》、女子群舞《踏歌》、

歌伴舞《好运来》、二胡独奏《三门峡畅想》、群舞《狂欢的节日》、

舞蹈《春色满园》、情景剧《校园钟声》、女声独唱《难忘的校园》、

器乐小品《排练场上》、留学生节目小品《学中文》、独幕话剧《心灵的对话》、跆拳道表演、大合唱《××大学校歌》。

4. 假如你是一档电台纯音乐节目的主持人，请自拟主题，自己选择音乐（歌曲），然后做节目开场和音乐（歌曲）串连练习。

5. 假设某高校举办节目主持人大赛决赛，决赛分自我介绍、自备主持人栏目、即兴主持和才艺展示四个环节，由 10 名选手参加，评委 5 人。请模拟进行开场和串场训练。

3. 结束语训练

结束语是节目主持人在节目即将结束时说的话。常言道:"编筐编篓,全在收口"。一个节目播出,内容丰富而分散,观众的理解接受有的可能还停留在感性的层面上,有的可能还需要帮助消化,有的观众可能对前面的一些节目内容已记忆模糊,这时候主持人的结束语就可以把节目的意图说出来,或进行概括、总结,或提醒或指导等。

例 1

主持人:听众朋友,听了以上我为您介绍的"小儿王"刘必尘大夫的事迹,您可能会说,刘大夫真是医术高超,同时有些朋友特别是患儿的家长可能没有听清刘大夫出诊的时间和地点,下面请想找刘大夫求医的听众听好,我再把刘大夫出诊的时间、地点重复一遍。刘大夫每星期的周一、周五上午,东直门医院。

例 2

北京经济台的主持人:听众朋友,以上我跟您谈了糖尿病和动脉硬化的关系,在话题的最后呢,我再提醒一下,如果朋友中有谁出现了多饮、多食、多尿,也就是所谓的三多症状,那你可千万别大意,而要及时去医院,如果被确诊为糖尿病,一方面要积极治疗,一方面还要适当控制饮食。在这里,我要特别强调的是,现在威胁糖尿病患者最严重的并发症是心血管病变。所以啊,中老年朋友应该经常注意自己饮食量的变化。如果哪位朋友发现自己有了多饮、多食、多尿的症状,同时又出现了疲乏无力、消瘦的症状,请您一定尽快去医院检查,不要把病耽误了。

分析:以上两例,主持人都采用了重复强调式节目结束方式。多见于服务、教育类栏目。在节目结束时,主持人将自己认为对受众有用的信息或知识点做重复强调,以便听众记忆和加深理解。例 1 中,刘大夫出诊的时间地点在节目中并不是重点,而是一带而过的,但是它对有些受众如患儿家长可能就是非常重要的,这就需要主持人独具慧眼把它挖掘出来,在结尾处加以重复。例 2中,原稿的结尾是这样的:凡患有三多症状的患者,应该及时到医院进行检查,一旦确诊为糖尿病,就应该积极治疗和适当的控制饮食,目前,威胁糖尿病患者最严重的并发症为心血管病变。因此,老人如果出现三多症状又出现了疲软无力、消瘦等症状,要尽快去医院,以免贻误诊治。经过主持人运用重复强调式的结尾设计,加重了原稿结尾强调的意味,同时,又加重了关切的色彩,使人听起来亲切热诚,觉得主持人确实是在实实在在地关心他们,为他们着想，为他们服务。

在节目结尾时做重复强调，体现着主持人一心为受众服务的精神。只要主持人心里时刻想着受众，就能够发现哪些是需要并且值得在结尾重复强调的地方，重复强调式结束方式是维系主持人与受众之间的感情和信赖的有效方法。

例 3

主持人：听众朋友，通过以上的介绍，我们是否可以得出这样一个结论——就是说，用高压锅做动物性食物，营养的损失比较小。而做植物性的食物，对食物营养成分的损失呢，就稍大一些。那么您在使用高压锅时，就可以参照这一情况了。

例 4

主持人：听众朋友，看来呀果茶并不是越红越好，颜色越红说明添加的色素越多，色素多呢，品质难免不受影响，因此可见，黄褐色的果茶比纯红色的果茶质量要好。第二呢，果茶越稠就说明添加剂成分越多，看来那种出现果肉汁儿与水分层的果茶还是比那种看起来较粘稠的果茶质量要好些。您在买果茶的时候可要注意这两点。

分析：在例 3、例 4 中，主持人都采用了归纳式结尾。因为有声语言相对文字有稍纵即逝的特点，受众接受的方式主要是伴随性理解，不具备反复收听和停下来思考的可能，所以主持人要充分考虑到这一特性，在需要的时候给予必要的归纳和总结。帮助受众做出判断和结论，使受众在轻松、毫不费力的情况下，接受和理解节目内容。

例 3 中，节目介绍的是高压锅对食物营养成分影响的话题，编辑编好的原稿对使用高压锅蒸煮烹饪的十几种食品营养成分的损失情况列了一系列的百分比，像大米呀，猪肉呀，豆类，骨头，羊肉等等。虽然每一项讲得很清楚，但是由于这十几项内容难以使人一一记住，并且又没有分类，因此受众难以形成完整、清晰的印象。主持人在播出这个节目的时候，做一个归纳式的结尾，比原来单纯一系列百分比数字要好得多，便于听众得出完整清晰的印象和结论。

例 4 中，节目主题是告诉听众食用果茶有哪些误区。原稿结尾没有对前面阐述的两点误区做归纳，听众对第一点已忘得差不多了。主持人在节目结束时做归纳，让受众听得明白、轻松，节目播出的目的也就达到了。

例 5

主持人：听众朋友，听了以上我给朋友们介绍的预防感冒和呼吸道感染的鼻部保健功，有兴趣的听众朋友可以试一试，看看效果如何。不过我还要提醒朋友们一点，那就是如果哪位朋友鼻子部位正在患病，像疖子、皮肤病、鼻出血等等还是暂时不练此功为好。听众朋友，特别是上夜班的朋友，您不妨按我上边说的方法试一试，我想，夜班病也就可以得到自我调制了。

分析：主持人在节目结束时，采用了"建议式"结尾。在有些话题的结尾主持人可以通过向受众建议做某某事情，尝试某种方法或者提醒注意的方式结束话题。这种话题结束方式既委婉得体又显得亲切热情，受众乐于接受，是主持人行之有效的一种话题的结束方式。

例 6　上海电视台《共度好时光·百年风流》的终结语：

曹可凡：这一期《共度好时光》节目已近尾声，在和朋友们说再见的时候，我们也将同 1995 年说一声再见了！

袁　鸣：流光飞转，时间带领我们不断向前！回顾往日，我们有那么多的怀念，因为记忆里，有那么多真挚的笑脸！

曹可凡：时光荏苒，欢乐伴随我们走向新的一年。我们《共度好时光》节目在过去的一年里和观众相见相识，同乐同欢，就让这一年中我们共同拥有的美好时光，留在我们生命的记忆里，一起走向 1996 年，明天会更加灿烂！

袁　鸣：让真情和欢乐伴我们一路同行，直到永远！

分析：主持人采用了感叹式结尾。在话题的结尾，主持人适时地抓住受传双方共同的感情凝聚点，感慨或赞叹或抒情，让受众在主持人的感叹抒情之中受到感动，受到激励，从而产生行动的力量。在例 6 中，主持人抓住岁末年初这一特殊时刻，迎合人们辞旧迎新的普遍心态来感慨、赞叹、直抒胸臆。此时，主持人的感情与受众的感情已融为一体，受传双方已达成一种互动的默契与共识，传播活动至此可以说渐入佳境。多发有情之声，这也是主持人赢得受众认同和获得成功的一个重要条件。

例 7　在"优生优育"节目中，播出了幸福的恋爱家庭生活和残疾孩子生活的纪录片片断后，主持人张悦说：

"看了刚才的节目，给我印象最深的，不是那些恩恩爱爱、温情脉脉的一对对情侣，而是这些残疾的孩子。尽管我们的编导用心良苦，尽量不给大家以视觉上的刺激，让那些令人心痛的画面一闪而过，但是它还是深深地刺痛了我的心。记得当初我孕育生命的时候，内心深处有个最隐秘的想法：祈祷上苍一定让我生一个健康的孩子。我同几个过来人谈到这个想法时，大家不约而同地说，哎呀，咱们的担心怎么那么一样啊！是啊，生小孩比不得买东西，东西买得不理想，比如一件衣服不合意，我们可以狠狠心不要了，但孩子那可是自己的骨肉啊。有的朋友看到自己的残疾孩子实在可怜，所以给他加倍的呵护，其实，这些悲剧，只要我们掌握一些医学科学知识，早一点加以注意力，有些是可以避免的。所以说，只要想当父母，那么就一定要从准备结婚的那一刻起，有意识地注意优生这个问题。”

分析：主持人采用的是“点评式”结束方式。点评式结尾是主持人一种主要的结束方式，主持人因话题内容有感而发，阐述自己对话题内容的一番见解或感想，以议论的方式结束话题，深化话题的意义。

主持人张悦的点评语，没有任何说教灌输的痕迹。她用平实的语言从自己切身感受的角度出发，句句都是肺腑之言，丰富并拓展了节目的意义。它不仅是对整个节目内容的归纳，也是对内容的深化。

有关点评的语用策略和主持人点评时应注意的问题等我们将在第二章点评能力与训练中详细阐述。

例 8

主持人：听众朋友，以上我给您谈的是医术高超、医德高尚的军医高力宽大夫的事迹，您可能会和我一样产生这样的感慨：要是我们的白衣天使们都能像高大夫那样，医术高超、全心全意为患者服务该有多好啊。也许有些朋友患有腰腿疼、颈椎病、腰椎病，您不妨去找高大夫用按摩治疗试一试。高大夫治病的门诊部在魏公村解放军艺术学院内，坐 320、332 路汽车到魏公村下车就可以找到，您记住了，魏公村解放军艺术学院，坐 320、332 路汽车到魏公村站下车。

分析：在实践运用时，主持人不一定拘泥于某一种结尾方式，有时可以根据节目内容和需要采取几种结尾方式综合并用。如例 7，第一句话主持人采用的是回题式结尾，第二句话用了感叹式结尾，第三句话是建议式结尾，最后一句是重复强调式结尾。综合并用、灵活运用结尾方式，便于精炼、简约地表达多层含义的内容，生动、活泼，受众容易接受。

【训练题】

1. 欣赏下列结束语，说说它们的语用功能和语用策略。

(1)一期主题为《被高档化遗忘的角落》节目，说的是一位老先生在一个商场买到了多年不曾买到的平纹布、细铁丝儿之类的物美价廉的小商品以后所发的感慨。主持人在结束时说：

“听众朋友，以上刘老先生的一番感慨实质上反映了这样一个问题，就是在市场经济条件下我们社会主义的商业应该坚持什么样的服务宗旨和经营方向，是一味地追求高档化引导刺激人们高消费，还是以满足广大群众生活的一般需要为主要经营目标，北风窝百货商场显然选择的是后者，经济发展了，经营条件改善了，但是为人民服务，方便群众生活这一社会主义商业的服务宗旨和经营方向却不能丢，像什么平纹儿布啊、细铁丝儿啊、针头线脑、钮扣鞋带儿这些小商品的确赚不了几个钱，但是却是人民日常生活所必需的，我们的商业部门经营了就满足了群众的需要，方便了群众生活，这样也才是坚持了正确的改革方向。”

(2)主持人：我想今天，在我们的《对话》节目当中，大家一直都在关心热热闹闹的房地产市场，但是节目进行到现在，其实我们大家心中的一个共同的呼唤，被王健林先生刚才点了出来，就是企业的社会责任。大家一定注意到了，当我们局外人满含着愤怒，满含着批判的时候，其实局内人他们也有自己的思考，也有自己的困惑，也有自己的不解和烦恼。想要让一个企业，担负起社会责任，我们绝不能仅仅寄希望于企业自身道德的觉醒，或者是行为上的自律，或者是舆论的一种呼唤，更重要的是我们需要检讨，我们是不是给这样的一些企业，创造了一个能够让他们自觉自愿去承担起企业社会责任的经营模式和制度环境，这样的一个考题。同时摆在局内人和局外人的面前，它一起在考验着我们大家的智慧……

(3)第一次申奥失利后，主持人在主题为“我们不是失败者”节目结尾时说，听众朋友，说到这儿，我不由得想起了体操教练高健在争办表决后所说的一番话，他说呀“作为一名新中国的体育工作者，我曾三次带领国家队参加奥运会，可以说，争办奥运凝聚了我们这一代体育工作者的梦想，我家住在八楼，我曾对人说过‘如果能换来奥运在我国举行，我宁愿从八层楼上跳下去。’”听众朋友，当时从电视上看到了采访高教练的情景，听到他这一片肺腑之言，我感动得掉泪了。我就想啊，我们有这么好的体育工作者，我们有这么好的人民，有这么坚强伟大的党，奥运的圣火终究有一天会在中华大地上点燃。我坚信这一天的到来不会太远。

(4)中央电视台《对话》栏目有一期节目，主题是“星巴克：创新之路”，访谈美国星巴克咖啡公司的董事长霍华德·舒尔茨先生。主持人在结束时说：

“通过今天的对话，我们发现舒尔茨先生和他的星巴克刷新了我们从前对于创新的很多定义。其实创新并不仅仅属于某一类人，它也并不仅仅属于某一类技术，它更不仅仅属于某一个领域。舒尔茨先生的故事告诉我们，盯住你的身边，创新的可能无处不在。好了，谢谢舒尔茨先生作客《对话》，谢谢各位的光临，谢谢大家收看，下周再见。”

(5)“逢年过节、婚丧嫁娶、孩子升学，等等，所有的这些都可以成为大吃大喝的理由，这种现象在咱们农村啊，的确还具有相当的普遍性。咱们的农村还不富裕，有限的资金应该用在发展经济或是切实提高生活水平上。辛辛苦苦挣来的钱一吃了之，想想真是太不划算。这不，春节又到了，咱们大家想一想，是不是别把精力和金钱全花在酒席桌上才好呢？”

(6)下面是文化访谈节目《市场经济下的文化》中的终结语。节目展现“微型标题音乐会”片段，主持人同音乐家、音乐会策划人和传播公司经理，就音乐走向市场和扶持高雅音乐的问题，进行了讨论，最后主持人说：

“关于高雅音乐如何走出低谷的讨论，可以说是旷日持久，这次微型标题音乐会的主办者说，讨论一万次还不如干一次。仔细想想确实是这样，等待恐怕也等不出个结果来，试一试，也许就找到了一条新的出路。我们刚搞市场经济，人们关注的是一些热闹的地方，而有相当多的地方，现在暂时还处于顾不上的境地。但是我经常想，如果这样一些地方长期顾不上，那会不会产生历史性的遗憾或历史性的报复呢？如果长期顾不上，会不会影响我们整个社会文化生态的平衡呢？”

2. 按照下列语境要求设计结束语，主持人数可单人，亦可双人或多人。

①设计电台老歌欣赏栏目的结束语。

②设计某电影或电视奖颁奖晚会的结束语。

③设计各种竞赛节目的结束语。

④设计新闻故事类节目结束语。

3. 假如你是一档电台纯音乐节目的主持人，请自拟主题，自己选择音乐（歌曲），然后做节目开场、音乐（歌曲）串连及结束语练习。

4. 假设某高校举办节目主持人大赛决赛，决赛分自我介绍、自备主持人栏目、即兴主持和才艺展示四个环节，由10名选手参加，评委5人。请模拟进行开场、串场和结束训练。

5. 开展“主持人比赛”。

【训练提示】

先确定自己主持的节目类型（如新闻评论节目、综艺节目、生活服务类节目、体育节目、访谈节目等），主持人数（单人、双人或多人），搜集相关资料，设计节目流程，然后，自己打包（设计开始语、串连词和结束语），之后进行比赛。

比赛可进行多次，难度由易到难。

三、课后训练

【提问训练】

“提问”常见于新闻节目、谈话类节目和人物访谈类节目。主持人采访或访谈是否成功，关键在于主持人是否善于提问。主持人一定要注意提问，精心设计提问。在有限的时间里，提出高水平的问题，是探明事实的真相或采集到有价值的新闻事实的关键。

例话

“没有不会说的，只有不会问的”

敬一丹在做《一丹话题》的时候，一次到山区小镇采访。去的路上，敬一丹晕车了，恰巧碰到的被采访对象是一个惧怕镜头的人，敬一丹自顾不暇，也没有心情去调试对方的状态，结果采访效果很不理想。采访结束以后，摄制组在收拾东西时，敬一丹抱怨道：“说的什么呀，根本就不能用！”这时候摄制组的摄像一边收拾机器一边说：“没有不会说的，只有不会问的。”这句话对敬一丹的触动很大。后来，她把这件事写进了《99 个问号——敬一丹漫谈主持人》一书中。

采访提问的方式有以下几种：

(1)正问

正问，即指主持人直截了当地向采访对象提出问题。采访时，不绕圈子，不撒大网，直入正题，向采访对象说明自己的要求。往往采访时间受限时，采用这种方式效果较好。

(2)侧问

侧问，即指主持人不正面直接提出问题，而采用迂回提问方式。主持人根据采访对象及采访内容的具体情况，先聊点题外话，待双方相处较为融洽、自然之后，再把话题拉回来，提出主要问题。用这种方式提问，有时可以获得更好的效果。

(3)激将

激将，即指主持人采用激将法，刺激对方，使对方兴奋起来，说出本不想说的话或事实的真相。采用这种提问方式时，要注意分寸，否则适得其反。

(4)引证

引证，即指当采访对象一时打不开思路时，主持人用其他事例或消息启发、引导采访对象。

(5)赞叹

赞叹，即指主持人在交流过程中，不失时机地用赞叹的语气表示对对方回答的肯定，扩展对方谈话的深度和广度，并进而演化发掘出表象材料中所蕴含的更加深刻的意义。

(6)重复

重复，即指主持人抓住采访对象说的一些关键性语句不放，用发问的语气，将对方讲过的某句话重复一遍，以加深印象，提示受众注意；同时核对清楚对方讲话的原意，并在此基础上把话题进一步引向深入。

(7)反问

反问，即指主持人采用反问向采访对象提出质疑，使被采访对象不得不明确回答问题。反问时，应注意提问的语气。

(8)追问

追问，即指主持人"打破沙锅问到底"，一旦把握时机，就循着采访对象说出的重要线索，追问下去，直到"水落石出"。追问时，一定要注意掌握提问节奏，连续发问会使对方无所适从，难以应付。追问强调的是一种提问状态，用这种状态给对方造成一定的压力，暗示对方——你还不如干脆说真话算了。追问不是打机关枪似的机械提问，更不要随便、轻率地打断对方的谈话，以免扰乱采访对象的思路。

(9)设问

设问，即指主持人提出假设性的问题或明知故问，以启发对方思考，使对方回答出主持人已知但又不能确定的答案。

【作品赏析】

中央电视台《高端访问》，专访电影导演吴宇森，主持人水均益，2004 年 9 月 19 日播出。

[解说]这些影片都出自一个导演之手，
他就是被誉为动作片大师的吴宇森。
他是惟一一位在好莱坞总票房超过 10 亿美元的华裔导演。
在好莱坞闯荡了 10 年之后，吴宇森再次把目光投向中国，
这次他要讲述的是一个地道的中国历史故事。

水均益：我们知道您这次来中国，主要是为您的新片《赤壁大战》做准备工

作，那么我也了解到您曾经给中方的合作单位写过一封信，您在这封信里面表示，几十年来您一直有这样一个梦想，能够展现纯粹的中华文化风格，包括中华文化里面一些精髓的东西，同时也能通过这样一个影片，能够展现我们祖国的山川大河之美好。告诉我，您最终为什么产生这样的想法，想要拍摄《赤壁大战》这么一个片子？

吴宇森：我虽然是拍了差不多快 30 多年的电影，我从来都没有拍过一部真正能够表现出我们中国人的智慧，我们的人格，我们的文化，我们的精神的电影。那么另外一个原因，都是中央电视台害的。

水均益：为什么这么说？

吴宇森：为什么呢？因为我差不多每天晚上都看中央电视台。

水均益：在美国吗？

吴宇森：在美国，有很多节目我好喜欢看，比如说有些节目介绍中国的风光，专门介绍一些美丽的中国的风景，九寨沟啦，长江啦，很多很美丽的名胜古迹。那么我也好喜欢看一个节目，叫一个老百姓自己的故事，那个题材。

水均益：那正好是我所在的这个栏目。

吴宇森：我也很喜欢看你的节目，我看得多了以后，我就好像有一种精神感召，这么美好的风光，这么美好的东西，我为什么不拍一个电影，为什么不介绍给全世界去知道呢？真的是，我不是说假话，除了那些美丽的风光的介绍之外，透过电视台，我可以更感受到我们，里面有很多百姓的故事，很多很好的故事，让我更认识到我们中国人的感情，我们社会的状态，很多事情都让我很感动。那么我希望透过这个电影，让全世界知道我们中国人拍一个大电影的能力，能制作一个真正的史诗式的气势磅礴的电影的能力。

水均益：很多老百姓，您的影迷都关心，比如说像现在这个新的片子《赤壁大战》，演员现在想好了吗？

吴宇森：目前只是有初步的构想，当然我很希望再跟周润发合作，我一直很欣赏他。另外我也欣赏李连杰，国内有很多很好的演员，我很希望跟他们合作。有一位女演员叫张静初的，我好欣赏，因为我来了这个公司以后，偷偷地看了那个试片，那个戏叫《孔雀》，她里面演得非常精彩，她有一种秀气，是一个真正的好演员。

水均益：您是不是现在脑子里已经把她安到《赤壁大战》里了？

吴宇森：对对对。

水均益：那她要听到这个采访，应该很高兴。

吴宇森:《赤壁大战》里面也有一段爱情故事,除了历史故事之外,我们编剧还穿插一些小人物的爱情故事,也是非常浪漫的一些戏。

水均益:我相信很多人,很多观众,很多普通老百姓,在自己心里肯定对这个三国演义,有他们自己的一番这种理解,或者说一种情怀。我不知道对您来讲,你觉得像赤壁大战、三国演义,哪些因素,或者说哪一些东西是最吸引您的?

吴宇森:像我说的,在三国演义里面,尤其是在赤壁之战这一段,最能表现出我们中国人那种忠义精神,比如说里面像刘备、关云长、张飞、诸葛亮,他们之间的那份情谊、那份义气在戏里面都是很浓厚的。另外除了这个之外,这段戏也是最能够表现我们中国人智慧的一个戏。比如说里面有好几场不同的战役,这种战役,我都希望尽量地用一些孙子兵法,每一个阵,每一个布阵,每一个杀阵,每一个破阵都拍得很真实,很精彩。

[解说]吴宇森祖籍广东,年近60的他凭借在好莱坞10年的打拼已经晋身一线导演之列。对于很多中国观众来说,最初开始熟悉吴宇森要回溯到上个世纪的80、90年代。

水均益:吴导,我知道您在1986年很成功地拍摄了现在很脍炙人口的那部电影《英雄本色》,那时候您是40岁吧,我记得。

吴宇森:快40了。

水均益:那算不算您电影事业,人生事业当中一个很重大的转折点?

吴宇森:……

水均益:但是在这个之后,你拍了一系列同一类型的,比如说《英雄本色》续集等等,这个是为什么,你是觉得这种市场走对了,或者说是为了迎合这样的一种观众的需求?还是说您自己就是感觉找对了一条路呢?

吴宇森:我是感觉找对了一条路,也感觉是找到我自己。比如说《英雄本色》、《喋血双雄》,还有一部剧是《喋血街头》,后来拍的几个戏,都是很能够代表我的心声,也是我拍电影的风格,也奠定了我自己的真正的拍电影的风格。

[解说]一部《英雄本色》让吴宇森积压在内心的才华得到了尽情的释放,这是一部香港从未有过的电影,影片中的男人历经磨难,却从不放弃对"义气、地位、尊严"的追求,借着这样一出电影,吴宇森与周润发、狄龙、张国荣联手出演了男人的友谊、男人的悲伤以及男人的万丈豪情。吴宇森喜欢塑造绝望的悲剧英雄 。他努力在演员出色的演技、暴力美学、真挚的情感、细腻的心理描写和幽默感几个方面寻找平衡。他相信自己的判断:充满人情味的东西可以

打动每个人,最后的英雄是人情的英雄。吴宇森作品即使在外观上看来相当商业化,也仍然能像一部真正具有艺术性的影片那样打动人心,令观众感慨万千。

水均益:您 5 岁就到了香港。

吴宇森:对。

水均益:当时是随父母,而且我看到的资料说,您回忆当时您在香港,你们家在香港的生活,您用了一个词,像地狱般的这种生活。为什么这样说?

吴宇森:因为我们家移到香港的时候,大家在木屋区,都是非常非常穷困的,我们住的环境,就是真的很难想像。除了穷困以外,住在一起的很多人,都有很多不好的事情发生,那么里面有流氓,有毒贩,有妓女,有赌档,是在那么一个环境里面的生活。

水均益:所以您回忆说您那个时候实际上生活在一种恐惧当中。

吴宇森:对对,因为还有我小的时候,因为身体弱嘛,很多时候都给一些流氓欺负……

水均益:听说您上高中的时候,你还曾经想到要当一个牧师?是这样吗?

吴宇森:对对对。

水均益:为什么会这样想,也是因为老被孩子追着打吗?

吴宇森:不是,因为我小的时候家里太穷困了,我们曾经也睡过路上,我们家住在街上,生活很穷困,但是我父亲好希望我能够接受一些好的教育,能够进一些好的学校,但是我们家没有钱。那么后来得到一个教会,一个美国家庭他们寄钱来帮助我一家,还有帮助我进学校,就去读书。所以我对他们非常的感激。我对凡是曾经帮助我过的人,我希望有回馈。我觉得我一生中,曾经帮助过我的人太多了,我希望能够帮助别人,我希望像他们那样子,去能够拿出自己的心去帮助别人。

[解说]但是当吴宇森真正去报考神学院的时候,他遭到了拒绝。他们眼前的这个男孩身上有着太多的艺术细胞和强烈的爱好,这样的人似乎不会成为一名潜心修道的牧师。而当吴宇森真正开始了自己的事业时,他将自己的这一情节不断地在自己的影片中释放。

吴宇森:那么在一个电影里面有摄影,有演员的演出,演员可以代表我讲话啦,有美术方面的设计,也符合我从小的习惯,喜欢画画,通过剧情对白,也跟我小时候曾经想写诗,想着文章,通过那些表现我的中心。

水均益:我理解,通过电影你找到了一个实现自己的一种触角,或者说一双翅膀。

吴宇森:对,也可以这么说。

水均益:对您的批评,说您的电影里面充满太多的血腥,浪费太多的子弹,你怎么回应这样的评价。

吴宇森:因为我拍戏凭感觉拍一个戏,当我拍《英雄本色》的时候,有的时候,我希望一种枪战的声音做成音乐的效果,所以我为什么开那么多枪,连环开那么多枪,对我来说,有很强烈的鼓的节奏,那种节奏,可以弄出一个很强烈的情绪。那么就是这样可以把动作弄成很浪漫的感觉,所以我这样做。有的时候我用蛮多的血,也是一种利益的表现,或者是凄美的表现,也是一种悲壮的表现,所以在某些程度上,我用那样的效果表现一种感情。尤其当我描写一个英雄的时候,一个英雄的人物,他的牺牲,他的勇气,他的对抗,我也表现他那种正义感的精神的话,我更会用强烈的画面来表现。

水均益:您知不知道这之后,你得到了一个称号,叫做暴力美学大师,你知道吗?

吴宇森:我知道。

水均益:您喜欢这个称呼吗?

吴宇森:我蛮喜欢的,我喜欢的就是代表一些感情,代表喜欢我的观众,那些影评人,他们给我的那份感情,他们给我的称号。当然我的电影不一定是暴力的,除了这个暴力美学以外,我很注重人性,其实我的电影是蛮感性的。除了这个动作以外,很多场面是根据这个剧情,根据这个人物个性设计的,不是为了动作而动作,我很注重人与人之间的关系,我很注重友情,我很注重我一向崇拜的主题,所谓正义感,在我的电影里面都很强烈地表现出来。

[解说]在这一系列影片中导演本人最钟爱的是《英雄本色》和《喋血街头》。而也正是这两部电影成为了吴宇森打开另一扇大门的敲门砖。他在这一片天地的打拼使他的人生再一次地被改变,甚至使吴宇森完全脱离了曾经给他带来无数荣光的香港生活。

水均益:在香港《英雄本色》等等这一系列的成功之作,怎么选择去好莱坞?有一个契机,是谁邀请您,还是谁给您出的这样一个主意吗?

吴宇森:去好莱坞之前,我从来没有想过要去好莱坞拍电影,我一向都是不问世事的,我拍一个电影的时候,我尽量拍好一个电影,并没有说我拍一个电影是要讨好西方观众,或者是讨好中国的观众,我一心只是拍好电影。那么后来我的两个戏,《英雄本色》、《喋血双雄》突然间受到外国西方的影评人,还有好莱坞公司很大的注意。那么很多演员，外国演员都好喜欢我的戏。忽然间我在拍戏当中，我收到20世纪福克斯公司的电话，也收到新线公司的电话，也有美国的一个名导演奥利弗·斯通，他也给我打电话，很希望跟我合作，邀请我到好莱坞拍电影，我是被邀请过去的。那么起先，我的心里面有一份挣扎，就是说去一个陌生的环境拍，我不知道会怎么样。但是后来我一想，既然我在香港已经拍了20多年的电影，我应该到一个新的环境，接受一个新的挑战。另外一个事情就是说，我为了要证明我的拍摄方式，我的表演技巧是很国际性的。

[解说]20世纪80年代至90年代中，香港电影正值黄金时期，年产超过二百部电影，高峰期一共有五条华语片院线，那些走红的演员可以同时间拍摄五六部电影，很多幕前幕后的电影人终日处在超负荷的工作状态。吴宇森也不例外，这也在另一方面促使他产生了离开香港的念头。

……

水均益：您有没有想到，最后去了不成功，一败涂地，然后卷铺盖卷又回来了，有没有担心过这样的情况？

吴宇森：也有考虑过那样，但是当我一到了美国以后，我就发现，我没想到我有那么多的好朋友，我发现有好多影迷，因为从来我在香港拍戏的时候，我很少注意那样的事情，我认为作一个明星才有影迷，导演怎么会有影迷呢？后来拍第一个戏，算还可以的。

水均益：《终极标靶》。

吴宇森：《终极标靶》，但是也发现很多的问题，有人喜欢那个戏，有人看了一半就离开了，认为受不了那个戏。

[解说]这部戏就是《终极标靶》，这部片卖出了4000万美元的不错票房，吴宇森更是因此片登上《纽约时报》的头版。但这部片也让吴宇森尝到了初涉好莱坞的艰辛。

吴宇森：起先我第一个拍的时候，我野心太大，我希望把我所有的技巧，我所有的平常用的东西，都放在一个不是我自己熟悉的剧本里面，结果一出来的时候，很多观众看不懂，因为在美国一般的观众，他们看一个动作片，突然间看到一个慢镜头，他们以为是广告，他们看到一个定格，戏当中有一个定格，他们以为整个戏完了。忽然间看到一个中枪的、有血喷出来的镜头，平常他们都不用慢镜头的，所以他们就笑了，是不好的笑。后来我就发现，当然那个戏卖座也不是很差，但是我觉得就是说，我们以为我们了解美国人，了解美国电影，其实我们了解不够。后来我发现就是说,如果要拍一个美国电影,一定要像一个美国电影,但是要有不一样的特色,但是这个不一样的特色,不能一下子就通通地放进去,一定要一步一步来,让普遍的观众开始慢慢认识,慢慢接受了。

水均益:您这是典型的东方的智慧,我们说循序渐进。

吴宇森:对对,然后就花了很长时间去研究当地的文化,他们的语音,他们的生活方式,还有他们的思想行为,那么就希望能够找到一个题材,能够拍一个美国题材,但是把我们中国的精神放到这个题材里面。

[解说]在好莱坞这个商业化的国际影坛,吴宇森必须做出改变和调整的不仅仅在心理和文化领域。好莱坞需要为自己不断地补充新鲜的血液,而这种需要是有附加条件的。

水均益:在这个过程当中,你有没有出现过和美国的好莱坞电影运行机制没有办法通融,没有办法合作的这种情况,因为我们知道也有些报道说,在最初您的一些片子里面,最终的剪辑权都不归您。

吴宇森:我拍第一部《终极标靶》的时候就有这个情况,因为,比如说我们在香港拍戏的时候,什么事都是以导演为主的,导演控制一切,导演是整个戏的创作的灵魂。但是我拍那个戏的时候,拍第一个美国戏的时候,后来我发现原来这个大明星,他们的权力也很大的,原来这些明星可以拥有剧本最后的决定权,选角的最后决定权,还有最后的剪辑权也是那个明星的,什么最后的权都是那个明星的,我就觉得很奇怪。那么当我剪辑我的版本的时候,那个明星也在旁边找另外一个剪辑师剪他的版本,我就觉得很生气,这个绝对是不可能的事情,另外在美国拍一个戏的时候,很多人参与意见,这个公司的那些总裁啦董事啦,那些副总裁,创作的主任,都参加意见。我就觉得很奇怪,好像美国人好喜欢开会。为了一件小事情可以开6个月,都是开会,重复同样的事情。所以我觉得很不习惯,很不喜欢。后来我经过很多的斗争,我也很强硬的,我要坚持我自己剪辑的版本。后来我了解到在好莱坞拥有最后剪辑权的导演,在好莱坞只有5个导演。其他最后剪辑都是公司来控制的。

水均益:您是说您现在拥有了最后剪辑权。

吴宇森:已经拥有了,因为在后来我拍《断箭行动》,还有《变脸》,那个戏的卖座超过一亿(美元),一卖座以后,我就拥有了所有最后的权力,连最后剪辑,连最后选角,最后剧本的决定权,都拥有。在好莱坞就是这样,你的电影一卖座,就拥有很多最后决定权。

水均益:要靠实力说话。

吴宇森:要靠实力说话。

[解说]从初涉好莱坞舞台,到成为一线导演,吴宇森用了十年的时间,他的每一部戏都是中国观众眼中地地道道的好莱坞体裁、美国大片。期间不断地有评论说在好莱坞大红大紫的吴宇森丢失了他在香港电影中塑造出的吴式风格、吴式英雄。而吴宇森本人更愿意把这十年看作是一个打基础的十年。当他再次想到转变时,他的眼光投向了中国。

水均益:吴导,您觉得在好莱坞这样一个运行机制之下,和您原来,包括在香港拍片,最大的不同是什么,给您自己的创作空间提供很大自由的关键是什么?

吴宇森:在香港拍戏的时候,我们有很大的创作自由度,很多时候,我们拍戏,根本不需要有一个完整的剧本,我们可以一面拍一面写,甚至可以在现场,一边写对白,一边拍摄,这样有好有不好,但是在控制预算方面会做得不好。但是在美国拍戏的时候,一定先要有完整的剧本,很多的剧作,很多的排戏,都要根据这个剧本去做,有它的好处。那么在香港我们拍戏比较灵活,我们随时想到什么样的灵感,什么样新的噱头,什么新的构想,马上就改,马上做决定。但是在好莱坞你不能改,你临时有新的构想的话,如果是超出这个预算的范围的话,他们不允许你去改的。

水均益:要改也得开会。

吴宇森:要开会,还要经过他们的批准。所以在这些方面,在这个灵活性方面,在香港的灵活比较多。但是在另外一方面,在美国拍戏有一个好处,就是每一方面都很专业,从制片人到演员,到工作人员,都很专业。还有就是说,我觉得在美国拍戏有一个好处就是,当地政府,还有当地的人,都非常尊重电影事业,他们把电影当成是一种很受尊重的艺术形式。所以我们在美国的时候,在哪里拍戏的话,都得到当地政府很大的帮助。另外就是在好莱坞,他们很重视人才,只要你是人才的话,他们会给你很大的领域。而且我觉得另外,最近我感觉到了有一样不好的地方就是,好莱坞有很多大的电影呢,都越来越公式化了,每一个电影,都好像必须遵循一个惟一的公式,很多电影,只要好看,但是好像没有什么内容,就是思想性不够。所以我已经有一种厌倦的感觉,那么我觉得,所以我现在慢慢转移我拍摄的风格,我再不追求去拍摄那些所谓大型的商业片,我希望拍出一些思想性比较浓厚的电影,所以我回来拍《三国演义》。

水均益:好的吴先生,非常感谢您,我们今天聊得非常愉快,而且我想您也是很少有机会这么长时间来给我们讲述这么多东西。我给您准备了一份礼物，我相信您一定喜欢。因为您在刚才采访当中提过好几次《孙子兵法》，我们这个礼物就是我们栏目，我们这个电视栏目做的一份礼物，这是我们的栏目《高端访问》。这就是《孙子兵法》。

吴宇森：非常感谢。

水均益：希望您能够喜欢，而且没准这个东西对你新的《赤壁大战》有帮助。

吴宇森：有非常大的帮助，谢谢。

水均益：谢谢您。

分析：这是一次成功的访谈。从主持人提问，我们至少可以了解以下几点：一是主持人水均益在采访之前，对即将采访的对象——香港导演吴宇森的个人情况进行了详细的了解。由于对采访对象的情况了解全面，提出的问题总能让对方连连说对，采访对象会觉得主持人对自己很重视、很了解，于是能够心情愉快地说出自己本不打算说的话。第二，精心设计访谈预案，不但使整个采访过程完全在主持人的掌控之下，按照主持人的思路在推进；而且使被采访人的事业发展变化、心路历程以及人格魅力都通过一个又一个问题，清晰地、生动地展现在受众面前。第三，访谈过程中，不乏尖锐的问题设计。这些可能会令被采访对象感到尴尬的“质疑”或追问，却往往产生意想不到的传播效果。不但没有破坏被采访人的形象，而且还让受众对被采访者和他的思想有了更进一步的认识。第四，随机对被采访人较零散的话做概括，在被采访人表达不畅时，及时接话补救，也体现了主持人较强的语言能力和良好的职业素养。

【训练题】

1. 请分析：这位青年记者采访中年女科学家为什么失败了？

记者：请问，您毕业于哪一所大学？

科学家：啊，对不起，我没有进过大学，我搞科学研究全是靠自学。我认为，自学也可以成才。

记者：（愣了一下）听说您成果累累，又完成了一个项目，请问您研究的下一个新课题是什么，能告诉我吗？

科学家：看来您并不了解我的工作。我一直致力于原来的项目的研究，目前只在这个项目课题上有了一些小小的突破，但远远没有完成，所以谈不上有什么新项目、新课题。

记者:(想转移话题,缓和气氛)您一定有一个支持您专心致力科研的和睦家庭,请问,您的孩子在哪儿读书?

科学家:您大概不了解,我早已经决定把毕生的精力贡献给自己从事的科学事业,所以我一直独身至今。请原谅,这个问题我不愿多谈。

记者:(语塞)啊……

科学家:好吧,我工作也很忙,恕不奉陪了。

(此题引自赵忠祥、白谦诚主编《主持人技艺训练教程》)

2. 请录制一个名人访谈节目,分析主持人是如何设计提问的。

3. 设计提问并模拟采访。

【训练提示】

①提问一定要精炼、精细、精彩。主持人的采访谈话活动不同于一般的聊天,不能漫无边际地"瞎侃"。这就要求主持人的提问要问到点子上去,问得准。应该根据访谈的目的和意图,从细小的地方入手,特别要注意挖掘那些还没有问过,而广大受众又非常关注的问题。有时候,主持人精细的提问,配以采访对象的巧妙回答,使人顿感妙语天成,节目一下子就站立了起来。

②注意灵活多变。是提大问题,还是提小问题;采用哪一种方法提问最合适;应该设计多少提问,这都需要主持人根据具体情况,作出灵活的考虑。

③问题设计一定要针对采访对象不同的心理状态,以求产生出合作共鸣。

(1)假设你将采访一位名人(如李敖或谭盾),请制定访谈预案,设计问题,然后,对照《杨澜访谈录——专访李敖(或谭盾)》做分析、比较,寻找差距或不足。

(2)请找一位你认为极不起眼的小人物,对他(她)进行访谈。访谈后进行讨论和评议。

(3)请对一位学习、工作都很出色的学生会干部进行访谈,其中穿插几处"质疑式"提问。

(4)请访谈一位你非常熟悉的任课老师。

【思考题】

1. 请举例分析主持人开始语的语用功能和语用策略。

2. 请举例分析主持人串连语的语用功能和语用策略。

3. 请举例分析主持人结束语的语用功能和语用策略。

4. 请谈谈主持人提问应注意哪些问题。

第二章　点评能力与训练

一、理论概述

“点评”即通过由此及彼、由表及里的议论，或点明要害，或启发思考，有助于揭示或提升节目的主题。

“点评”一般是主持人的有感而发，虽然主持人代表媒介，是节目“出面的主笔”。点评是主持人在主持过程中十分重要的语用方式。在节目中，它起着画龙点睛的作用。点评是主持人知识积累的升华，适时地运用点评语，会使节目丰富多彩；精彩的点评，往往透着主持人的敏锐的机智。因此，主持人要想适时做出精彩的点评，平时就得多注意这方面的训练。

主持人点评的语用策略有：

(1)点有选择，评有针对

点评者掌握着话语主导权，所以不能兴之所至，妄加评说，应在什么地方安排点评，针对什么而说，要达到什么目的，主持人必须心中有数。

(2)把握分寸，点到为止

点评要实事求是，不能偏激，更不能信马由缰，说话必须简练，要有语意的“过滤意识”。

(3)有感而发，随机切入

点评常常是一种即情即景的有感而发，主持人需要适时把握时机，靠的是灵活的领悟能力。

(4)借助语势，顺题立论

主持人点评常常是与嘉宾、来宾共同完成的评论，可以在顺应对方观点或语脉的前提下，作语意的引申、补充、强化，所以，运用点评应注意对语境的利用。

(5)形式多样，力求贴近

点评的话语形式可以是议论也可以是抒情；可以述中有评，也可以评中有述；可以有哲理性的深刻，也可以是“百姓话语”式的平白调侃……但是点评不应该是主持人一人说了算的“评判”。主持人为了更接近受众经常把自己“摆进去”，可以是主持人的个人体验或认识的表述，但是更多的应该是在与受众的商酌或交流中形成的共识。

例1　南京电视台《南京零距离》，主持人孟菲。

主持人：好，来看今天的报纸上的内容。在今天的晨报上说……

（字幕标题："一把手"要发表"施政演说"——《南京晨报》）

主持人评论：有人认为这种所谓的"施政演说"仅仅是一种形式而已，但是我认为形式在有的时候它本身就是一种内容，而且是一种非常重要的内容，政府组成部门的候选人通过和选民面对面，通过网络、电视等媒体公开施政演说，直接和公民面对面，这是一件非常有意义的事情，它让这些官员们更清楚更直接更感性地体会到一点：权利来自人民。这种做法可以有效地提高他们的一个认识就是执政为民，而过去的那种方式给官员们领导们的感觉就是当官儿当领导仅仅就是一种组织安排而已。

分析：主持人通过驳论式的点评，提出了自己对这件事的看法，既启发受众思考，又体现自己的思想、业务水平。

例2　中央电视台《实话实说——历史与教科书》，主持人崔永元（2002年5月26日播出）。

崔永元：我想如果您有一个孩子，可能会有这样的经历，就是有时候您的话孩子是不听的，但是他特别听老师的话，他特别相信教材上写的东西。从这个意义上来讲，教材非常重要，它有可能关系到孩子的一生，所以教科书的问题不能小视。我想我们对教科书的要求只有一条，那就是尊重历史！谢谢大家！

分析：主持人通过点评，点明要害，揭示了这期节目的主题。

例3　北京电视台《第七日——老板当的哥》，主持人元元。

主持人：开场白

（采访老板）

主持人：老板考虑的是为公司赢利，的哥考虑的是养家糊口，出发点不一样，所以有人认为这对矛盾是不可调和的。但是将心比心，至少也可以做到荣辱共存。现在常说换位思考，的哥恐怕是没有机会坐到老板椅上去思考发展大计。老板们走下老板椅去反串一下员工，倒实在有必要。

分析：主持人的这段点评是随机切入似的有感而发，起到了过渡、呼应和深化的作用。

（例2、3引自吴郁主编的《主持人思维与语言训练路径》）

例4　中央电视台《马斌读报》，主持人马斌（2006年4月27日播出）。

主持人:《新文化报》说,4 月 25 号,吉林省德惠市街头出现了一景:两个交警拦下一辆违章出租车,开车的的姐可不含糊,下车来,话不投机就开始动手,伸出手来"啪啪"就打交警的耳光,两位交警也够有涵养的,也不还手,直直地站在那里,就那么挺着。这的姐也不客气,"啪、啪、啪",15 分钟打了两个交警 40 个耳光,那耳光抽得啪啪响,围了五六十人看。有人问了:你们两个为什么不还手啊?这两名警察解释说:"因为打人者是女人,我们不能还手;而且我们不能躲开,如果躲开,就会看到一个女人追着警察打,让人产生误会。"昨天我们说了这事,今日头条我们来看看各报的评论。

《半岛晨报》说,好一个"怕人产生误会"!为什么围观群众会产生误会?原因可能就在于,交警平时执法过程中,存在不规范行为。这样,即使是交警在正常执法,也让民众很难对执法者产生十足的信任。在这种情况下,想获得正义地位,只得靠挨打,来激发百姓的同情心理。这两位交警的弱势心态,正是在平常执法中交警普遍太过强势所致。

《现代快报》则做了一个假设〈假如40耳光打的不是交警是司机?〉那就是另外一种形势了。文章说,的姐打交警,这只是极端的个例,不具有代表性,因此,不能据此认为现在警察的执法环境在恶化,也表明不了警察真的成了"弱势群体",如果警察具备良好的法治意识,按法律办事,真正做到"执法为民",自然能最大限度获得市民的支持与拥护,这样的警察是最安全的。不需要靠博取同情来保护自己。

《新商报》评论说,我们有必要弄清楚《到底什么才是"人性执法"》。虽然说,法律之内,应有天理人情在,但是以牺牲执法者的执法尊严成全对"人性"的泛滥标榜,结果只能是两败俱伤。40 记耳光,不知道能不能敲醒我们对"人性执法"的误读。

主持人点评:警察挨打不是第一次出现,但是这件事所体现的问题却值得我们思考:那就是"人性执法"的度在哪里?过去,在我们的印象里,警察就是盛气凌人,最近,警察委曲求全的新闻也多了起来,我想,不管盛气凌人,还是委曲求全,都不能从人情出发,而应该从法律出发,法律没有授权你可以盛气凌人,但也没有要求你必须要委曲求全,依法执法,是一切问题的出发点。最后,我就想送那位的姐师傅一句话:做人要厚道。

分析:马斌的这段点评语言朴素平实、通俗易懂,却深入浅出,道出了问题的症结,要害,有效地引发受众思考。

例 5　中央电视台《马斌读报》,主持人马斌(2006 年 4 月 22 日播出)。

主持人:"一年只有6次沙尘天气,我想咬咬牙也就过去了!"说这话的是北京气象台的高级工程师张明英。前几天,北京闹了一次沙尘暴,飞沙走石,昏天暗地,但张明英说他对在北京居住还是很有信心的,因为这几年平均下来,北京一年365天里只有6次沙尘天气,咬咬牙也就过去了!这牙再怎么咬也是满嘴沙子啊,还是咬咬牙把环境治好吧。

分析:主持人用诙谐幽默的语言,三言两语就点明了对付沙尘暴不能消极,而应积极面对,主动地采取行之有效的办法治理沙尘暴才是我们应该做的。

点评语一般是主持人有感而发,率真自我的形象往往通过一两句点评就体现得淋漓尽致。主持人应擅长抓住点评的机会,彰显自己的个性色彩,形成自己不可替代的主持风格。

二、点评能力训练

节目主持人以"我"的身份出现在受众面前,他(她)是整个节目顺利进行,最终展现主题的关键,他(她)是传递信息,知识的"终端"。很显然,这样一个重要的人物,必须具备适时点评的能力。

在进行点评训练时,应注意以下几点:

(1)点评要有意义,主持人要善于以小见大,以点带面,从个别的现象中发现具有普遍意义的观点,而不能就事论事或者是空发议论。

(2)要有感而发,既不无病呻吟,也不牵强附会;既不故弄玄虚,也不有意拔高。

(3)要注意的是讲究政策分寸,主持人的议论、点评要以党和政府的政策为依据,对人、对事都不能感情用事地妄加评论,或者是轻易地论断是非曲直。

(4)第四要注意留有余地,不绝对化,不说过头话,不以偏概全,不强加于人。

(5)要力求点评有真知灼见,确实能给人以启发、警醒,"语不惊人死不休",语气平平淡淡,则不如不点评。

(6)训练时准备时间不宜过长,最好是做即兴点评训练。主持人点评是在动态语境中的随机性表达,是以思维反映的灵敏性为前提。主持人要想较快地对听到、看到的内容发表见解,必须从感性上升到理性认识,才能作出分析和评价。

1. 请即兴点评下面的短文或故事

"朝天鼻"与"狮子鼻"

我的鼻子很丑,从小便是。肉多,且鼻尖微微上翘。听人说这是代表命苦的"朝天鼻"。母亲也因此时常长吁短叹道:"咱娃儿将来会命不好呀!"并每每举例我的一个姨奶奶,丈夫死得早,儿女不孝顺,命苦得很。而她,就长着一个典型的朝天鼻。

潜移默化中,我对这个观点也深信不疑。遇到不顺心的事,我便会不自觉地摸摸自己的鼻子,慢慢地叹一口气,想:也许,这是命中注定吧,我无法改变。就这样慢慢长大,我各方面的境况,一直与"好"无缘。

15 岁那年,一位据说看相很灵的老人偶然见了我,兴奋地对我母亲说:"这孩子,将来必定大有作为啊! 瞧那鼻子,典型的狮子鼻,霸气十足啊……她以后必成大器!"那一夜,母亲兴奋地一宿未眠,我也亦然,并数次从床上爬起来跑到镜子前,认真端详自己的鼻子。是的,鼻梁不高,鼻翼很宽,充满霸气。我心里欣喜地狂念着:这是狮子鼻,是狮子鼻啊!

说也奇怪,自打那事以后,我的学习、生活境况有了全新的变化:成绩一跃成为班上的前几名,人际关系也变得十分不错,大家说我的气质、谈吐也较以前有了很大的不同。每一次进步,每一次成功后,我还是会不自觉地摸摸鼻子,我知道,我有着一个代表着有作为、有前途的狮子鼻,只要我努力,我一定能成功!

三个渔民的启示

用鱼鹰捕鱼是一种最古老的捕鱼方法,已经有 1300 多年的历史。在一个风光旖旎的岸边,就住着这么三户以鱼鹰捕鱼为生的人家。他们每家都有一只小渔舟,养着数十只鱼鹰,每天早出晚归,捕鱼卖钱。

鱼鹰的喉咙下面有一个天生的皮囊,可以储存捕捉到的鱼。为了不让鱼直接进入鱼鹰的胃里,渔民通常在鱼鹰皮囊的下端用一种比较结实的水草扎上。

第一个渔民大大咧咧,把捆扎鱼鹰脖子的水草系得松松垮垮。结果,无论大鱼小鱼,几乎都被贪吃的鱼鹰给私吞了,能从鱼鹰嘴里抢下来的鱼少得可怜。捕不到鱼,自然卖不到钱。所以,几个月过去了,他仍是一只舟,数十只鱼鹰,贫穷依旧。

第二个渔民则精于算计,他把捆扎鱼鹰脖子的水草系得严严实实。一开始还好，无论大鱼小鱼，几乎全都颗粒归仓。但没多久，鱼鹰因为吃不饱，先后都饿死了。最后，他只剩下一只孤零零的渔舟，比第一个渔民还凄惨。

只有第三个渔民，他把捆扎鱼鹰脖子的水草系得不紧也不松，正正好好。鱼鹰抓到小鱼，可以直接吞下，当作自己果腹的美餐；鱼鹰抓到大鱼，想吞也吞不下去，只好吐出，成为渔民换钱的资本。结果，这个渔民每天都有可观数量的鱼卖到集市上去，自然也就越来越富有了。

把犯错误的速度再提高

可口可乐公司每年都会举办一个比赛，让各校学生们发挥团结与创意，在操场上拼出一个“Coca Cola”的图形，获胜的队伍可获得一万美元的奖金。因为金额很高，每个代表队无不憋足了劲，全力争取。

比赛时，可口可乐公司有一项要求，即参赛选手必须穿上印有“可口可乐”标志的运动衫才能上场，否则便是不符规定，取消其参赛资格。

而佐治亚洲有一所学校的中学生迈克，却不幸犯了这个严重的错误。当迈克匆匆忙忙地来到体育场，却见领队满脸怒气地看着他，原来，他忙中出错，身上穿的居然是一件百事可乐的宣传运动衫。

迈克当场被老师呵斥了一顿，而学校更为此处罚他停课一天。

事情发生时，迈克也非常自责，他实在不知道怎么会穿错了衣服。一整天都闷在家里的他，便打电话给某 call in 节目诉苦。

一夜间迈克成了全美最著名的人物，有许多人愿意出面帮忙，还有些名校特别提供名额给他，让他转校就读！而“百事可乐”获得免费宣传，更是喜出望外，派人送了一箱“百事可乐”的运动衫给迈克。

迈克完全没想到，拨一通电话，居然会获得这么多鼓励与支持，他更没有想到最后的结果却是因祸得福。

幼儿园

在幼儿园工作的朋友阿娇向我叙述了这样一件事：

那天上午，我带着孩子们去一片小树林里游玩，回来后查点人数时，忽然发现少了一个叫李腾腾的小男孩，立刻把我吓了个半死——这些孩子是家里的掌上明珠，万一弄丢一个，那还了得。

事不宜迟，我们马上向园长作了汇报，园长一听，眼睛顿时瞪得老大，她来不及训我，先和李腾腾的家长取得联系，证实他没有回家，然后连忙组织老师们去寻找、打听。从上午11点一直找到下午3点半，终于在胜利大街幼儿园找到了李腾腾。原来在我们回来经过一个路口时，李腾腾看到一个人好像他的爸爸，于是他就从后边追了过去，结果追着追着却不见了那人的影子，李腾腾哭了起来，这时碰巧看到一群小朋友在排着队走路，李腾腾就插了进去。

阿娇说，我原以为孩子的家人一定会臭骂我一顿，再加上现在的人法律意识强了，说不定还会打官司让我付给他们精神赔偿费，对于这些我都做好了思想准备，因为这毕竟搞得人家全家人鸡犬不宁。但没想到的是，孩子的爸爸妈妈见到自己的儿子后，竟耐心对5岁的儿子说："傻孩子，你怎么能随便乱跑呢，即使看到爸爸妈妈。也要先向老师请假以后才能离开啊！你看看，你这一跑，不光爸爸妈妈着急，你的老师更着急呀！赶快向你的老师道歉，说对不起！"我们一再表示我们的歉意，感谢孩子家长的宽宏大量。孩子的爸爸说："其实，我们并不是什么宽宏大量，如果孩子真的丢了，或是受了伤，我们也一定会向你们讨说法的，但现在孩子什么事也没有。我们还能怎么样呢？你们又不是故意的，同样也受到了惊吓，心里本来就不好受，我们又怎能胡搅蛮缠，做一些出格的事呢？"并请求园长不要处分我们，有了一次这样的经历，不需要处分，也会铭记一辈子的。

阿娇说，她十分感谢李腾腾的家长。不光没有责难她们，还替她们求情，结果幼儿园真的没有处分她们，工资一分钱也没少。

恩格斯请鸭嘴兽"原谅"

1843年，恩格斯在曼彻斯特看到一枚不大多见的蛋，有人告诉他，这个蛋来自澳大利亚，是鸭嘴兽下的。恩格斯听了忍不住哈哈大笑。他认为鸭嘴兽是哺乳动物，不可能下蛋。后来恩格斯心里有些不太踏实，就查阅资料，惊讶地发现自己在这种常识性问题上的贫乏和无知。原来鸭嘴兽确是一种会下蛋的哺乳动物。后来，他经常提到这件事，并在给友人施密特的信中说到这件事的教训，劝朋友"千万不要做我事后不得不请鸭嘴兽原谅的那种事情"。

马上就可以讲

有人问美国第28届总统伍德罗·威尔逊，准备一份十分钟的讲演得花多少时间？他说要两个星期。问准备一个小时的演讲要花多长时间？他说要一个星期。"那么请你讲两个小时呢？"威尔逊立即回答："不用准备，马上就可以讲。"

2. 请看图片新闻后作点评

（1）

现在是广播体操时间

昨天上午 8 点 30 分，在马栏山一酒家的前坪广场，服务员在旭日下做早操，仿佛回到了儿时校园。

阳光下的阴影

昨天中午，在潇湘中路旁的湘江风光带上，密密麻麻摆放了许多棉被、床单，经过该路段的黄先生笑说这是阳光下的阴影。

600 名男女邂逅浪漫

昨天下午，长沙市某宾馆 19 楼，600 多名未婚男女参加了“邂逅浪漫”的交友速配派对。整个会场 400 多个位置座无虚席，外面还挤满了应征者。

【范例】

这是我们在今天的早报上选取的照片。看明白什么了,知道他们这是在干嘛吗?来我给您讲解一下,这是早报记者李奇昨天上午8时30分的时候在马栏山一酒楼的前坪广场上拍到的,这些在照片上做着早操的就是马栏山这一酒楼里的服务员。

都说身体是革命的本钱,过去革命年代我们靠的就是强健的体魄才打来了江山,今天,我们革命队伍这一作战方针可让酒楼老板给学来了,其实我们大家都得学,您看现在现代化水平大大提高了,许多过去需要人力完成的工作都被现代化的一些设施代替了,现代文明病是越来越严重了。牙膏广告上有一句经典"我们的目标是没有蛀牙"。那今天曹静就给大家提出另一个口号:"我们的目标是让自己成为联合国所说的健康人。"

来接着看下一张图片。

这张照片是我们在今天的《潇湘晨报》上选取的,您看这两位,天气不错晒晒被子,瞧着湘江风光带上的栏杆,多实惠的晾衣竿啊!您自己倒是健康了,可这么一来您就把我们城市的形象、市民的素质全捂病了!

社会公德是每个社会成员在公共生活中应该遵守的基本行为准则,刚才那事啊,咱往小了说是自己社会公德意识不强,往大了说这就是给咱中国人脸上抹黑了。上个星期我一个国外的朋友来这玩,那天晚上我们就逛了夜市,正逛着迎面就走来一群身着睡衣的妇女,然后我那位朋友就问我说,这样的打扮是不是当地特有的夜市装扮,您说我该怎么回答。所以说啊,咱以后还真得注意,08奥运快到了,我们是这场宴会的主人,我们把全世界的朋友都请来,那作为主人的我们也该大大方方、体体面面吧!

好了,来看下面一张图片。

这群穿着大方体面的男女聚在一块是在开会吗?恩,还真的是在开会,但这个会是相亲会。这是我们在今天的中国青年报上选来的一张图片,说是昨天下午,在长沙市今朝宾馆19楼。600多名未婚男女参加了"邂逅浪漫"的交友速配派对,整个会场400多个位置座无虚席,外面还挤满了应征男女。

"得成比目何辞死,愿做鸳鸯不羡仙",唐代诗人卢照邻的诗句道出了古往今来多少中国人追求美满姻缘的夙愿。反对的人就说呢,这样的相亲速配是社会"麦当劳化"的一个典型例证,它的效率、可计算性、可预测性和可控制性使人与人之间的情感活动成了纯技术层面的操作,太不伦不类了。支持的人又说,这样的相亲会啊办得好,它有市场有需求,办得较隆重的像有南京白马公园相亲会、深圳白领相亲会、上海世纪公园相亲会等等都是很成功的典例，不仅为“三高人群”开拓了择偶新天地，还有助于高学历的大龄人士更广泛的结识异性，扩展交友结缘的机会。那电视机前的您是反对还是支持呢？

（范例根据湖南大学广播影视艺术学院学生曹静录像练习整理）

（2）

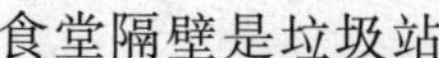

食堂隔壁是垃圾站

时间：2006 年 3 月 16 日

地点：××市××中学

事件：垃圾站修在食堂旁边，已经是很不卫生了。这天是食堂开饭的时间，同时也是清理垃圾的时间。学生买了饭从食堂出来，却遭遇脏土飞扬，臭气熏天！

（3）

指挥倒车突遭横祸

昨天上午，××市水泥厂生料车间发生一起意外事故，一名吴姓男青年在指挥他人倒车时，货车撞断了一根大立柱，导致车间上方水泥横梁掉下砸在其头上，致其当场身亡。

3. 请以“小事不小”为话题，做点评练习

所谓“小事”，指司空见惯而又对公众有危害的事。例如，有人用金钱刺激孩子的学习积极性；菜市场出现许多卖青蛙的小贩；垃圾箱里出现馒头、面包……

4. 请以“细节决定命运”为题，做评述练习

三、课后训练

1. 讲述训练

讲述，又叫讲故事。我们不难发现，优秀的节目主持人大都是讲故事的高手。他们不但在节目中体现出较强的讲故事的能力，而且在生活中也因此而成为聚会的亮点，群龙之首。

讲故事可分为“文讲”和“武讲”两种。“文讲”动作幅度比较小，语调适中，表情含蓄一些。在综艺节目、新闻节目和生活节目中，主持人常用到它。“武讲”动作较夸张，语调表情也“火”一点。在娱乐节目、新闻故事类节目中常见。

例1　中央电视台，《马斌读报》，2006年4月27日播出。

主持人：《新文化报》说，4月25号，吉林省德惠市街头出现了一景：两个交警拦下一辆违章出租车，开车的的姐可不含糊，下得车来，话不投机就开始动手，伸出手来“啪啪”就打交警的耳光，两位交警也够有涵养的，也不还手，直直地站在那里，就那么挺着。这的姐也不客气，“啪、啪、啪”，15分钟打了两个交警40个耳光，那耳光抽得啪啪响，围了五六十人看。有人问了：你们两个为什么不还手啊？这两名警察解释说：“因为打人者是女人，我们不能还手；而且我们不能躲开，如果躲开，就会看到一个女人追着警察打，让人产生误会。”昨天我们说了这事，今日头条我们来看看各报的评论。

分析：马斌采用了“武讲”的讲述方式，语调、表情、动作夸张，节奏变化多，生动地把事件经过呈现在观众面前，为后面的评点作了铺垫。

例2　在中央电视台2006年“敬礼！劳动者”庆祝“五一”国际劳动节文艺晚会上，朱军讲述了一段动人的故事：

“让我们一起来看一下大屏幕。现在大屏幕上这位美丽的姑娘，相信很多朋友都不认识她。她的名字叫闻花枝，今年只有22岁。她是一名导游，在一次带团出游的过程中，惨遭车祸。当救援人员赶到的时候，她一次又一次告诉他们，先去救游客，先去救别人，结果就这样，她被耽误了下来。住进医院以后，只能采取截肢的办法为她治疗。如花似玉的姑娘，从此生命变得不再完整，但是，她那抹不去的微笑和生命态度却一次又一次感染和感动着我们，于是，今天我们也把她请到了我们演出的现场……”

分析：在大型晚会上，出于节目需要，主持人经常会讲述一段动人的故事。朱军在2006年中央电视台庆祝“五一”国际劳动节文艺晚会上就采用“文讲”，把闻枝花的感人故事讲述给观众听，语言简练，情真意切，把这台晚会推向高潮。

例3　著名节目主持人赵忠祥在主持中央电视台《正大综艺》栏目时，曾说过一个自嘲式的幽默段子。他说：

“我说我怎么控制不住，吃什么——好像喝凉水都长肉啊？我就去找一位熟悉的王医生。他给我开了个方子，他说：‘你每天只能吃两片面包。’好啊，什么药都不要，只吃两片面包。有人还用减肥药抹啊抹啊，万一抹出点儿毛病来了呢？我挺高兴的，就走了。走老远，我又赶紧转了回来，怕人家下班就赶紧边跑边喊：‘老王……王医生，我有点事儿。’我不大好意思，人家不是说遵医嘱吗，可我有些话得问清楚啊！我就问：‘王医生，您开的药方让我吃两片面包，倒是挺好的，可就是……究竟是饭前吃呢还是饭后吃呢？’”

（此例引自赵忠祥、白谦诚主编的《主持人技艺训练教程》

分析：赵忠祥通过谐趣讲述，将自己幽默风趣的一面体现得淋漓尽致。一个会讲故事的人，往往会让自己的话语蒙上一层幽默诙谐的色彩，使语言更生动，更有吸引力、感染力。

例4

主持人：听众朋友大家好，欢迎您走进我主持的《外国音乐》节目。在这段时间里，我将给大家介绍几首在世界各地都广为流传的经典名曲。

提起意大利歌曲《我的太阳》，大家一定都非常熟悉，但是我想，要是说到它广为流传的原因，恐怕大多数朋友就未必知道了。这里呀，还有一个非常有趣儿的小故事。那时候第二次世界大战刚结束不久，当时奥林匹克运动会是在芬兰赫尔辛基举行的。大家都知道，运动会开幕式上各国运动员进场的时候，除了队前得有一个举牌儿打旗的之外，会场上还应该演奏这国的国歌。可是那次意大利驻芬兰使馆也不知为什么没有向大会提供国歌，而大会的主管人员呐，出于对意大利法西斯政府的厌恶，也懒得去索要歌谱。这下热闹就出来了：到意大利队员都进入会场了，乐队指挥这才发现手上还没有意大利新国歌的乐谱呢！怎么办呢？只见他急中生智，灵机一动……随着指挥棒的扬起，人们听见“0 i i 7 ‖: 5 5 | 5 7 7 6 | 4 - | ……”啊？《我的太阳》！当这首乐曲响彻会场

上空的时候，全场先是愕然静默，跟着哗然喧笑起来，最后竟然和着乐声一齐放声高歌：0i i7‖: 5 5 | 57 76 | 4 - | 47 76 | 4 4 | 42 34 | 5 - | 5……据说这首歌曲正是有了这番异乎寻常的经历，才得以广泛流传。好，下面我们就一起去欣赏由世界著名的男高音歌唱家帕瓦罗蒂演唱的这首世界名曲《我的太阳》。

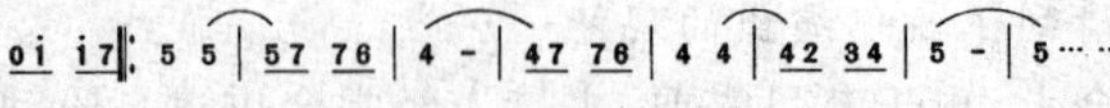

（中国传媒大学播音系 1999 双学位学生习作）

讲故事，要注意以下几点：

①讲故事要注意明确目的。先问自己“我为什么要讲这个故事?”然后，确定一个主题。

②注意发掘故事中最发人深省的地方，将之放大，加以生动的表现，让听众回味良久。

③讲故事最重要的是对何事的讲解，即重现场景。因此，讲述者要注意叙事具体化，描述细节化。

④故事要精炼，与主题无关的部分要勇于割舍；一旦开讲要快速抓住主题，这样才能集中力量，全力以赴地去展现故事中影响力深远的部分。话语罗嗦的人往往讲半天话还在兜圈子，这时听众已经听烦了，大量的圈外活动使听众的心理期待数次落空。这时你的讲话就很难达到预期的效果。

⑤切忌“背故事”。一来“背故事”容易造成忘词，二来语言不生动，给人做作感。可借助表演技巧，运用体态动作，生动表达，确保故事所包含的内容形象化，使听众能“看得见”，有如“身临其境”。

⑥注意保持与观众眼神上（或摄像机）的交流，除非角色间正在对话，或你正扮演配角。

⑦注意多用比喻。一个恰当的比喻，可以省略你 10 分钟描述，如长得像葛优，下面关于长相的话就不要说了，人物已活生生地展现在受众面前。

⑧别忘了点评，揭示主题，这才是你说故事的真正目的。

【训练题】

（1）趣说自己

举办“自我漫画”的语言小品比赛，进行“趣说自己”的话题训练。可以说自己成长过程中的几则趣事，也可以用漫画语言方式介绍自己的性格、脾气、爱好，说说自己的优点或缺点，说说这些给自己带来的好处或值得汲取的教训。还可以说说自己有惊无险的经历。要说得幽默风趣。

（2）说笑话

平时可搜集一些小笑话试着讲给别人听，看看效果如何。

【训练提示】

①切忌还没开始说，自己就先笑了。说笑话的目的是把别人逗笑；

②讲的时候精神要饱满，透露出自己对这则笑话的兴趣，但别人未被故事引笑时，自己要保持常态；要注意与听故事的人交流；可以运用一些表情、体态动作辅助表达；

③要重视笑话的结尾。结尾如同相声里的"抖包袱"，是致笑的关键部分，情节必须交代清楚，结尾要干净利落。

2. 请试着说说下面几则小笑话

中国太奇妙了

有位美国朋友访问了中国后，对翻译说："你们的中国太奇妙了，尤其是文字语言方面。譬如：'中国队大胜美国队'，是说中国队胜了；而'中国队大败美国队'，又是中国队胜了。总之，胜利永远属于你们。"

哥伦布的妙喻

哥伦布在发现新大陆后，人们为他举行了宴会。有一些参加宴会的贵族认为他发现新大陆完全出于偶然。哥伦布拿出一个鸡蛋说：

"诸位，你们谁能把这个鸡蛋立在桌子上？"

那些贵族们左立右立，怎么也立不起来，只好求教哥伦布。哥伦布拿起鸡蛋往桌上一磕，鸡蛋立住了。贵族们很不服气，说这样我们也会立。

哥伦布笑着说："问题是你们这些聪明人谁也没有在我之前想起这样做。"

女性的地位

在波斯湾战争前，一位女性解放者在科威特，她发现科威特的女性习惯性地走在男伴的后面五公尺。她发表文章攻击科威特的大男人主义。最近她回到科威特，发现现在是男人走在女人的后面五公尺。她非常兴奋地问一位女士："真了不起，你们女性是怎样争取到你们的地位的？"这位科威特女士说："地雷。"

妙语答记者

1944 年 3 月 25 日，富兰克林·罗斯福第四次连任美国总统。《先锋论坛》报的一位记者采访这位第32任总统，就他连任总统之事问他有何感想。罗斯福笑而不答，请记者吃一片三明治。记者觉得这是殊荣，很快就吃下去了。

罗斯福请他再吃一片，记者觉得这是总统的恩赐，也就把它吃了。

罗斯福又请他吃第三片，记者受宠若惊，虽然肚子已不需要了，但他还是硬着头皮吃下去了。

这时，罗斯福微笑着说："现在已经不用回答您的提问了，因为您已经有了亲身的感受。"

梯子与栏杆

两个喝醉了酒的士兵沿着铁路轨道踉踉跄跄地朝营地走去。

其中一个打着酒嗝说："不对劲呀！"

另一个说："怎么不对劲？"

"吉姆，我当兵以来还没有见过这么长的梯子，你瞧，那些横在路上的阶梯怎么没有个完？"

另一个叽叽咕咕地说："不，不对，那不是梯子，那是栏杆。"

给傻瓜让路

有一天德国大诗人歌德在公园里散步，正巧在一条狭窄的小路上碰上了一位反对他的批评家，那位傲慢无礼的批评家对歌德说："你知道吗，我这个人是从来不给傻瓜让路的。"机智敏捷的歌德回答说："而我却恰恰相反。"说完闪身让路，让批评家过去。

选　举

福兰克林在谈到只有固定收入的富人才能选进议会的选举法时说："为了当一名议员，我得拥有30美元。假定我有一头驴值30美元，我就被选为代表，过了一年，那驴死了，我就不能当议员了。请问，到底谁是议员——我，还是驴？"

3. 请用谐趣讲述方式进行主题讲述训练

【训练提示】

谐趣性讲述或解说，谐趣是手段，目的是解说，因此谐趣应浓淡相宜，不可喧宾夺主。

①“花钱买罪受”

②聪明人办了傻事

③他其实并不笨

④旅游趣闻

⑤古今名人趣事

⑥方言土语趣谈

（此题引自赵忠祥、白谦诚主编《主持人技艺训练教程》）

4. 请阅读下文后，复述这个故事并作点评

亚瑟·戈登在《接触奇迹》一书中，讲述了朋友的一桩趣事。他有位朋友耳朵聋，眼睛也即将失明。有一次，亚瑟和这位朋友走进一间拥挤的杂货店。店门的背面是镜子，关上门才看得见。当他们转身离开时，亚瑟的朋友以为门是开着的，而镜里的自己则被他当成一位想进商店的顾客。于是，他向旁边让了让。自然，人影也闪到一旁。他向前迈步，对方也向前迈步，于是他再次后退。

此时，小店陷入了令人尴尬的寂静，旁观者都不知道该做什么或说什么。当亚瑟的朋友第三次试图避开对方时，他终于意识到自己正对着一面镜子。

“哦，”他叫道，“原来是我自己呀！”他郑重地鞠了一躬，“很高兴见到你，老伙计！”整个商店爆发出开心的笑声。

5. 假设你是《讲述》栏目的主持人，讲一个动人的故事，然后点评

6. 请阅读资料后做练习

的哥勇追肇事逃逸小车

昨晚7时20分许，保姆戴晓怀抱一个孩子、手牵着7岁的周倩仪穿过长沙枫林三路时，被一辆黑色小轿车撞倒，周倩仪倒在双黄线上，头部鲜血直流。但小车并没有停下，而是加大油门朝瀛湾镇方向冲去。路过的一名的士司机见此立即掉转车头，和路旁的一名摩的司机追了上去，在湖南大学附近将肇事小车拦住。

事发附近经阁铝业的保安拦了一辆白色小车，将戴晓和周倩仪送往湘雅三医院。30分钟后，摩的司机回到了出事地点，原来他追错了车。

的士司机李湘军当时载了一名学生刘俊驶往航天工业学校，正好目睹了实情的经过。李湘军说了声：“追！”刘俊答道：“好！”李湘军立刻掉转车头朝肇事黑色小轿车逃跑的方向追去。直追到湖南大学北校区门口,李湘军才超过那辆黑色小车。

李湘军停下车拦住小车,并打电话通知交警。但从小车里出来的中年男子却拒不承认撞人,双方僵持了2分钟左右,中年男子再次逃逸。李湘军在后紧追不舍。李湘军说,小车逃跑的速度很快,在湖南省委党校附近还差点撞上另一辆车。直到追到湖大附近,小车被逼入了一个院子里中,李湘军将的士拦在院子门口。随后赶到的交警将中年男子带走。

周倩仪的父亲周铁军在湘雅三医院见到了肇事男子。周铁军说,肇事男子姓蒋,驾驶的小车牌照为××。经过医院的检测,蒋姓男子的酒精浓度过高,说话也含混不清。截至记者发稿时,伤者周倩仪的检查结果尚未出来,仍在观察中。

(摘自《潇湘晨报》2006年5月8日第1872期)

①阅读资料后做“文讲”练习。

②阅读资料后做“武讲”练习。

③阅读资料后做评述练习。

④根据提供的资料,做一期完整的新闻故事节目。

⑤根据提供的资料,做一期完整的谈话节目。

7. 请阅读报纸,从中找出篇幅比较长的社会新闻或情节比较复杂的新闻事件,然后简要叙述新闻事件后发表评论

【思考题】

1. 什么是节目主持人点评?
2. 节目主持人在点评时应注意哪些问题?
3. 讲故事应注意什么?
4. 讲小笑话是应注意哪几点?

第五部分
补充练习

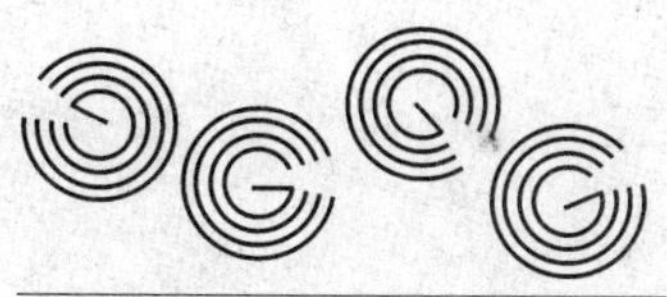

纯文本主持能力训练
无文本主持能力训练
半文本主持能力训练

第一章　纯文本主持能力训练

1. 朗诵

我是一只忧伤的蝴蝶

佚　名

我是一只忧伤的蝴蝶
我不能在花间翩跹
我不要你也粘染我的颜色
我只配在你的叶下流连
我只会自我陶醉在芬芳的花间

我不能说出我的爱恋

我不能给你灿烂的春天
我不能说出我的爱恋
我只能在你的花间流连

我是一只忧伤的蝴蝶
早已习惯了在你的身旁翩跹
我已习惯了孤独和寂寞
我只会呆在内心忧伤的房间
我只能远远地欣赏你迎风的笑脸

我没有蜜蜂的缠绵
我不会酿造爱情的酣甜
我只会在你的叶下徜徉
我不会朗诵爱情的诗章
我只会在你的角落里哀唱

我只是一只忧伤的蝴碟
我只能在夜色下
想着你心痛而无眠

我没有蜜蜂的缠绵
我不能给你灿烂的春天
我不能说出我的爱恋
我不会酿造爱情的酣甜

我只是一只忧伤的蝴碟
我爱上了花的香肩
我拼命扇动紫色的翅膀
可我不配你的花香
我只能在你的四周流连
我只能在夜色下翩跹

我是一只忧伤的蝴蝶
我陶醉在你的花间
我也想像风一样
可以吻上你的脸庞

可我只知道在夜色下鸣唱
我也知道你不会把我放在心上
但我怕你有时会有孤独的时光
我也怕我会亵渎你的芬芳

我只是一只忧伤的蝴蝶
我不要你也粘染我的颜色
我不要亵渎你的芬芳
我只能在你不经意的时候
慢慢从你眼睛里消亡

我爱这土地

佚　名

假如我是一只鸟,
我也应该用嘶哑的喉咙歌唱:
这被暴风雨所打击着的土地,
这永远汹涌着我们的悲愤的河流,
这无止息地吹吼着的激怒的风,
和那来自林间的无比温柔的黎明……
——然后我死了,连羽毛也腐烂在土地里面。
为什么我的眼里常含泪水?
因为我对这土地爱得深沉……

倾听你的朗诵

歌吟有梦

夜　在窗外
我静静地倾听着你的朗诵

总有一种感动
涌流心中
你　在远方
我面对着穿越心灵的湖
感觉自己找到了
灵魂和梦想栖息的一方净土

穿超心灵的湖水
清澈明净
可以使人看到
目光与目光的交流
真诚与真诚的握手
心灵与心灵的对话……
每当这时
你的朗诵声如风
总会轻轻地
奏响一串串往事的风铃

倾听你的朗诵
我就像穿过了一场细雨
走在和煦的春风里
含苞的花蕾
悄悄地打开了我的心扉
从你的语气
我抚摸着你柔柔的呼吸

从你的朗诵声里
飘出了一缕缕的
花香和鸟鸣
使我想起了天使的声音
你用深情的浪波
拍打着我

使我在现实与梦幻之间
真切地体会到
穿越心灵的湖水
是怎样从自己的内心深处
幸福地流过……

沿着你的朗诵声
谁的梦
正向着太阳升起的地平线滑行
湖面上荡起的层层波痕
就是一闪而过的梦影
心灵与心灵的絮语
在你的朗诵声中
交汇融合
你的优美的朗诵
使穿越心灵的湖
宁静而又辽阔

此时　我感到
自己的灵魂
在你的朗诵中舞蹈
紧抓住你的声音
我仿佛能听到你芬芳的心跳

梦醒时分
在你朗诵声的萦绕中
我想像着
你朗诵时的姿势和表情
于是　我把耳朵交给了心倾听
我把心
交给了碧蓝的湖水浸润

静静地
我倾听着你的朗诵
熟悉的是声音
陌生的是面容
靠近的是心……

沉睡的海

水木清

那是一片涂抹不掉的蓝色，
那是一段听不完的歌谣，
那是一个梦不尽的天堂。

海，静静地躺在夜色中，沉睡在月光下。
也许是累了，海在挣脱缰绳狂奔喧嚣之后，
已经耗尽了所有的体力，现在正安静地睡着，
任和煦的风轻拂着面容，任沉静的夜吟唱着天籁之音。
海上升明月，天涯共此时。

仿佛置身于大海的怀抱，
仿佛在蓝色的海洋中变成一滴海水，
仿佛透过一滴海水看清了整个海洋。
海沉睡的时候该有怎样的笑容？
自己沉睡的时候梦的颜色是否蔚蓝？

大海呀，大海，你可是我生长的地方？
“小时候，妈妈告诉我，大海就是我故乡。”
一曲传唱久远的歌声曾经告诉我，
大海虽不是我的故乡，但肯定是我的梦想，
那梦想遥远而漫长，悠扬而欢畅。

我在寻梦的路途上听到了海的歌唱，
在诗意的海滨遇到了我沉睡已久的新娘。

沉睡的海呀，该不是倦了的夜晚向你呼唤，
该不是暖暖的风儿对你缠绵。

我知道，你只是沉睡了倦容，沉睡了足迹，
那滚动的热血里依然跳动着青春的气息，
那奔腾的热望里期待着又一次的汹涌澎湃。
我想，你是海。你是沉睡的海。

黎明，我选择死亡

雨中的紫丁香

我是一枚　含香的花瓣　在风雨的夜里　离开了我的枝茎
夜是我孤独的乐园　水珠　是乐园里　点缀忧伤的眼睛
风托着我的躯体　雨　吻着我的面颊　我漂泊着
在布满皱纹的山岭

我沉默着　我寻找着　我在有限的生命里　逃避着挥之不去的阴影
狂笑的风　发怒的雨　撕破了我的衣衫　吹散了　我的芳香
在我最骄傲的岁月里　藏匿了你　最深的伤害
而你　终于选择了最残酷的方式　把我留在了　你无法触摸的　某个角落

轻飘飘坠落着　那是我放弃生命的坦然
我看着你的微笑　追逐着你的气息　一点点　记忆着你的模样
我是一枚含香的花瓣　在风雨的夜里　离开了我的枝茎
黎明，我选择死亡

小　花

普希金

在书中我发现一朵小花，
它早已干枯，失去芬芳；
于是我心中得到启发，
产生了各种奇怪的想像。

它开在何处？哪一年春天？
它开了多久？谁把它摘下？
是朋友的手指？旁人的剪？
夹在这里又为了什么？
是为了纪念温情的会晤？
还是为了命定的离别？
或是只是孤独的漫步？
在凉爽的林荫，寂静的田野？
他可还活着？她是否健在？
如今他们在什么地方？
也许他们也早已枯萎，
像这朵神秘的小花一样。

小　河

周作人

一条小河，稳稳的向前流动。

经过的地方，两面全是乌黑的土，

生满了红的花，碧绿的叶，黄的果实。

一个农夫背了锄来，住小河中间筑起一道堰。

下流干了，上流的水被堰拦着，下来不得，不得前进，又不能退回，水只在堰前乱转。

水要保她的生命，总须流动，便只在堰前乱转。

堰下的上，逐渐淘水，成了深潭。

水也不怨这堰，——便只足想流动，

想同从前一样，稳稳的向前流动。

一日农夫又来，土堰外筑起一道石堰，土堰坍了，水冲着坚固的石堰，还只是乱转。

堰外田里的稻，听着水声，皱眉说道，——

“我是一株稻，是一株可怜的小草，我喜欢水来润泽我，却怕他在我身上流过。

小河的水是我的好朋友，

他曾经稳稳的流过我面前，

我对他点头,他向我微笑。
我愿他能够放出了石堰,
仍然稳稳的流着,
向我们微笑,
曲曲折折的尽量向前流着,
经过的两面地方,都变成一片锦绣。
他本是我的好朋友,
只怕他如今不认识我了,
他在地底里呻吟,
听去虽然微细,却又如何可怕!
这不像我朋友平日的声音,
被轻风挽着走上河滩来时,
快活的声音。
我只怕他这回出来的时候,
不认识从前的朋友了,——
便在我身上大踏步过去。
我所以正在这里忧虑。”
田边的桑树,也摇头说,——

“我生的高,能望见那小河,——他是我的好朋友,他送清水给我喝,使我能生肥绿的叶,紫红的桑葚。

他从前清彻的颜色,
现住变了青黑,
又是终年挣扎,脸上添出许多痉挛的皱纹。
他只向下钻,早没有工夫对我的点头微笑。
堰下的潭,深过了我的根了。
我生在小河旁边,
夏天晒不枯我的枝条,
冬天冻不坏我的根。
如今只怕我的好朋友,
将我带倒在沙滩上,
拌着他卷来的水草。
我可怜我的好朋友,

但实在也为我自己着急。”
田里的草和虾蟆，听了两个的话，
也都叹气，各有他们自己的心事。
水只在堰前乱转，
坚固的石堰，还是一毫不摇动。
筑堰的人，不知到哪里去了。

一片槐树叶

纪　弦

这是全世界最美的一片，
最珍奇，最可宝贵的一片，
而又是最使人伤心，最使人流泪的一片：
薄薄的，干的，浅灰黄色的槐树叶。

忘了是在江南，江北，
是在哪一个城市，哪一个园子里捡来的了，
被夹在一册古老的诗集里，
多年来，竟没有些微的损坏。

蝉翼般轻轻滑落的槐树叶，
细看时，还沾着些故国的泥土哪。
故国哟，啊啊，要到何年何月何日
才能让我再回到你的怀抱里
去享受一个世界上最愉快的
飘着淡淡的槐花香的季节？

酒

艾　青

她是可爱的
具有火的性格
水的外形

她是欢乐的精灵
哪儿有喜庆
就有她光临

她真是会逗
能让你说真话
掏出你的心
她会使你
忘记痛苦
喜气盈盈

喝吧，为了胜利
喝吧，为了友谊
喝吧，为了爱情
你可要当心
在你高兴的时候
她会偷走你的理性

不要以为她是水
会扑灭你的烦忧
她是倒在火上的油
会使聪明的更聪明
会使愚蠢的更愚蠢

《传承鲁迅精神　誓作民族脊梁》

——纪念鲁迅先生诞辰125周年

女：鲁迅先生是我们从小的老师，
　　从百草园到三味书屋；
　　从天真无邪的少年闰土到孜孜不倦的藤野先生，
　　我们读着先生的文章长大。
男：在他的作品中有一句话：
　　我不但是一位作家，

而且我是一个中国人，
平凡的话语道出了先生的爱国情结。
女：但是，近代社会世态炎凉，国民愚昧
阿Q、孔乙己、闰土、子君、祥林嫂，
一个个生命被封建礼教所吞噬，
这让先生悲愤不已。
男：面对种种黑暗，
他发出狂人般的怒吼：
合："封建礼教吃人！吃人！吃人！"
女：看到外侵内乱，国人不振
先生说，黄金黑铁不足以救中国。
于是，他毅然弃医从文，向麻木的民众大声呐喊，
发出启蒙的呼叫：
合：觉醒吧，觉醒吧，中国民众！

男：先生身体力行，
毕生投身于文化教育，
投身于民主革命。
对权贵，
他横眉冷对千夫指；
对人民，
他俯首甘为孺子牛；
对孩子，对青年，
鲁迅先生更是倾注了满心的爱。
女：他为青年改稿、作序，不辞辛劳；
他为拯救同志奔波，置个人生死于度外。
男：为学习，他是尚能生存，我仍要学习；
女：为强国，他挖掘国民劣根，探索理想人生。
男：他是真正的斗士，
身处逆境却敏锐地针砭时弊；
女：他是真正的勇士，
身体日渐消瘦却敢于"直面惨淡的人生"。

男:他号召国民
合:去掉奴性,
去掉马虎病,
去掉精神胜利法,
辩证地使用拿来主义,
大胆地走向新生。

女:直到病重,
先生也不愿意出国医治,
紧握“匕首、投枪”战斗到最后一刻。
“寄意寒星荃不察,我以我血荐轩辕”,
先生用自己的鲜血和生命实现了自己的铿锵誓言。
男:1936 年,鲁迅先生因病长逝,
人们沉静哀悼先生的逝世。
20 年后,在鲁迅墓地迁葬仪式上,
人们在他的棺木上覆盖一面大旗,
上面写着三个大字“民族魂”!
女:人们深切地悼念这位伟人,
男:悼念这位中国历史上第一位用笔去解放民众枷锁的伟人,
女:悼念这位唤醒被麻痹了几千年的国民斗志的伟人,
男:悼念这位推动千年古国脱去封建重壳求得新生的伟人,
合:悼念这位骨头最硬,却一生忧国忧民的伟人。

男:同学们,
鲁迅先生虽然已经离开我们 70 年了,
但在我们身边
从刚读书的孩子到年暮的老人,
人人都知道并自豪中国历史上出现过
这样一位伟大的文学家、思想家、革命家。
女:作为当代大学生,
在强手如林的世界舞台上,
我们更应该拥有强烈的历史使命感,

继承先生宝贵的精神财富，
勇挑重担，
成为国家的脊梁、社会的脊梁、民族的脊梁！
男：同学们，
让我们站起来，举起右手，
在这里庄严宣誓：
合：传承鲁迅精神！
誓作民族脊梁！
兴我中华！
强我中华！

2. 散文

养　花

老　舍

我爱花，所以也爱养花。我可还没成为养花专家，因为没有工夫去作研究与试验。我只把养花当作生活中的一种乐趣，花开得大小好坏都不计较。只要开花，我就高兴。在我的小院中，到夏天，满是花草。小猫儿们只好上房去玩耍，地上没有它们的运动场。

花虽多，但无奇花异草。珍贵的花草不易养活，看着一棵好花生病欲死是件难过的事。我不愿时时落泪。北京的气候，对养花来说，不算很好。冬天冷，春天多风，夏天不是干旱就是大雨倾盆，秋天最好，可是忽然会闹霜冻。在这种气候里，想把南方的好花养活，我还没有那么大的本事。因此。我只养些好种易活、自己会奋斗的花草。

不过，尽管花草自己会奋斗，我若置之不理，任其自生自灭，它们多数还是会死了的。我得天天照管它们，象好朋友似的关切它们。一来二去，我摸着一些门道：有的喜阴，就别放在太阳地里，有的喜干，就别多浇水。这是个乐趣，摸住门道，花草养活了，而且三年五载老活着、开花，多么有意思呀！不是乱吹，这就是知识呀！多得些知识，一定不是坏事。

我不是有腿病吗？不但不利于行，也不利于久坐。我不知道花草们受我的照顾，感谢我不感谢；我可得感谢它们。在我工作的时候，我总是写了几十个字，就到院中去看看，浇浇这棵，搬搬那盆，然后回到屋中再写一点，然后再出去，如此循环，把脑力劳动与体力劳动结合到一起，有益身心，胜于吃药。要是赶上狂风暴雨或天气突变哪，就得全家动员，抢救花草，十分紧张。几百盆花，都要很快地抢到屋里去，使人腰酸腿疼，热汗直流。第二天，天气好转，又得把花儿都搬出去，就又一次腰酸腿疼，热汗直流。可是，这多么有意思呀！不劳动，连棵花儿也养不活，这难道不是真理么？

送牛奶的同志，进门就夸"好香"！这使我们全家都感到骄傲。赶到昙花开放的时候。约几位朋友来看看，更有秉烛夜游的神气——昙花总在夜里放蕊。花儿分根了，一棵分为数棵，就赠给朋友们一些；看着友人拿走自己的劳动果实，心里自然特别喜欢。

当然，也有伤心的时候，今年夏天就有这么一回。三百株菊秧还在地上（没到移入盆中的时候），下了暴雨。邻家的墙倒了下来，菊秧被砸死者约三十多种，一百多棵！全家都几天没有笑容！

有喜有忧，有笑有泪，有花有实，有香有色，既须劳动，又长见识，这就是养花的乐趣。

黄河纤夫

苗　晓

乌云翻滚，电闪雷鸣，风雨交加，浪涌滔惊。

在一片满是淤泥的河滩上，一队纤夫赤着胳膊，裤脚卷得高高，身体向前倾着，顽强地用肩头扛拉着粗长的纤索，一条十多米长的大木船在纤夫们的牵引下劈波斩浪，逆流挺进；昂扬的号子声盖过浪的怒吼，雷的轰鸣，在大地间回荡；一串深深的脚印被镌制在河滩淤泥地上，任凭雨水的冲刷，浪潮的洗礼，依然是那样坚实、深沉，不断地向远方延伸……

画一幅这样的画，不正好表现力量和毅力的主题吗？你看：纤夫们那始终向前倾着的身体，紧拉纤索的身姿，那粗壮的腿上隆起的肌肉和暴起的青筋，那纤索在他们肩头勒下的深槽，还有那泥潭上坚实的脚印，不正是力量和毅力的象征吗？

录下这昂场、雄壮的号子声，不正是一首激越的《生命进行曲》吗？风的吼声为这主题的升华作了铺垫，而雷的轰鸣则使主题变得更加浑厚、深沉！

狂风的吹拂，骄阳的热吻，使他们那健壮的身躯镀上了一层红黑发亮的油彩。如果把他们奋力拉纤的形象塑成一座雕像，我敢说，它是人类文化艺术宝库中的又一珍品！

纤夫坚实的脚印不断地向远方延伸，离他们心中的目的也越来越近。纤夫的信念深深地刻在他们肩头那被纤索勒下的印痕里，纤夫的欢乐在于听到身后船只的劈波斩浪声！

纤夫是美的使者，力的象征！

朋友，就让我们顽强地扛拉着肩头的纤索，在人生的道路上像纤夫那样顽强地行进！

平凡的魅力

汪国真

我不会蔑视平凡，因为我是平凡中的一员。我的心上印着普通人的愿望，眼睛里印着普通人的悲欢，我所探求的也是人们都在探求着的答案。

是的，我平凡，但却无需以你的深沉俯视我，即便我仰视什么，要看的也不是你尊贵的容颜，而是山的雄奇天的高远。是的，我平凡，但却无需以你的深刻轻视我，即便我聆听什么；要听的也不是你空洞的火话，而是林涛的喧响海洋的呼喊；是的我平凡，但却无需以你的崇高揶揄我，即便我向往什么，也永不会是你的空中楼阁，而是泥土的芬芳晨曦的灿烂。当然，当那些真挚的熟悉的或陌生的朋友提醒或勉励我，不论说对了说错了我都会感到温暖。

孤芳自赏并不能代表美丽也不能说明绚烂，自以为不凡更不能象征英雄气概立地顶天。

我承认，我的确很平凡。平凡得像风像水像雪……然而平凡并没有自豪的理由，并非没有魅力可苦。

风很平凡，如果吹在夏天；水很平凡，如果是沙漠中的一泓清泉：雪很平凡，如果飘落在冬日与春日之间……

我欣赏这样的平凡，我喜欢这样的平凡，我也想努力成为这样的平凡。

《野草》题词

鲁　迅

当我沉默着的时候，我觉得充实；我将开口，同时感到空虚。

过去的生命已经死亡。我对于这死亡有大欢喜，因为我借此知道它曾经存活。死亡的生命已经朽腐。我对于这朽腐有大欢喜，因为我借此知道它还非空虚。

生命的泥委弃在地面上，不生乔木，只生野草，这是我的罪过。野草，根本不深，花叶不美，然而吸取露，吸取水，吸取陈死人的血和肉，各各夺取它的生存。当生存时，还是将遭践踏，将遭删刈，直至于死亡而朽腐。

但我坦然，欣然。我将大笑，我将歌唱。

我自爱我的野草，但我憎恶这以野草作装饰的地面。

地火在地下运行，奔突；熔岩一旦喷出，将烧尽一切野草，以及乔木，于是并且无可朽腐。

但我坦然，欣然。我将大笑，我将歌唱。

天地有如此静穆，我不能大笑而且歌唱。天地即不如此静穆，我或者也将不能。

我以这一丛野草，在明与暗，生与死，过去与未来之际，献于友与仇，人与兽，爱者与不爱者之前作证。

为我自己，为友与仇，人与兽，爱者与不爱者，我希望这野草的朽腐，火速到来。要不然，我先就未曾生存，这实在比死亡与朽腐更其不幸。

舞者的脚步

水木清

又一幕拉开了，舞者登场。

舒缓的音乐声中你轻盈地走来，站立于鲜花堆满的舞台上。没有人知道你是谁，你的现在和将来会怎样？但所有的人都知道，你是一名舞者。当你安然地站在那儿的时候，音乐会漫过我们的视线，掌声会潮水般响起来。你旋转的身体顷刻间会书写一首诗、唱起一支歌、绘出一道风景。你是一名舞者。张开双臂，伸展四肢的瞬间，你已经开始拥抱这个世界了，开始用你的肢体写下人生和命运的每一篇诗行，用你的言语告诉江河山川、大地海洋——我是一名舞者，我可以演绎你们的人生、爱情和对梦想的追求。舞者把身体交给舞台，而我们把故事交给舞者。

站在舞台的面前，用心就能听到舞者那悠然的脚步声，近了又远了，远了又近了。舞者，你是人边飘来的一片云吗？缓缓行走在我们的思想里，慢慢飘散在我们的情感中。抬起手臂，你把一种思念捧在手中，然后轻轻滑落，滑落到云底山下的一座孤岛上。让伫立的人站成一块石头，让等待的人枕歌入眠。你轻声呼唤着，远方的人呀，是不是在这轻柔的步履中越走越远，流浪漂泊？等待的心是不是在这瞬间的舞动中消隐掉最后一滴眼泪？你是一名舞者，舞者的心也在漂泊。舞者，你轻柔的脚步声不曾唤醒云的相思、雾的缠绵，你舒展的手臂不曾碰碎一颗梦幻般的心呀。那就让一种哀怨爬上你的眉梢，以超然的心情看庭前花开花落，观天上云卷云舒吧。舞者在脚趾间变换着生命的颜色，变换着思念和爱的色彩，在云水间霓裳广带，飘拂天行。

暮夜降临。舞者随着夜莺的歌唱缓缓前行。我们也随着舞者叩开黑夜的大门。舞者，你的脚步已不再如行云流水般轻盈，你的思绪已不再如云雀般跳动。夜很冷，而你很累、很疲惫。

一朵盛放的花开始枯萎，颜色开始凋殒。而此时，你只有同自己的灵魂对话、同一座孤岛对话。你拖着沉重的渴望开始了艰难的爬行，一步一步向黎明的方向爬行。不远的地方似乎有一盏灯在闪亮，你奋力爬起，用黑夜遮住脸上羞怯的红潮，把疯长着的希望抛向夜空。那是一盏不灭的灯呀。它静静地站立在航塔上，站在夜风中。你的渴望怎么也打不湿航塔的衣襟，怎么也打不破这孤岛的安宁。你在风中伫立，在黑暗中找寻光明。你是一名舞者，孤独的眼泪怎么也望不穿这寂寞的灯火。

天亮了。当所有阳光和温暖都倾泻在你身上的时候，舞者，你的热情和帆篷一同扯满，等着风来、等着雨来、等着浪来。站在孤岛上，你设想自己变为十步追风、百步取命的大漠英雄，变为风卷残云、气吞山河的豪情壮士，变为纵横万里、手擎乾坤的雄风豪杰。风声、雨声、大浪波涛声，声声淹没不了你的勇气。在你的脚下，一切艰难险阻、一切苦难厄运都变为一缕阳光、一阵春风、一片晴朗的天。站起来吧！你是一名舞者！你用双腿支撑着你的生命，你用双脚解释着你的人生，你用双手描绘着你的爱情。你是一名舞者，就让你的脚步伴着思念和渴望、伴着孤独和坚强，继续演绎一段又段人间悲喜故事。一个人的舞蹈很艰难但又很精彩。你是一名舞者，舞者的脚步永不停歇。你是一名舞者，鲜花永远为你堆放。

等你回来

灯火阑珊

江南一直是多雨的，在这个冬意浓冬风瘦的夜里，泡一杯清茶，对着影子我诅咒爱情这东西，找一个寂寞的角落把自己封闭，自以为爱的心早已麻木死去，真的活得太累，不想前进一步，何为爱何为情何为生死相随，我不想问不想说，在这层层叠叠的夜，在这密密麻麻的锥心疼痛里，我结茧成蛹，发誓永不化作飞舞的蝶。

深夜的长谈，凌晨的电话问候，有你，已经成了我生活的习惯，就像饿了要吃饭累了要休息一样。你走了，你走后我一遍遍地听着你我熟悉的歌曲，这个时候，我发觉自己很想很想你。冷风愁雨里，细细地揉捻自己的情绪，让思念在指间麻木，让心渐渐僵硬，我的倾诉找不到出口和入口，无能为力被窗外的冬风拉长，拉成丝丝缕缕。扑面而来，湿了我的衣角，湿了我的并不年轻的面容，湿成了江南的梅雨天，江南多雨啊，多雨的江南，我无法拒绝雨天的到来，就像无法拒绝你痕迹的潜入。

"你象那只大洋彼端的蝴蝶，翅膀轻轻一动，就能引起大洋这端的惊涛骇浪。"你叹息般地呢喃着，我忽然眼酸，一直以为自己只是一粒尘，风过雨静，没有人注意，不曾想有人当我是一片天。就这样为自己想像一个完美的故事，静听花开花落，让所有的话语都定格成为一生的永恒。把你的名字一笔一划刻在心里，从此以后让自己有了一种期待，从此以后所有的季节都花香鸟语千紫嫣红。于是每天总有无数个时候，我都会不经意地想起你，想起你的时候我会不自禁地傻笑。

让你笑给你快乐的人很多，能让你为他失声痛哭的人很少。你我，终不再是风花雪月的少年，彼此明白很多的事情在开始的时候就有了结局，风起了雪飘了，我知道你要走了，走就走吧，走的时候你不要回头，不要给我希望，也不要让你看到我清冷的身影。只是此去有没有一个地方让你永久的停留？有没有一首歌会让你想起我？

你走后，我常常莫名地等你，在杏花烟雨的江南，在幽深幽深的雨巷里，我等你，等你回来，等你回来陪我去你的那个城市看雪。

提醒幸福

毕淑敏

享受幸福是需要学习的，当幸福即将来临的时刻需要提醒。人可以自然而然地学会感官的享乐，却无法天生地掌握幸福的韵律。灵魂的快意同器官的舒适像一对孪生兄弟，时而相傍相依，时而南辕北辙。

幸福是一种心灵的震颤。它像会倾听音乐的耳朵一样，需要不断地训练。

简言之，幸福就是没有痛苦的时刻。它出现的频率并不像我们想像的那样少。人们常常只是在幸福的金马车已经驶过去很远，才捡起地上的金鬃毛说，原来我见过它。

人们喜爱回味幸福的标本，却忽略幸福披着露水散发清香的时刻。那时候我们往往步履匆匆，瞻前顾后，不知在忙着什么。

世上有预报台风的，有预报蝗虫的，有预报瘟疫的，有预报地震的，没有人预报幸福。

其实幸福和世界万物一样，有它的征兆。

幸福常常是朦胧的，很有节制地向我们喷洒甘霖。你不要总希望轰轰烈烈的幸福，它多半只是悄悄地扑面而来。你也不要企图把水龙头拧得更大，那样它很快地流失。你需要静静地以平和之心，体验它的真谛。

幸福绝大多数是朴素的。它不会像信号弹似的，在很高的天际闪烁红色的光芒。它披着本色外衣，亲切温暖地包裹起我们。

幸福不喜欢喧嚣浮华，它常常在暗淡中降临。贫困中相濡以沫的一块糕饼，患难中心心相印的一个眼神，父亲一次粗糙的抚摸，女友一张温馨的字条……这都是千金难买的幸福啊。像一粒粒缀在旧绸子上的红宝石，在凄凉中愈发熠熠夺目。

3. 笑话

我不知道

一次，爱因斯坦去出席一个宴会，来宾中的妇女都穿着裸肩的礼服。他的夫人因病未曾同去，见爱因斯坦回家，问起宴会的情形，当夫人问到出席宴会的太太们都穿什么衣服时，爱因斯坦一本正经地说："我不知道。"夫人忙问为什么，爱因斯坦认真地答道："从桌子上的部分看，他们没穿什么东西，而在桌子以下的部分，我不敢偷看。"

当了美国总统之后

一位来自美国的黑人哥们儿皮特跟我说："考完试我得赶紧回美国去。"我问他干吗呀这么着急？他说我得赶在大选前回去，准备参加总统选举，当美国历史上第一位黑人总统。看着他一本正经的样子，我真差点把他当成了曼德拉的嫡系传人。我强作不笑，顺着他问："那您当了美国总统，第一件大事想干什么？"皮特没加思索，脱口而出："先把白宫改成黑宫！"

给上帝的信

有一个老人给上帝写了封信——亲爱的上帝：我即将走到生命的尽头，医生说我得了绝症，只有几个月可活了。我这辈子除了倒霉，什么也没有得到。但我从来对您都是十分信奉的。看在我对您如此虔诚的份上，您能满足我一个小小的请求吗？为了证明您的存在，请寄给我100美元现金，那我死也会死得高兴的。

这封信被送到当地邮局，邮递员们一看，这封信的地址是“天堂”，收信人是“上帝”，他们都认识写信的这位老人。他们含着眼泪读完这封信，十分同情老人，决定捐款给他，他们很快凑足了 90 美元并寄给了老人。

老人收到钱后十分高兴，马上写了一封“感谢信”给“上帝”。邮递员收到这封信，聚在一起看。

亲爱的上帝：感谢您在百忙中抽出时间来满足我的请求，我现在已经非常高兴了。附：我只收到了 100 美元中的 90 美元。我敢打赌，一定是邮局那帮坏小子把另外 10 美元给吞了……

护舒宝刘仪伟

刚开始讨论这个节目的时候，我们制作人曾经有个想法，他说反正是刘仪伟主持这个节目，不如把他的名字也加到节目名字里，叫《刘仪伟夜谭》。这样大家好记，也显示我们以人为本的思想。刚开始我觉得，哟，这好啊，这是种荣誉啊。直到有一天我去了一趟节目组，广告部正在和客户洽谈节目的冠名权，我一听到那两个客户的产品名字，把我吓坏了。要按他们的意思，以后开场白极有可能得这么说：大家好，欢迎大家来到《南极人刘仪伟夜谭》，这个还凑合。还有一个得这么说：大家好，欢迎大家来到《护舒宝刘仪伟夜谭》，我这就算完了。广告部的同事看我面色不好，心情沉重，说那不如换一个外国客户，就避免中文产生的这样或那样的意思。后来他们说了，他们争取去搞定全球最著名的企业来给节目冠名，我一听，什么叫外国话就没有歧义啊，这完全是胡说八道啊。大家听这开场白：大家好，欢迎来到《微软刘仪伟夜谭》。我的天，还不如前头那两个呢。

（选自上海东方卫视《东方夜谈》）

白　痴

有人问我：白痴这个词是什么意思，这个在下实在不好妄下断言。来录节目之前我无意中听到胖胖和小蔡的几句对话，或许有助于各位对这个词的理解。

胖胖和小蔡玩儿游戏，打赌，赌什么呢，猜胖胖身上有多少钱。只听见胖胖说：小蔡，你只要猜出我口袋里现在有多少钱，我就把 90 块钱全部都给你。小蔡一听，乐坏了，说：那我试一下，我猜……你身上有 70 块钱。

（选自上海东方卫视《东方夜谈》）

生　病

现在的孩子懂事都早，吴与同就是，有一天她妈妈病了，浑身没劲儿，躺在床上，说做不了饭了，吴与同一挽袖子，说：妈妈，我扶你去厨房！

（选自上海东方卫视《东方夜谈》）

益智节目

前天我看一个益智节目，发生一件好玩儿的事儿。有一个选手好不容易冲过前面五关，来到最后一关，摆在他面前的是20万现金，还有两道问题。主持人就问这个选手，两道题都要回答，你先选择哪一道？（台下：第二道。）第二道是吧？好，请听题。请问这件事情是哪一年发生的？！

（选自上海东方卫视《东方夜谈》）

不在服务区

自从孙悟空三打白骨精之后，被唐僧遣送回原籍。话说有一天，唐僧在西行的路上又碰到了妖怪，面对两个无能的徒弟，唐僧痛心疾首，这才想起被他赶走的大徒弟孙悟空，他对着天空喊道：

（配音）悟空，快来救为师啊。（回音：啊啊啊啊）

四分之一柱香之后，传来这样一个声音：

（电信回音）您呼叫的用户不在服务区，嘟嘟嘟嘟……

（选自上海东方卫视《东方夜谈》）

小　偷

前段时间晚上熬夜录节目，结果家里进了贼，我太太在家，听到有动静，也顾不上开灯，下床抄起扫帚就打，一边打还一边骂：让你回来这么晚，还不打电话，让你学严守一……哦，把小偷当成我了。这一通暴捶，揍得小偷是哭爹喊娘喊救命。邻居听着了，赶紧打110报警，没一会儿，警察来了，一见警察，小偷"哇"地放声大哭，扑上去就握住警察同志的手：谢谢人民警察的救命之恩呐。

（选自上海东方卫视《东方夜谈》）

二十　三十　四十

有一部电影，叫做《二十 三十 四十》，说的是在这三个年龄段的女人的故事，挺有意思的。现实中我们也能发现，这三个年龄段的女人，对待婚姻有不同的看法，比方说，如果给这三个年龄段的女人介绍对象，二十岁的会问：他帅吗？三十岁的会问：他事业有成吗？四十岁的直接就会问：他在哪儿？

（选自上海东方卫视《东方夜谈》）

4. 新闻

(1)中央电视台《新闻联播》节选，2006年4月25日播出。

▲专题：胡锦涛出访美亚非五国

主持人：各位观众，这里是摩洛哥首都拉巴特。应摩洛哥王国国王穆罕默德六世的邀请，国家主席胡锦涛于当地时间24号下午抵达这里，开始对摩洛哥进行国事访问。

当地时间下午1点40分左右，胡锦涛主席和夫人刘永清乘坐的专机抵达拉巴特萨累机场。摩洛哥首相杰图等政府高级官员到机场迎接胡锦涛主席一行。

中国驻摩洛哥大使和使馆工作人员、华人华侨及中资机构代表等也到机场迎接。

胡锦涛主席在机场发表了书面讲话。他指出，中摩建交48年来，两国友好关系不断发展，双方政治、经贸、卫生、旅游、科技等领域的友好合作持续扩大，在国际事务中的磋商和配合日益密切。

胡锦涛表示，中国重视发展中摩关系，愿同摩方一道努力，本着增进友谊、扩大共识、深化合作、互利共赢的精神，把中摩友好合作关系不断推向新的水平，造福两国和两国人民。

▲专题：胡锦涛出访美亚非五国

主持人：当天下午，胡锦涛主席在摩洛哥王宫广场出席了穆罕默德六世国王为他举行的隆重的欢迎仪式。

下午2点左右，胡锦涛主席和夫人刘永清乘车抵达王宫广场。与穆罕默德六世国王和夫人萨尔玛公主亲切握手，互致问候。

穆罕默德六世国王陪同胡锦涛主席登上检阅台。军乐队奏中摩两国国歌，鸣礼炮21响。

随后，胡锦涛主席在穆罕默德六世国王陪同下检阅了摩洛哥仪仗队。

▲专题：胡锦涛出访美亚非五国

主持人：当地时间4月24号下午，胡锦涛主席同穆罕默德六世国王举行了会谈。双方表示，中摩关系已进入新的发展阶段，将共同努力推动两国各领域友好合作继续深入发展。

胡锦涛首先感谢摩洛哥政府和人民的热情欢迎。他指出，中国高度重视发展中摩关系。中摩两国虽然相距遥远，但两国人民的友谊源远流长。在近代争取民族独立和解放的斗争中，两国人民相互同情、相互支持。摩洛哥是最早同新中国建交的非洲国家之一。建交48年来，两国关系一直健康顺利发展，双方交往频繁，政治互信不断增强，经贸合作发展迅速，在重大国际和地区问题上配合密切。我们赞赏摩洛哥始终坚持一个中国政策，支持中国统一大业。

胡锦涛说，当前，中摩两国都处在改革发展的重要时期，双边合作也进入了新的发展阶段。为了推动两国各领域友好合作继续深入发展。我们愿在以下几个方面同摩方一起作出努力：一、继续保持高层往来，扩大两国政府、议会及政党之间的交流，加强在国际和地区事务中的磋商和配合，全面推进两国友好合作。二、采取措施扩大双方贸易规模，不断拓宽合作领域，重点加强科技、通信、农业、油气资源开发、劳务承包及人力资源培训领域的合作，鼓励双方企业相互投资。三、进一步推进两国教育、文化、卫生、旅游等领域的合作。更多地举办文化周、艺术节、展览会等活动，加快落实两国旅游合作协议，积极推动地方、民间机构的交往。

穆罕默德六世热烈欢迎胡锦涛的到访，表示此访必将为双边关系发展注入新的活力。他感谢中方长期以来向摩洛哥提供帮助和支持，高度评价中国在经济社会发展过程中所取得的重大成就。穆罕默德六世赞成胡锦涛提出的关于进一步发展中摩关系的建议，强调摩洛哥愿在渔业、旅游、文化、基础设施建设等领域深化同中方的交流合作。

双方还就中非关系等共同关心的国际和地区问题交换了意见，同意在中非合作论坛框架内进一步加强合作。

会谈后，胡锦涛和穆罕默德六世出席了双方经贸、科技、文化、卫生、旅游等领域合作协议的签字仪式。

当晚，胡锦涛出席了穆罕默德六世为他到访举行的欢迎晚宴。

胡锦涛主席是在圆满结束对沙特阿拉伯的访问后离开达曼前往拉巴特的。

离开时，沙特政府高级官员到机场为胡锦涛主席送行。

中国驻沙特大使和使馆工作人员等也到机场送行。

▲中国共产党中央委员会总书记胡锦涛电贺农德孟再次当选越南共产党

中央委员会总书记

中国共产党中央委员会总书记胡锦涛今天致电祝贺农德孟再次当选越南共产党中央委员会总书记。

胡锦涛在贺电中表示，欣悉您再次当选越南共产党中央委员会总书记，我谨代表中国共产党中央委员会，并以我个人的名义，向您，并通过您，向越南共产党新一届中央领导集体表示热烈的祝贺。

我们高兴地看到，近 20 年来，特别是越共九大以来，越南在社会主义建设和革新事业中取得了令人瞩目的伟大成就，政治社会长期稳定、经济持续快速发展、国际地位显著提高。我相信，在越南共产党的正确领导和十大路线的指引下，越南的社会主义建设和革新事业必将继续顺利向前发展。在"长期稳定、面向未来、睦邻友好、全面合作"的十六字方针指引下，中越两党、两国和两国人民的睦邻友好和全面合作关系必将得到不断巩固和加强！

衷心祝愿您在崇高而责任重大的岗位上取得新的成就。

▲中佛两国领导人互致电函庆祝两国建交 30 周年

国家主席胡锦涛与佛得角共和国总统皮雷斯今天互致电函，热烈庆祝两国建交 30 周年。

胡锦涛在贺电中表示，中佛建交 30 年来，在和平共处五项原则基础上两国关系健康稳定发展。双方真诚友好、平等相待，在政治、经贸、文教等领域开展了富有成效的合作，在国际事务中相互理解，相互支持。中佛关系堪称大小国家友好合作的典范。中方愿与佛方一道，不断深化两国传统友谊，扩大双边互利合作，努力把新世纪的中佛友好合作关系推向新的更高的水平。

皮雷斯在贺函中表示，佛中关系体现了两国友好、团结和合作。佛得角珍视这一合作，祝愿佛中互利伙伴关系不断发展。

▲胡锦涛主席就埃及宰海卜发生恐怖爆炸事件向埃及总统穆巴拉克致慰问电正在摩洛哥进行国事访问的国家主席胡锦涛 4 月 24 号就埃及西奈半岛宰海布连续发生恐怖爆炸事件向埃及总统穆巴拉克发去慰问电，对在这一事件中的遇难者表示哀悼，对受伤人员及受害者亲属表示慰问。

胡锦涛表示，中国政府坚决反对任何形式的恐怖主义，严厉谴责这一恐怖爆炸事件。中国愿同包括埃及在内的国际社会加强合作，继续打击恐怖主义，维护世界和平稳定。

▲十届全国人大常委会第二十一次会议在京举行

为期五天的十届全国人大常委会第二十一次会议今天开始在京举行。

全国人大常委会委员长吴邦国今天上午在人民大会堂主持了本次常委会会议的第一次全体会议。

按照会议通过的议程，备受社会关注的反洗钱法草案、合伙企业法修订草案等法律案首次进入审议程序。

会议首先听取了全国人大法律委员会关于农产品质量安全法草案审议结果的报告、关于护照法草案审议结果的报告和关于刑法修正案(六)草案修改情况的报告。法律委员会副主任委员李重庵、王以铭、周坤仁分别向会议报告了审议结果和修改情况。法律委员会认为，农产品质量安全法草案和护照法草案基本可行，建议本次常委会会议分别审议通过。

为了预防和监控洗钱活动，遏制洗钱犯罪及其上游犯罪，维护金融秩序，保障国家经济安全，按照全国人大常委会立法规划的要求，全国人大常委会预算工作委员会拟定了反洗钱法草案。这个草案已经全国人大常委会委员长会议讨论同意。受委员长会议的委托，预算工作委员会副主任冯淑萍就制定反洗钱法的必要性、反洗钱法草案的起草过程、立法宗旨和调整范围、主要内容等作了说明。

合伙企业法自1997年施行以来，对确立合伙企业的法律地位、规范合伙企业设立和经营、保护合伙企业及其合伙人的合法权益、鼓励民间投资、促进经济发展，发挥了积极作用。随着社会主义市场经济体制的逐步完善，经济社会生活中出现了一些新的情况和问题，合伙企业法的有些规定已不适应现实要求，迫切需要修改完善。全国人大财经委员会副主任委员严义埙作了关于合伙企业法修订草案的说明。

国务院向全国人大常委会提交了关于提请审议加入《乏燃料管理安全和放射性废物管理安全联合公约》的议案，以及关于提请审议批准中国和古巴引渡条约、中国和西班牙关于刑事司法协助的条约、中国和西班牙引渡条约、中国政府和法国政府关于刑事司法协助的协定的四个议案。受国务院委托，国防科学技术委员会主任张云川和外交部副部长武大伟分别就上述议案作了说明。

受国务院委托，司法部部长吴爱英向会议作了关于"四五"法制宣传教育基本情况的报告和对于加强法制宣传教育的决议草案的说明。

会议还审议了有关任免案。

▲温家宝参加全国儿童预防接种日活动

中共中央政治局常委、国务院总理温家宝今天来到北京市月坛社区卫生服务中心三里河三区社区卫生服务站，参加全国儿童预防接种日活动。

此前，温家宝专门就儿童免疫接种工作作出重要指示："儿童免疫工作非常重要。儿童是棵幼苗，只有精心爱护，他们才能苗壮成长，成为建设国家的栋梁。要让每个儿童都能按时接种疫苗，这是各级政府的责任。"

隶属于北京复兴医院的月坛社区卫生服务中心，以人为本，为辖区居民提供预防、医疗、保健、康复、健康教育、计划生育"六位一体"的社区卫生服务。

温家宝和国务院副总理吴仪在北京市委书记刘淇等的陪同下参观了服务站大厅、观看了医护人员为婴儿注射乙肝疫苗，并为孩子们喂服小儿麻痹糖丸。

温家宝先后为来自内蒙古、福建、北京、安徽的四名孩子喂服了糖丸。他非常关心是不是社区内所有的孩子都能免疫接种。社区卫生服务中心的工作人员介绍，社区有1000多名儿童，外来流动儿童有277名，接种率达到90%以上，流动人口的孩子注册后就能免费接种，温家宝表示满意。

吴仪、刘淇也为孩子们喂服了糖丸。

随后，温家宝来到服务站大厅，对在场的医护人员说：社区卫生服务中心是整个医疗系统最基层的服务单位，是最有活力的细胞，是群众最需要的医疗服务机构。社区医疗服务办好了，群众看病难、看病贵的问题就会得到缓解。我再一次向广大医护工作者表示感谢！

▲又一批旅居所罗门群岛的侨胞安全回国

今天凌晨零点29分，在经历了所罗门群岛首都骚乱后的动荡不安以及长途劳顿后，又一批包括21名香港同胞在内的310名旅居所罗门群岛的侨胞乘坐中国政府派出的包机平安抵达广州。

外交部、公安部、国务院侨办和国务院港澳办、广东省有关部门负责人以及香港特别行政区官员到机场迎接。

所罗门群岛首都发生骚乱后，正在国外进行国事访问的国家主席胡锦涛以及国务院总理温家宝均对维护我在所罗门群岛侨胞的安全做出了重要指示。外交部启动了应急机制，通过我驻巴新等国使领馆向受困侨胞提供了及时和大量的救助，并租用外国商用飞机将侨胞分批撤至巴布亚新几内亚，然后派出南航包机将侨胞接回祖国。

目前，回国的侨胞均已得到妥善安置。根据香港特区政府的特别安排，同机返回的香港同胞在广州做短暂停留后也乘车返回香港。

▲【劳动者之歌】塔吊状元侯仕光

侯仕光是北京城建四公司一名普通塔吊司机,二十多年来,他不仅出色完成本职工作,还独创了先进的"侯式塔吊五步工法",被业内人称为"塔吊状元"。

这是中央电视台新台址工地上一台距离地面70米高的塔吊,伴随着越来越大的风,侯仕光从镂空的钢铁支架中一步一步往上爬,用了不到3分钟就轻松爬到顶端。从24岁成为塔吊工开始,他已经爬了二十多年。

北京城建集团四公司塔吊司机侯仕光:勇敢者的工作,刚工作时也害怕过。

侯仕光在工作中处处留意、边学边干,在实践中很快掌握了塔吊操作和维修的全套技术,他通过看机械设备的运转动作、闻控制设备散发的气味、听塔吊运转时各机械部件发出的声音等五个步骤,就可以判断故障的根源。这套侯式独门绝活,成为北京建筑行业标准化工法之一。

北京城建集团四公司工会主席赵洪乐:他创造的工法流程提高了效率,节约了资金。

提起侯师傅,北京城建集团无人不晓。一次,三环路上一家工地的塔吊突然发生故障,工地负责人找到侯仕光,他二话没说就赶到工地,凭着多年积累的经验和"听"字决,很快就发现了这台塔吊的症结所在,当即调来配件,修好了塔吊。

北京城建集团四公司塔吊司机汤克水:从老侯身上,我们学会了很多。

侯师傅常年吃住在工地,忙的时候一个月也难得回趟家。作为塔吊机长,夏天天热,他上白班,冬天天冷,他上夜班。他带领的机组,多年来,从未发生一起机械安全事故,设备利用率98%,设备完好率100%。

▲陈刚毅事迹引发社会强烈反响

连日来,中央各主要新闻媒体对"新时期援藏交通工程技术人员的楷模"陈刚毅的事迹进行了报道在社会上产生了强烈反响。湖北咸宁高中,今天刚刚新增了校友陈刚毅的照片,湖北省交通部门的同事们把陈刚毅7次化疗4次进藏的事迹表演成小品,在交通一线巡回演出。

湖北省交通厅厅长林志慧:我们已经创建了刚毅班、刚毅突击队、刚毅工程队,让刚毅精神首先在我们交通一线发扬光大。

近日来,人们通过手机短信、电子邮件等不同形式纷纷表达自己的感想,新华网、人民网、央视国际等网站收到网民留言就超过了4000篇。

▲《十六大以来重要文献选编》中册出版发行

由中共中央文献研究室编辑的《十六大以来重要文献选编》中册,已由中央文献出版社出版,即日起在全国发行。《十六大以来重要文献选编》中册,收入自2004年3月十届全国人大二次会议后,到2005年10月党的十六届五中全会这段时间内的重要文献,共78篇。有28篇重要文献是第一次公开发表。

▲雨量大　台风多:国家防总要求全国水库安全度汛

针对今年汛期极端天气气候事件偏多,华南大部分地区降雨偏多,登陆台风个数偏多等特点,国家防总今天要求全国8万多座水库迅速落实防汛责任人和防洪抢险应急预案,利用汛前抓紧水库隐患的排查,加强水雨情的监测,确保防洪标准内水库不垮坝,确保人民生命安全。

▲江南大部地区出现大到暴雨　海南出现37度高温

今天,我国东部大部分地区出现降水。从早晨开始,湖南、江西、广西等地大雨倾盆,长沙市区部分路段严重积水。急促的暴雨使湘江流域河水陡涨,目前长沙市已对10处重点堤防进行加高加固。

吉林、拉萨等地今天还出现了降雪,雨雪虽然对农业生产增墒保湿有利,但有可能使春播春种推迟。

海南部分地区今天则出现了37度的高温天气,专家提醒由于高温天气还将持续,户外作业人员应采取必要的防护措施。

中央气象台预计,未来两天,南方大部地区及华北、东北都将持续降水,江西、湖南、广西、福建的局部地区还将出现暴雨。

▲连战结束大陆行程返回台湾

主持人:这里是上海浦东机场,今天下午,中国国民党荣誉主席连战结束在大陆的行程,从这里启程返回台湾。

中共中央台湾工作办公室主任陈云林、上海市委副书记罗世谦等到机场为连战一行送行。昨天晚上,中共中央政治局委员、上海市委书记陈良宇会见并宴请连战一行。陈良宇向客人介绍了上海社会经济和台商在上海的发展情况,连战对上海经济发展取得的成就表示钦佩。

连战一行是4月13日抵达北京出席两岸经贸论坛的,此后又到福建、浙江、江苏等地参观访问,上海是连战此次大陆之行的最后一站。

▲国内简讯

△我国手机用户突破4亿

据信息产业部提供的消息,到2006年3月底,我国手机用户已突破4亿,平均每百人拥有手机30.3部,手机用户总量和月增长量继续保持世界第一。

△我国在罗布泊建设世界最大硫酸钾肥生产基地

总投资约40亿元的钾盐生产基地今天在新疆罗布泊腹地开工建设，预计2009年建成后，可年产钾肥120万吨，将成为世界上最大的硫酸钾肥生产基地。

△我国首片900吨高速铁路桥梁生产成功

由我国自主研发的首片900吨高速铁路桥梁近日在天津生产成功，它是目前世界上吨位最重、同跨度体积最大的铁路梁，能满足高速列车运行对桥梁承载力的特殊要求。

△我国血吸虫病诊断技术取得重大突破

江苏省血防研究所日前成功研究出“血吸虫病快速胶体染料试纸条诊断技术”。原先对血吸虫病的诊断需要数小时甚至两三天，而运用这种方法仅需5到10分钟。

△中国青年创业小额贷款项目启动

由国家开发银行和团中央联合推出的中国青年创业小额贷款项目正式启动，贷款对象主要是40岁以下初次创业或二次创业的青年。

△我国今年安排267亿元用于粮食直补和综合直补

今天，河南省在全国率先向农民发放今年粮食直补和综合直补资金。按照发放进度，总计267亿元的直补资金，将在6月底发放到全国农民手中。

△上海市首个社区避难所挂牌

上海市第一个社区避难所昨天挂牌。今后在发生灾害事故时，居民可及时撤离到安全的地下空间避难。5年内，这一应急疏散预案将在上海所有社区中全面推广。

△中石油获得沙特1.9亿美元勘探技术服务合同

日前，中国石油下属物探公司中标沙特单区块面积最大的勘探项目，工程合同额1.9亿美元，是截至目前我国公司在海外获得的最大地震数据采集承包工程。

△云南森林警方一举摧毁5个走私贩卖野生动物团伙

云南森林警方日前一举摧毁5个走私贩卖野生动物团伙。在短短45天时间内，他们由境外走私416只国家二级保护动物穿山甲，278只熊掌运往广东、福建等地。

▲【永远的丰碑】红军的一员“虎将”谢嵩

1934年4月，红3军团12团5连在团长谢嵩的率领下，第五次反围剿大洋嶂战斗中，取得了以少胜多的战果，谢嵩在战斗中5次负伤。1934年8月1日，谢嵩被中央革命军事委员会授予三等红星奖章。

谢嵩，1903年生于湖南邵阳上车桥。1928年7月参加平江起义，同年秋加入中国共产党。参加了中央苏区历次反“围剿”。每次战斗，他都亲临前线，指挥部队与敌展开殊死拼杀，成为井冈山的一员虎将。

1934年10月中央红军开始长征，为了调动敌人兵力，减少中央红军北上的阻力，谢嵩奉命率12团向广东方向进发，达到诱敌目的。任务完成后，谢嵩又率部巧妙地甩掉敌人，迅速赶上了主力部队。长征途中，他多次率部担负主攻任务，渡赤水河，占娄山关，屡建战功。先后任红29军副军长兼参谋长、代军长、军长，受到毛泽东、周恩来的高度赞扬。

1937年底，谢嵩在赴延安汇报工作途中牺牲，时年34岁。

▲国际简讯

△伊朗总统称伊可能会重新考虑其核政策

伊朗总统艾哈迈迪—内贾德24日说，伊朗绝不接受联合国要求其中止核活动的声明，并警告伊朗可能会重新考虑自己的核政策。他说，伊朗有雄厚的经济基础来抵御国际制裁，同时伊朗也不惧怕所谓的军事攻击。

△第10届亚洲防务展在马来西亚举行

第10届亚洲防务展24日在马来西亚首都吉隆坡开幕，来自世界40多个国家的560多家公司展示了它们制造的海陆空三军装备及其他保安装备。亚洲防务展目前已成为世界主要防务工业展销盛会之一。

△欧盟法院开庭审理微软与欧盟市场争端

设在卢森堡的欧盟法院初审法庭24日正式开庭审理美国微软公司与欧盟委员会在软件市场上的争端。在法庭辩论中，微软方面将力图推翻欧盟委员会对其违反欧盟公平竞争法的指控，欧盟委员会则将全力维护欧盟最高执行机构的权威和信誉。

(2)湖南广播卫星频道《正午播报》

听众朋友，中午好！欢迎收听湖南卫广的《正午播报》，我是××首先进入今天正午播报的提要新闻：

（正午转场音乐起）

▲ 根据中国假日办预测，今年黄金周期间出游人数将再创新高，旅客发送量、长途旅客发送量均创实行“五一”长假以来同期最高记录；

▲ 湖南省五一黄金周信息湖南卫广权威发布；

▲ 长沙常住居民个人赴港澳游，从今天开始正式开通；

▲ 伊朗核问题又有最新进展，伊朗首席核谈判代表拉里贾尼发表讲话态度强硬；

▲ 埃及自杀式袭击恐怖组织头目的身份锁定；

▲ 湖南卫广编辑中心五一特别企划：《青年领袖，领跑未来》。

（提要音乐渐隐）

▲ 好了，我们进入《正午播报》的详细内容，我们首先来关注一组五一黄金周的消息；

▲ 根据中国假日预测，今年黄金周期间出游人数将再创新高，中国交通部的预计，五一劳动节期间，道路旅游运量预计将会达到 3.4 亿人次，比去年同期增长 5%左右，全国主要省内水陆旅游运输量预计将会达到 640 万人次，同比增长 3.2%，交通部已经对黄金周运输作出了部署：

【五一交通，45 秒】

▲ 相信大家在五一黄金周都有自己的出游安排，那么天气情况怎么样呢？我们一起来听报道：

【五一天气，52 秒】

▲ 不管天气怎么样，五一节期间，全国各地的旅游景点都精心打扮了一番：

【五一打扮，2 分 08 秒】

▲ 而五一期间的电影市场也是仅次于春节电影市场的第二个黄金电影放映档期，那么在五一期间有哪些新上映的影片可以来选择呢？一起来听报道：

【五一电影，1 分 04 秒】

（间奏）

▲ 湖南省假日办也是发布了第七号"五一"黄金周信息预报，下面我们就通过一组综合报道来了解我省今天的相关资讯：

【五一省内，1 分 31 秒】

▲另外在长沙市，热闹非凡的庙会正在长沙市火宫殿举行，下面我们就连线正在现场采访的记者曾韬，随他一起去感受一下现场的气氛：

【曾韬，46 秒】

▲了解了我省景点的情况之后，我们再来关注交通信息。铁路方面：岳阳火车站 5 月 2 号、4 号、6 号增开济南至长沙的 A383 次列车，广州至郑州的

L128 次列车，郑州至广州的 L127 次列车，分别停靠岳阳、长沙、株洲、衡阳、郴州。湘西自治州铁路部门预测，黄金周期间将有近 5 万游客先后从吉首火车站乘列车出行。在所有的旅客列车中，北京、上海、广州、长沙方向的运能尤为紧张。目前，除杭州方向的车次还有部分车票之外，其他各车次 5 月 4 号前的所有车票都已售完。考虑到"黄金周"期间出行的游客较多，站方想方设法在运能较为紧张的北京、襄樊、长沙等方向增开 26 趟临时旅客列车，以确保广大游客走得了、走得好。

▲今天的雨水天气没有阻挡住人们的出行脚步。铁路、公路、民航等方面如期迎来了黄金周客流的高峰。下面请听湖南卫广记者罗琳发自长沙汽车西站的现场报道：

【汽车西站 5.1，1 分 12 秒】

▲下一条消息也是关于旅游方面的，长沙常住居民个人赴港澳游从今天开始正式开通。下面请听湖南卫广记者李炘的报道：

【李炘，45 秒】

▲听众朋友，您现在正在收听的是湖南卫广《正午播报》：广告之后我们将为您送上伊朗核问题的最新进展，埃及自杀式袭击恐怖组织头目的身份锁定；湖南卫广编辑中心五一特别企划：《青年领袖，领跑未来》。

（广告）

（间奏）

▲这里是正在直播的《正午播报》，新闻主播××带您继续听新闻。接下来我们来关注国际方面的消息：

首先来关注伊朗核问题的新进展：

▲4 月 30 号伊朗首席核谈判代表，最高国家安全委员会秘书拉里贾尼发表讲话说，如果安理会决定把伊朗核问题退还给国际原子能机构，那么伊朗愿意继续接受核查。他同时还警告说，伊朗并不惧怕武力威胁，如果联合国安理会对伊朗采取激进措施，那么伊朗将会采取同样的应对措施。请听报道：

【拉里贾尼，1 分 02 秒】

▲针对伊朗政府作出的表态，同一天，美国国务卿赖斯在接受采访的时候表示伊朗只是在核问题上玩小把戏，真实的目的是为了避免联合国安理会对伊朗实施制裁。

【赖斯，40 秒】

▲伊朗坚持核项目的研究，一直被以色列视为心腹之患，为了监测伊朗的

核动向，4月25号以色列发射了一枚“爱神B遥感卫星探测卫星”，4月30号以色列方面宣布这颗间谍卫星于当天传回了首批高清晰的图像，但是他们没有透露这些图像是否包含与伊朗有关的内容。

【卫星44秒】

（短间奏）

▲埃及警方30号发表声明说，埃及安全机构和反恐部队根据掌握的线索，已经确认了一名幕后负责组织和策划西奈半岛两起自杀式袭击的恐怖组织头目的身份，但此人目前仍在逃。下面我们连线到的是新华社驻开罗记者杨文静，请听她的报道：

【埃及警方，54秒】

▲您现在收听的是湖南卫广正在直播的《正午播报》。接下来我们来了解一组国内国际简讯。

▲2006中国沈阳世界园艺博览会已于昨天开幕，今天开始正式向游人开放，博览会荟萃了世界5大洲23个国家的园林园艺，世界园艺博览会至今已举办了25届，沈阳是继昆明之后，中国第二个举办世界园艺博览会的城市。

▲大陆方面已宣布，从今天起，新开放四种台湾水果进入大陆市场。首批新增开放的台湾柳橙、哈密瓜、柠檬昨天运往厦门，五一期间，大陆民众可以品尝到这些台湾水果。

▲中国第一个太阳能电池综合工程研发中心日前在河北保定正式挂牌。作为中国最大的太阳能光辐产业基地，这里已经建立起中国首条70兆瓦以上的多金硅电池片生产线，初步改变了中国硅片电池依赖进口的局面。

▲2005年由中国命名的台风“龙王”因造成重大经济损失和人员伤亡已退出台风名册，中国气象局于昨天公布了新台风名称的评选情况，最终50个台风名称进入投票阶段。从今天起，公众可通过短信、网络、信件和热线电话对这些名称进行投票。

▲来自中国劳动和社会保障部的消息，目前北京、上海的两个城市，咖啡师的市场缺口已超过1万人。咖啡师是劳动和社会保障部目前发布的第六批新职业之一，是指从事咖啡调配、制作和服务等工作的人员。

▲伊拉克议会议长4月30号呼吁议会在5月3号开会，但新总理届时可能不会提交内阁名单。

▲以色列过渡政府30号批准了国防部长莫法兹的建议，允许改变约旦河西岸地区犹太人定居点阿里尔周边的隔离墙走向。以过渡政府认为，改变

阿里尔定居点地区原定的隔离墙走向可以使其更容易与周边地区的隔离墙连接,从而形成一个整体防护栏。

▲阿富汗总统卡尔扎伊4月30号向在阿富汗遇害的一名印度工程师表示哀悼,他表示,这一事件不会影响到阿印两国关系的发展。塔里班发言人当天证实,该组织4月28号绑架一名印度工程师,并在两天后将其打死。

▲澳大利亚比肯色非而德地区一座金矿6天前发生了矿难,除了一人当场遇难意外,另外有两名矿工被困在井下一千米的地方,与外界失去了联系。4月30号救援人员当天与井下取得联系的时候,两个人还活着,预计两个人将于5月1号被救出来。(间奏)

▲五一黄金周期间还有着一个特殊的节日,就是五四青年节,湖南卫广新闻编辑中心在每天中午12点的《正午播报》和18点的《新闻晚报》节目中特别推出一组五一特别企划:《青年领袖,领跑未来》。

【青年领袖宣传片】(正午公用素材)

【青年人物刘国梁,5分46秒】(推歌曲《超越梦想》混播)

▲好的,以上就是我们今天《正午播报》的全部内容,新闻主播××,编辑××,实习编辑××;

感谢您的收听,我们明天同一时间空中再会。

(湖南人民广播电台卫星频道,《正午播报》,2006年5月1日12:00播出)

(3)湖南人民广播电子卫星频道《新闻全球通》

主持人:欢迎收听《新闻全球通》,我是新闻主播××为您刷新这一整点的全球资讯。首先为您送上一组国内国际动态:

▲国家食品药品监督管理局昨天作出决定,撤销聚丙烯酰胺水凝胶(注射用)医疗器械注册证,从即日起全面停止其生产、销售和使用。

▲我国第一辆具有自主知识产权的中低速磁悬浮列车,昨天在四川成都青城山一个试验基地成功经过室外实地运行联合试验。磁悬浮列车从实验室测试到室外实地测试的成功,标志着中国从实际应用的角度自主掌握了中低速磁悬浮列车技术。

▲鉴于重特大交通事故接连发生的局势,昨天,公安部下发《公安机关预防特大道路交通事故工作意见》,明确要求全国各级公安机关不得举办或参与举办驾校及其他形式培训班。

▲根据《中国区域竞争力发展报告2005》显示:北京、上海、广东被专家认

定为2005年度中国区域竞争力总水平最强前三名。

▲美国国务卿赖斯4月30号在接受美国哥伦比亚广播公司采访时说，美国可能在联合国安理会之外寻求对伊朗实施制裁。

▲日本财务大马谷垣祯一30号在谷垣派研修会上谈到将于9月举行的自民党总裁选举时表示，他有意竞争总裁宝座，他说他已经做好了这方面的准备。

▲据美国地质勘探局4月30号报告，智利北部科皮亚波地区当天发生里氏6.4级地震，人员伤亡及财产损失情况目前不详。

▲斯里兰卡警方1号说，斯东北部城镇亭可马里附近发生一起地雷爆炸事件，导致至少4人死亡，4人受伤。

【全球通冠名广告】

主持人：从5月1号开始，我省将有5件新法规开始施行。据了解，这些法规分别为《湖南省人民防空工程建设与维护管理规定》、《湖南省建筑劳务分包管理办法》、《湖南省按比例安排残疾人就业规定》、《湖南省实施(中华人民共和国国家通用语言文字法)办法》和《湖南省酒类管理条例》。

主持人："19和旋，超级戏乐会，有你就有戏"大众板块的活动今天在省会长沙湘江风光带的杜甫江阁拉开了序幕，我们来听听本台记者陈铁夫发自现场的报道：

【陈铁夫　41秒】

主持人：五一期间前往长沙市一些医院看病的市民可要注意了，部分医院门诊开放时间有变更。具体为：省肿瘤医院5月1号到6号门诊照常上班；湘雅医院5月1、2、3、7号四天门诊不上班，急诊正常上班，而4、5、6号门诊正常上班；湘雅二医院5月1号和7号两天门诊、急诊全休，5月2号到6号门诊、急诊正常上班；省人民医院、省第二人民医院也就是原来的省脑科医院7天门诊、急诊照常上班。

如果你失业在家，正巧想在五一期间找份工作，那长假期间不妨到位于劳动广场的长沙市天心区职业介绍服务中心去看看，说不定会有收获。从昨天开始，长沙市天心区正式启动了"五一帮你找工作"系列活动，天心区劳动保障局特意搜集了1000多个用工信息，免费向求职者提供。

此次招聘会提供的岗位大部分是物业、餐饮、家政、客房服务、保洁、仓储、物流等行业，适合下岗失业人员再就业的工种达到10多个，这个活动将持续到5月7号。

(间奏)

主持人:五一清晨,来自全国各地的近十万群众就来到天安门广场观看升旗仪式,迎接全世界劳动者的节目:

【升旗 1分05秒】

主持人:为了迎接五一黄金周,中国各地纷纷推出了丰富多彩的旅游大餐,款待来自四面八方的游客:

【款待 1分04秒】

主持人:随着五一长假的到来,出国旅游再起高潮,为了保证境外旅游的安全和顺利,外交部领事司通过外交部的网站,特别提醒即将出行的中国公民,注意以下事项:

【注意 58秒】

(短间奏)

主持人:我们再来了解一组财经新闻:

▲昨天从德国法兰克福传来消息,我省今年最大的境外招商活动——2006年中国湖南(欧洲),投资洽谈活动周取得了圆满成功。湖南省副省长、省经贸代表团团长贺同新重点推介了我省精心筛选的投资总规模63亿美元、适合欧洲公司特点的136个投资项目,这些项目覆盖了先进制造业、基础设施、现代服务业等领域。贺同新还介绍了定于今年9月底在长沙举行的首届中国中部投资贸易博览会,并向与会客商发出邀请,相约今年9月长沙再见面。

▲最新统计表明,截至去年底,维萨国际卡在我国内地的发行量已经超过1000多万张,同比增长8 9%。

维萨与会员金融机构携手推出的新产品涵盖商旅、科技电信、石油、汽车、校园、生活时尚等领域。统计表明,去年,维萨国际卡在我国的交易总额突破153亿美元,签账总额达7 6亿美元,增长率位居亚太地区榜首。

▲来自国家保护知识产权办公室的消息:国外申请人在我国的商标注册申请量呈上升之势。

据悉,近两年,来自国外的商标注册申请量大幅上升,2004年国外申请人在我国的商标注册申请且首次超过6万件,2005年,中国成为马德里商标国际注册联盟中被指定领土延伸商标数量最多的国家。专家认为,外国企业在华商标注册申请量和注册量的增加,一方面说明外商看好中国市场,另一方面也说明外国企业对中国商标法律制度和商标保护充满信心,证明中国的知识产权保护专项行动已经取得了成效，投资环境进一步改善。中国保护注册商标专用权，对中外商标注册人是一视同仁的。按照《商标法》规定，凡在中国注册的商标，不管是国内注册人还是国外注册人，均享有同样的权利，受到法律同等保护。

（短间奏）

主持人：节目的最后，要为您送上的是湖南卫广《新闻全球通》五一特别企划五一看电影，今天为您介绍的影片是《霍元甲》：

【霍元甲　3分13秒】

主持人：（全球通结束曲压混播）听众朋友，以上就是这次《新闻全球通》的全部内容，主播、编辑、感谢您的收听。

（湖南人民广播电台卫星频道，《新闻全球通》，2006年5月1日15:00播出）

5. 主持

（1）以下是《世界纵览》主持词（2004年12月17日定稿），请进行纯文本主持练习。

夏威夷关闭部分浪高海区

主持人：夏威夷是著名的旅游胜地，更是冲浪爱好者的乐园，最近夏威夷的海浪高得过了头，为了安全起见，一些浪高海区被迫向游人关闭。

播音：夏威夷的临海水域最近一段时间持续出现浪高风大的现象，巨浪将沙滩上的沙子和海中的垃圾卷起抛在临海的公路上。美国国家气象服务部门称，目前尚无法确定具体浪高。

为了游客的安全，夏威夷有关部门不得不暂时关闭一些海域，并在岸边竖起警示牌。但是这个方法好像没多大作用，冲浪爱好者照样在巨浪中嬉戏，不少游客也还在被关闭的海区的沙滩上游玩。

德国美洲豹小姐妹初次与公众见面

主持人：一身金灿灿的皮毛、一双寒光闪闪的眼睛，当人们看到威风凛凛的美洲豹后会被它的气势所震撼。其实，这种看起来凶气逼人的猛兽小时候可爱得就像一只小猫。

播音：德国柏林的菲尔德里克斯费尔德动物园最近可热闹了，一对一个多月大的美洲豹小姐妹不久前初次与公众见面，吸引了不少媒体记者前去一睹姐妹俩的"芳容"。

这对美洲豹小姐妹出生于11月3号,现在约有2公斤重,通身的黑色绒毛上附有黄色的斑点,蓝汪汪的眼睛没有半点凶光,倒常常表现出一副害羞的神情,看起来就像两只可爱的小猫。闪光灯前的美洲豹小姐妹显得十分怕生,一个劲地往管理员怀里钻,一点儿都不配合记者拍摄,最后还是管理员用双手举起它们,才有了一张完美的靓照。据动物园管理人员介绍,这对美洲豹小姐妹自出生后就一直由美洲豹妈妈喂养,这次与公众见面后,它们还将与妈妈一起生活半年左右。

名模慈善拍卖会 筹集善款为儿童

主持人:15号,美国纽约举办了一场拍卖会。这次拍卖会上,唱主角的并不是等待买主的拍卖物品,反倒是拍卖会的主办人吸引了人们最多的眼球。原来她是俄罗斯名模娜塔利·沃迪娅诺娃,而沃迪娅诺娃发起的这次拍卖会,是为了帮助别斯兰人质事件中生还的儿童而专门举办的。

播音:出席拍卖会的大多都是金融巨头和社交名人,单是为了与沃迪娅诺娃和她的模特朋友们共进晚餐,就花掉了他们75000美元。

会上拍卖的物品包括卡文·克莱时装表演会入场券,格莱美音乐颁奖典礼和奥斯卡颁奖典礼的入场券等。拍卖会上筹集到的金额总共达到20万美元。由沃迪娅诺娃创办的"纯真心灵"基金会将利用拍卖会筹集到的款项,在俄罗斯修建500所儿童乐园。沃迪娅诺娃表示,希望她所创办的"纯真心灵"基金会能够给俄罗斯儿童,特别是在别斯兰人质事件中幸存的孩子们带来温暖和欢乐。发生在今年9月的别斯兰人质事件造成330多人死亡,其中大部分是无辜儿童。截至12月20号之前,拍卖活动还将在电子港湾网站上继续进行。沃迪娅诺娃称,她的目标是突破50万美元大关。

巨大浮冰挡道 南极企鹅断粮

主持人:这个冬天,南极的企鹅们遇到麻烦了。最近,在它们捕食的海域,突然漂来了一块巨大的浮冰。有这个大家伙横在前面,企鹅们想要到深海捕鱼捉虾,就没那么容易了。

播音:最近,在南极麦克默多湾附近,一块编号为B15A的浮冰挤进了南极大陆和附近的一个小岛之间,不仅阻断了这里的洋流,还挤裂了沿海厚厚的冰层,导致当地5万对企鹅夫妇无法就近捕食鱼虾。

由于这块浮冰的关系，这些企鹅爸爸和企鹅妈妈不得不绕行180多公里进到大洋去捕食，可是这样一折腾，即使成年企鹅在大洋中捉到了鱼，也没有足够的体力，支撑它们把鱼带回陆地，喂自己的小宝宝。据专家估计，这次的冰山浩劫，很有可能导致当地90％的企鹅失去宝宝，企鹅的整体数量也将减少近70％。

另据介绍，和企鹅们一同受到威胁的，还有附近的3个南极考察站。这块浮冰面积达3496平方公里，是目前地球表面最大的漂浮物，其蓄水量相当于尼罗河80年的流量。考察站的科学家目前还没有能力将冰山钻开，让它随洋流漂走。如果这块浮冰就此在麦克默多湾安家落户，情况将会更糟，因为下个月将有3艘货船要来这里，为考察站送去补给。

英国拨重金保护历史遗址

主持人：历史悠久、风情万种的英国总是带给人们无尽的遐想，秀美的自然风光、著名的历史遗迹，使英国的旅游事业呈现出欣欣向荣的景象。殊不知为了维修和保护这些历史遗迹，英国不知投入了多少人力和财力。

播音：2004年英国历史遗产年度报告显示，今年英国的旅游事业出现持续高涨的可喜局面，人们高兴地称之为“旅游复兴时代”。

不少游客来英国旅游的一大目的，就是为了参观这里的历史遗迹。为了吸引游客，就必须保持这些历史遗迹的光彩和特色，为此，英国文化遗产彩票基金已经拨款30亿英镑，用于15000处历史遗迹的修葺。包括圣保罗大教堂的外部翻修工程、特拉法尔加广场步行街改造项目，以及国家肖像画廊修复工程。

（同期：HISTORIC BUILDING AUDIT 2.20（第二段）卡罗勒·苏特，英国文化遗产彩票基金主管：“我们知道，历史遗迹游览是我们国家的主要旅游项目之一，人们或者因为家族关系前来寻访家族历史，或者前来欣赏美景。文化遗产彩票基金将在今后出资保护这些遗迹。”）

越来越多的英国人意识到，历史遗迹不仅是本国的骄傲，更是全人类共同的文化财富，为了使它们代代相传，保护文物每个人都责无旁贷。

纽约官方公布世贸纪念馆设计方案

主持人：16号，美国纽约市市长布隆伯格和纽约州州长帕塔基，在纽约犹太文化博物馆正式公布了世贸中心遗址纪念馆的设计方案“反省缺失”。

播音：当天，纽约官方在新闻发布会上正式公布了世贸中心遗址纪念馆“反省缺失”方案的建筑模型和设计理念。

“反省缺失”方案的设计者是建筑师迈克尔·阿拉德和彼得·沃克。在过去几个月里，他们和另一名建筑师马克斯·邦德合作，完成了最终的效果示意图和建筑模型。这个方案是在纽约世贸中心遗址上建一个风景优美的露天广场，以及2个水池。在沿水池而建的矮墙上，还将刻上2001年“9·11”事件，以及1993年2月世贸中心地下车库爆炸事件的遇难者姓名。2个水池间的空地则为参观者提供了一个追忆亲人，进行反思的场所。

为了在世贸中心遗址上建一座纪念馆，负责世贸中心重建工作的曼哈顿下城发展公司从去年4月开始向全世界征集设计方案，先后收到了来自60多个国家和地区的5201件参赛作品。经过13位世界著名建筑师和艺术家长达8个多月的评选，“反省缺失”设计方案最终脱颖而出，赢得了这场历史上最大规模的设计竞赛。

在中选方案公布后不久，“反省缺失”方案的设计小组还应遇难者家属的要求，在原先的设计中增加了更多的树木和通向遗址底部参观的道路。

世界最高的桥正式通车

主持人：几天前，世界上最高的桥——米约大桥在法国南部的塔恩河河谷正式落成。16号，这座大桥正式通车，标志着它已作为法国的新象征载入了建筑史册。

播音：16号上午9点30分，法国米约大桥迎来了首批客人。这些人都是一大清早就驾车在此等候，争着要成为第一批通过当今世界第一高桥的人。

（同期声：“太棒了。简直无法形容，这样的感觉，这样的景致。太美了，真是绝了。”）米约大桥因位于法国西南部的米约市而得名，大桥最高点距离地面大约340米，比法国巴黎著名的艾菲尔铁塔还要高，是目前世界上最高的大桥。

大桥采用斜拉悬索式设计，全长约2.5公里，横跨整个塔恩河河谷。当谷中云雾四起，整座大桥仿佛是在雾中横空出世一般，勾起人们无尽的遐想。

在14号的大桥落成典礼上，法国总统希拉克还曾将这座耗资3亿9400万欧元，历时3年建成的现代高架桥誉为法国民用工程建筑的典范。

米约大桥开通以后，在巴黎和地中海地区之间又多了一条南北通道，这使得巴黎到西班牙巴塞罗那的路程缩短了100多公里。预计，今后每年夏天，米约大桥的日车流量将达到28000车次，其他季节，每天从桥上通过的车辆也能达到10000车次。

蜂箱拖车翻倒高速路

主持人：说起高速公路，我们都会想起车辆呼啸而过的景象。但是15号，美国西部内华达州拉斯维加斯市一段高速公路上却陷入一片混乱，许多车辆停了下来，还有许多人在搬一些箱子。这是怎么回事呢？

播音：再仔细一看，还有一团团的蜜蜂在空中飞舞。原来，这些箱子是养蜜蜂的蜂箱。由于一辆满载着蜂箱的大拖车在第95号高速路上一段高架桥的上坡处翻车，数十个蜂箱翻倒在地，有的还掉到高架桥下的路面上，成千上万的蜜蜂在七颠八倒的蜂箱堆周围聚成一片黑云，再加上流到地上的蜂蜜，清理起来可真是难上加难。有关人员叫来一辆有密封驾驶室的装卸机，把落在高速路上的蜂箱抛到高架桥下的地面上，还叫来一队穿着防护服的消防人员帮助清理路面上的蜂箱。还好这辆拖车的驾驶员没有受到什么严重的伤害。但不管怎样，在圣诞节前夕发生这样的事可真不是什么好事。不管为自己还是为别人，每个人还真是得注意交通安全。

沐浴人造死海　治疗皮肤顽症(已审)

主持人：位于以色列的死海不仅是地球表面的最低的水域，而且是已知含盐量最高的海洋，水中只有细菌没有其他动植物存活，所以称之为死海。但是这种超高含盐量的海水却是皮肤病的克星。

播音：地球上有一片奇特的海洋，除了细菌，海中没有任何鱼类和其他动植物，就连岸边也没有花草，不会游泳的人跳进海里不仅不会沉下去，反而会浮起来。这就是地球表面的最低点：死海。

经过对死海海水分析显示，死海的含盐量极高，一般海水的含盐量为千分之35，死海的含盐量达到千分之230到250左右。怪不得人们会轻易地浮起来。除了高盐份外，死海中的矿物质非常丰富。

不要因为“死海”这个名字就把它想得一无是处，早在古埃及克娄巴特拉女王时代，史书上就已有死海海水可以治疗皮肤病的记载。

今天，这一古老的皮肤病疗法历经时代变迁后非但没有消亡，反而被人们发扬光大。

美国芝加哥的一家健康洗浴中心就开发了“人造死海”沐浴疗法。这些浴盐是从死海海水中提取的纯正死海盐，皮肤病患者只要坚持在人造死海中沐浴，就可以达到治愈皮肤病尤其是牛皮癣的目的。

为了促进治疗效果，人们还模拟死海岸边的光照环境，沐浴后的皮肤病患者还可以来个既治病又舒服的日光浴。

那么，人造死海的疗效到底如何？这些照片就是最好的答案，经过一段时间的沐浴治疗，患者皮肤上的牛皮癣减轻了不少，过不了多久就可以重现健康肌肤了。

探询大白鲨的秘密

主持人：大白鲨是最大的食肉型鱼类，在很多人眼中，它们是恐怖和凶恶的。尽管它们声名远扬，但是关于大白鲨的知识人们却知之甚少。为了更多地了解“海洋霸王”大白鲨，同时也为了更好地保护这一濒临灭绝的物种，科学家们采用了卫星跟踪的办法，来探询大白鲨的秘密。

播音：在澳大利亚南部海岸的林肯港，澳大利亚联邦科学院的科学家们已先后捕获了4条大白鲨，并为它们安装了卫星定位器，以便对大白鲨进行跟踪观察。

给大白鲨安装跟踪设备是件危险的工作。先要将上钩的大白鲨固定在特制的水槽内，然后在它的背鳍上钻孔，安装好跟踪设备之后，再把它放回海洋。

大白鲨背上的跟踪设备能够将信号传送到卫星，从而记录下大白鲨的位置。根据卫星数据记录，曾经有一条大白鲨在一个月内跋涉1000公里，从澳大利亚南部游到了西部海域。

另外，通过跟踪观测发现，大白鲨常常在一处海域逗留很长时间，然后再以惊人的速度离开那里前往另外一处地方。

（同期声：巴里·布鲁斯 研究员“当它们前往某处时，它们以十分直接的路线前进。所以它们说走就走，游动速度大约为每小时3公里。”）

目前，科学家正通过跟踪观测绘制出大白鲨的迁移路线。一旦确定了大白鲨最常遵循的迁移路线，科学家们就可以采取相应措施，更好地保护这种濒临灭绝的“海洋霸王”。

纽约时代广场开始新年倒计时

主持人：每年12月31号晚上，纽约人都会在时代广场举行隆重的迎新年活动。今年，他们不仅要在时代广场庆祝2005年的开始，同时还将迎来时代广场除夕迎新活动的百年华诞。兴奋的纽约人迫不及待地在16号启动了新年倒计时。

播音:在 2005 年距离我们只有 15 天的时候,纽约时代广场开始为新年倒数计时。

今年是纽约时代广场建成 100 周年。1904 的 12 月 31 号,纽约人就在这里迎来了 1905 年的第一天。此后,年年除夕夜,时代广场都要举行盛大的庆祝活动。从灯柱上缓缓下降的水晶灯球已经成了纽约时代广场的一大标志。今年的 12 月 31 号,正是这个灯球降落传统的 100 岁生日。据广场负责人预计,届时来参加庆典活动的人数将超过往年,创下新的记录。

第二章 无文本主持能力训练

1. 请先隐名介绍班上一位同学叫大家猜是哪一位同学。可抓住某同学的外貌、性格特点、典型事件或细节来讲

2. 假设你是一位推销员，请在大庭广众下用话语推销某一种商品（如食品、玩具、衣服、饰品、工艺品、科技产品等）

3. 请向大家介绍你家乡的一种特产，并为它设计两条广告词

4. 请阅读下文，然后自拟主题演讲

东晋石崇和王恺斗富，一个用黄金做马桶，一个随手打碎名贵珊瑚。在外国也有则故事：一次宴会上，某女士说："我常用葡萄酒洗红玉，用白兰地洗翡翠，用鲜奶洗蓝宝石。"说完问身边一位太太："您呢?"那位太太答道："哦，我根本就不洗，稍有尘埃，就扔了它。"

在现实的中国社会里，摆阔的人也不少。一个青年富豪把2000元人民币做成卷子分别绑到四个爆竹上，先后放到天上爆炸了。一个北京大款用2万元招待广东大款，竟遭到奚落，随后广东大款用6万元一桌回请。而北京这位大款竟"啪"地打开密码箱，甩出5万元说："今天这桌，就照这个数!"还有人用30万元买了一条哈巴狗，眼都未眨。上海闵行区杜行乡有位承包老板沈某发了财，与人烧人民币比阔，每人每次至少烧面额50元的大钞，看谁烧到最后。

5. 请阅读下面这个感人的西藏故事，然后做练习

有一个猎手打了许多年的猎。有一次，当他把枪瞄准一头藏羚羊时，这只藏羚羊却没逃，而是朝他跪了下来，与此同时，两行长泪从它眼里流了出来。猎人很诧异，但他还是举起了枪。当猎人剖开藏羚羊的肚子时，他吃惊地叫出了声，手里的屠刀咣啷一声掉在了地上。原来在藏羚羊的肚子里静静地躺着一只小羚羊。虽已成型，却已死了。猎人悔恨地挖了个坑，埋掉了母羚羊和它未出生的孩子，也埋掉了伴随他一辈子的猎枪。从此，这个老猎人在藏北草原上消失了，没人知道他的下落。

①请阅读一遍后立即做详细复述。

②请做"文讲"练习。

③请谈观后感。

6. 请阅读下文，然后做练习

年轻的贝多芬闯荡维也纳，他在那找到了崇拜者，也是朋友兼房东——李希诺夫斯基亲王一家。亲王全家对他关怀备至，体贴入微，用知情者的话说，他们"恨不得把他置于玻璃罩中，以免遭受不洁空气的污染"。对此，贝多芬自然心存感激，但这感激是有原则的，有限度的，他决不会因此变得低三下四，卑躬屈膝，因而才有日后和亲王一家尖锐的冲突。亲王企图通过爵位的尊严，迫使贝多芬改变自己的意志，贝多芬勃然大怒，他当下搬出亲王的宅邸，并宣布与之绝交。他在致亲王的绝交信里写到："你之所以成为一个亲王，是由于偶然的出身；而我之所以成为贝多芬，却是由于我自己。亲王现在有的是，将来也有的是；而我贝多芬永远只有一个！"

①请阅读一遍后立即做详细复述。

②请对这个故事进行点评。

7. 请阅读下文然后做练习

父子进城

父子俩赶了头驴子到城里去卖，路人见了讥笑道："这两个人真苯，放着驴子不骑而用走路。"于是父亲让儿子骑在驴背上，继续往前走。又听见旁人批评道："这个儿子实在不孝，自己骑驴让父亲走路。"儿子羞红了脸，连忙下来，让父亲骑驴，再往前走。又听别人指责道："这个老子真霸道，自己骑驴，叫儿子走路。"做父亲的立觉不安，赶快跳下。父子二人面面相对，想了又想，最后决定合力扛抬驴子进城，这样别人该没话讲了吧？于是两人将驴子绑好抬着走。结果，惹来更多的议论、讥笑，使这对父子窘迫万分，进退两难，完全不知道该怎么办才好，怎么做才对。

①请阅读一遍后立即做详细复述。

②请做"武讲"练习。

③请做"文讲"练习。

④请对这则寓言故事进行点评。

⑤请阅读后自拟主题进行演讲。

8. 请阅读下面这则圣经故事，然后做练习

在巴勒斯坦的一个小村中，有两个非常友爱的兄弟。那年收割完庄稼要打麦子，弟弟心疼哥哥家里还有妻子、儿女要照顾，想为哥哥减轻负担，就趁晚上将自己打好的麦子偷偷地送到哥哥家；哥哥也担心弟弟一个人干活没人照顾又辛苦，也趁晚上偷偷地将麦子送到弟弟家。几天下来，他俩发现自己的麦子居然没少。终于有一天晚上，兄弟俩遇见了，他们看见彼此肩上的担子，都明白了。晶莹的泪珠从兄弟俩的眼眶中滚落，侵蚀了土地。真挚的感情感动了上帝，上帝决定在他们的眼泪湿润过的土地上建造城市。这就是世界最初的人类城市——耶路撒冷。

①请阅读一遍后立即做详细复述。

②请做"文讲"练习。

③请自拟主题演讲。

9. 请看下面一则材料，说说你的看法

有一位哲学老师指名问一名男学生："如果上帝问你：你是愿意做痛苦的哲学家还是做快乐的小猪，并且只能在二者之间选择一个的话，你选择什么？"这个男学生笑着说："我愿做一只快乐的小猪。"从此，他就博得了一个"快乐的小猪"的雅号。

现在让你选择呢？

10. 请阅读下文然后做练习

春节假期全国短信达126亿条

据新华社电　越来越多的人用手机短信向亲朋好友拜年。从除夕到大年初七八天时间，全国手机短信发送量达126亿条，平均每个手机用户发送短信30条。这样，两大移动运营商八天收入逾12亿元。

记者7日从中国移动、中国联通了解到，春节假期，中国移动用户发送短信95亿条，除夕当天短信量就达19亿条；中国联通用户发送短信31亿条，除夕和大年初一两天短信量为14亿条。

随着手机普及率提高，越来越多的人习惯于使用短信这一便利的交流方式。数据显示，2005年，全国手机用户总量超过3.93亿户。

我国手机短信业务大幅增长始于2000年，此后6年增长了300倍。2000年的发送总量为10亿余条；2001年，手机短信发送量为189亿条；2002年达到900亿条；2003年超过1371亿条；2004年达到2177亿条；到2005年为3046亿条。

①请阅读上文后以"短信拜年真好！"为题进行即兴演讲。

②请阅读上文后以"这个春节'批发'多少问候"为题进行即兴演讲。

③组织辩论。请以"短信拜年究竟是人情味更浓了还是更淡了"为主题展

开辩论。

11. 请看出示图片后,分别作以下练习

①请根据图片内容即兴说一段话。

②请看图后编一个感人的故事并采用“文讲”的方式讲给大家听。

③请看图后编一个笑话并采用“武讲”的方式讲给大家听。

④做故事接龙游戏。第一位同学根据图片内容编一个故事的开头,然后进行故事接龙,最后一位同学给故事结尾要回到图片内容上。

12. 请欣赏下面这幅摄影佳作,然后做练习

①请用形象化的语言描述所见摄影作品的内容。

②请合理想像照片作者拍摄这幅作品的始末,并用生动的语言叙述出来。

③请讲一个感人的故事。

④请讲一个可笑的故事。

⑤请自拟主题即兴评述。

13. 请欣赏下面这幅摄影佳作,然后做练习

①请用形象化的语言描述所见摄影作品的内容。

②请合理想像照片作者拍摄这幅作品的始末,并用生动的语言叙述出来。

③请讲一个感人的故事。

④请自拟主题即兴评述。

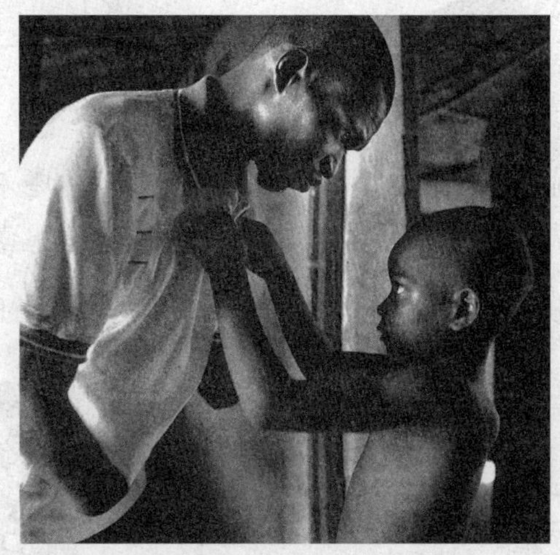

14. 请欣赏下面这幅画,然后做练习

①请讲两个以上有关“爱”的故事。

②请自拟主题即兴评述。

15. 请看图后，自拟主题进行即兴演讲练习

沉重的“作业”

博士帽与油条

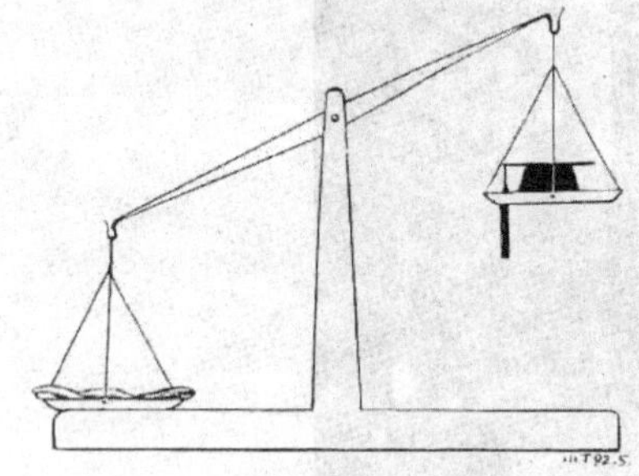

占座

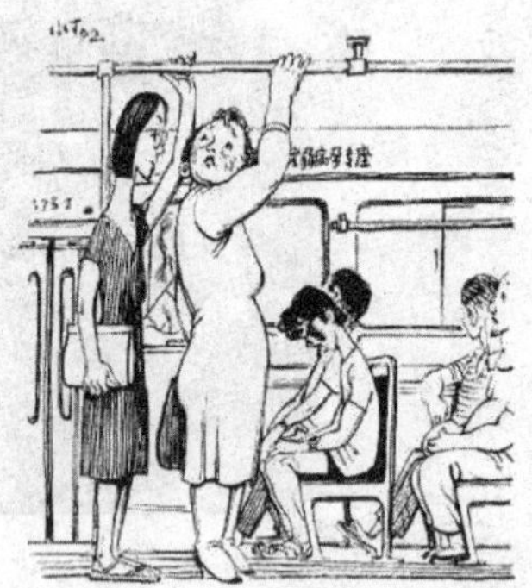

“连裆裤”?!

或许会有这样一天

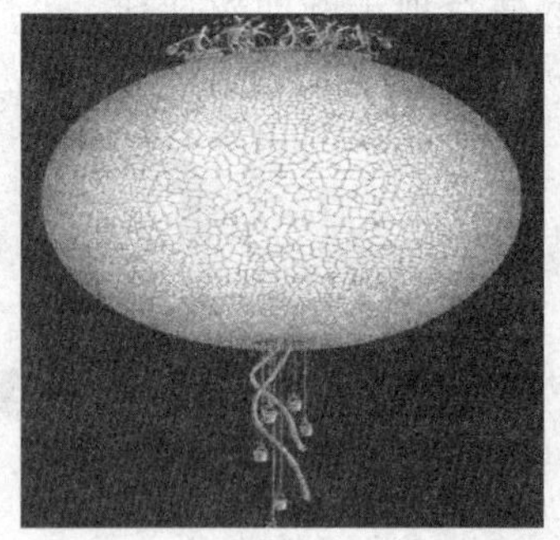

落“网”

值班

何以抵挡

知识转移

最后一滴水

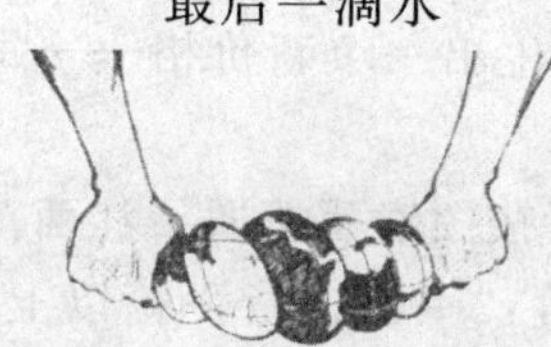

四伯乐相马

16. 请看图片新闻后自拟主题做即兴演讲

2006年2月22日，在印度西部城市艾哈迈达巴德的一家养鸡场，一只小鸡破壳降生。印度政府正积极采取措施，控制禽流感疫情扩散。（新华社）

17. 请根据以下所提供的资料做题

资料：

(1)某记者因为眼睛轻微不适前往方庄第一医院就诊。医生诊断的结果是结膜炎，在处方上开出的是江西萍乡制药厂生产的5毫升装盐酸环丙沙星滴眼液。这家社区医院划价每支15.7元。

(2)记者随后在相距百米的方庄购物中心，看到药品专柜上一模一样的滴眼液售价仅为6.6元，两者价格相差2.3倍。

(3)记者又来到堪称国内最高规格的一家三级甲等医院，想在这里得到一个放心的药价。结果有些出人意料：这种滴眼又派生出一个新价格——每支12元。

(4)按照环丙沙星滴眼液中的使用说明书，记者按图索骥拨通了江西萍乡制药厂的电话。这个厂销售科彭科长报出了出厂价："一次进货一箱以上，每支售价3.8元。"

(5)据北京市物价局副处长安群介绍，江西萍乡制药厂生产的5毫升装环丙沙星滴眼液，属于企业按规定的作价办法自定价格的药品，它必须先到北京市物价局进行登记后才能销售。再加上国家规定的正常差率后，这种药品在北京市场登记公布的价格是：每支批发价5.75元，零售价为6.6元。安群说，无论是在药店还是在医院出售，可以低于北京市物价局公布的药品价格，但绝不允许高出。

(6)按照药品价格管理办法,厂家按不同的剂型给批发商20%左右的进销差率,批发商再给零售商15%的批零差率。此外,对企业按作价办法定价的药品,可以有50%的工商让利。这些都属于正常的经济行为。

(7)如果按厂家报的实际价格进行推算,环丙沙星滴眼液的批发价大体应为4.75元,零售价应为5.46元。

(8)记者随后拨通了这种药品在北京的批发商——燕京医药公司和燕京第一批发部的电话。接电话的两位女同事都不愿意透露从厂家的进价,但比较爽快地报出"批发价":规定批发价——每支5.75元八六折,就是4.95元。燕京第一批发部接电话的女同志说:"给医院一般都是八六折。"

(9)据业内人士透露,相比药店零售而言,医院开药的中间环节要复杂得多。一般情况下,厂家聘请医药代表或业务员,由他们负责向各医院进行"公关"。一所医院需要攻下的关口至少有:医院负责人、负责进药的主管和经办人、相关科室负责人和医生。每个关口都要暗地里"奉送"一定的回扣,从2个百分点到15个百分点不等。

(10)知情者称,医生开出一支环丙沙星滴眼液,可提取占零售价10%的"好处费"。

【训练题】

1. 请用不超过150字的篇幅,概括出给定资料所反映的主要问题。

2. 用不超过350字的篇幅,提出解决给定资料所反映问题的方案。要有条理的说明,要体现针对性和可操作性。

3. 就给定资料所反映的主要问题,用1200字左右的篇幅,自定主题,进行论述。要求中心明确,内容充实,论述深刻,有说服力。

参考答案:

1. 这是一起严重损害消费者利益的事件:中间商通过对医生的折扣让利达到为自己谋取暴利的目的,医生受"提成"的诱惑而强行要求患者使用高价药品。在利益的驱动下,医药界似乎忘却了自己"救死扶伤、实行革命的人道主义"的宗旨。

2. 一是引入竞争机制,提高医疗服务质量。要保障群众对医疗服务的选择权,包括选医院、选医生和选药店。以促进医疗机构之间的竞争,促进医院药房和社会药店之间的竞争。二是实行卫生工作全行业管理,进行医疗资源优化重组。要实行政事分开，卫生主管部门要对本行业实行监管，用法律、行政、经济等手段调整和控制包括床位、人员、设备以及医疗机构在内的卫生资源存量和增量。三是整顿药品生产流通秩序，调整药品价格政策。进行药品集中采购试点。

3. 加快“针对医院”的改革

一支名叫环丙沙星的眼药水，从药厂走到患者的手中，其身价就提高了将近四倍，这种摇身一变听起来有点不可思议，可它又千真万确地发生在我们的生活当中。

俗话说“有啥别有病”，可是人们吃五谷杂粮，没有人敢说自己绝对不会生病，看病吃药是老百姓最基本的要求，这就形成了一个很大的医疗市场。在这个庞大而稳定的市场中，医院是最关键的环节，它联系着药品生产者和患者，它决定了患者吃什么药、吃多少药，从而也就决定了某类药品的旺销或滞销。一些既缺乏职业道德约束又无视相关法规的医务人员就利用这种市场决定权，从中牟利，如一些医院变相提高药价、收受药厂回扣、大夫开药方提取“好处费”等，这些行为从根本上说增加了老百姓的医疗负担，它不仅仅是不道德的，也是违法的，其中隐藏着腐败。在以往的报道中，我们不难找到这类医疗腐败的劣迹。

要遏制医疗腐败，首先必须强调“透明度”。从医院方面看，必须有一个定期向行政机关汇报药品进货与销售情况的制度，以接受监督，从而杜绝暗箱操作。从医生方面看，医生有义务向患者解释药品的功效和价格，让患者有知情权和药品选择权。另一方面医疗体系中存在法制真空的局面要有所改变，对一些药厂的行贿和医院的受贿绳之以法，以刚性的法律打击弹性的医疗腐败已经变得刻不容缓了。

这些年来，我国的医疗制度改革取得了很大的进展，“背靠大树好乘凉”的公费医疗已经渐渐被基本医疗保险、大病统筹等等制度所取代。然而，也应该看到，目前的很多改革都是“针对患者”这一面的，“针对医院”的改革不但力度不够，方法也不够有效。现在，一些地区已经发现了这一问题，并试图改变这一局面，如北京市前不久出台了“基本医疗服务工程”，实施分层医疗制度。强化社区医疗服务，从而让患者享有从医院、门诊医生到药品使用的选择权。

（本题及参考答案引自吴郁主编的《主持人思维与语言能力训练路径》）

第三章　半文本主持能力训练

1. 请根据资料自拟栏目模拟主持。要求有开始语、讲述、点评和结束语的设计

材料 1：

名牌大学生做骇人听闻事
——向狗熊泼硫酸法理难容

据新华社北京　2002 年 2 月 24 日电(记者李熙　牛爱民)在“珍稀动物就等于珍惜自己的生命”已成为现代社会的一种基本文明观念的今天，北京某名牌大学电机系大四学生刘海洋，为了验证“笨狗熊”的说法能否成立，竟然先后两次把掺有火碱、硫酸的饮料，倒在 5 只北京动物园饲养的狗熊的身上或嘴里……

今天，当年仅 21 岁，已通过了研究生考试的刘海洋走进北京市公安局西城分局拘留所的时候，虽然痛哭流涕地自称后悔莫及，但他这种骇人听闻，严重触犯法律的行为，不仅给国家和社会带来巨大损失，也毁了自己的青春乃至一生。

今年 2 月 23 日是一个风和日丽、春意浓浓的星期六。北京动物园内热闹异常。下午 1 时 10 分左右，动物园熊山内突然传来狗熊“嗷、嗷”的嚎叫声。只见随着水泥地上冒起了一股股白烟，两只大黑熊躺在地上打起滚。就在围观人群一阵骚动后，一名手拎食品袋，戴着眼睛的男青年匆匆地挤出人群向熊山外溜去。

“抓住他，就是他给大黑熊投的毒。”喊声未落，这名男青年撒腿就向动物园内狮虎山方向跑去。正在附近巡逻的动物园派出所民警、动物园保卫处的工作人员和熊山管理人员以及在场的群众围追堵截，齐心协力将这名男青年抓住，带回了动物园派出所。

经警方审查，这名男青年叫刘海洋，北京人。据刘海洋交待，因父母离异自己一直与母亲相依为命。1998 年，自己幸运地考入了北京某名牌大学电机系，大学期间学习成绩一直名列前茅，并已经通过了学校研究生考试。

对于为什么要残害动物，刘海洋说：“我曾经从书中看到过熊的嗅觉敏感，分辨东西能力特别强。但人们又总说'笨狗熊',所以我就想验证一下狗熊到底笨不笨。"

为了满足自己邪恶的"好奇心",今年1月29日,刘海洋用事先准备好的一瓶饮料兑上从学校实验室偷到宿舍的水碱来到了动物园。他假意投喂黑熊并将掺有火碱的饮料倒向正在与游客戏耍的黑熊,看到黑熊被烧得满地打滚,嗷嗷乱叫,侥幸逃脱的刘海洋并没有感到满足,而是昧着良心又酝酿着下一次罪恶行动。

昨天中午,刘海洋用一个白色纸袋装着两瓶饮料和一个平时喝水用的500毫升硬塑料杯,从一家化工商店花8元钱买了一瓶硫酸,分别兑进了随身携带的饮料和塑料水杯内,而后乘公共汽车来到动物园,又一次实施了他残害动物的罪恶行径。

今天,北京市公安局西城分局已依法将刘海洋刑事拘留。目前,此案仍在进一步审理之中。

材料2:

某名牌大学电机系的学生刘海洋用硫酸伤熊以后,警方对他的审讯摘录:

刘:我觉得好奇,因为是兑在饮料里,看它能不能辨出里面有东西,不是存心想伤害它或怎么着。我比较喜欢动物,这都是实话。

民警:你在做之前知道会伤害它吗?

刘:知道,但不知道后果会这么严重。

民警:如果硫酸或碱泼在你身上会怎么样?

刘:疼。硫酸和碱都曾滴在我手上,疼痛而已。

民警:那泼熊身上呢?

刘:疼啊,疼吧。

2. 请根据资料自拟栏目做一期节目

资料:

北京下土了

据新华社电 "出门第一眼看到满地黄土不禁一惊,再往前走,发现车都像出土文物,怎么回事儿,旁边的工地出事了?上了街发现全都是土,这才明白,是'落黄沙',只能叹一句,又下土了。"17日的北京是土黄色的。据气象专家介绍,15日、16日两天,中蒙边境地区出现了沙尘暴天气,随着上游气流的输送,16日夜里11时开始影响北京。前晚的尘降是20克每平方米,全北京市大约有 30 多万吨，以 1500 万人口计算，人均约 20 公斤沙尘。

“沙漠”，家住北京市朝阳区的张睿 17 日早晨告诉记者，虽然有些夸张，但当他走出家门，站在充斥着沙尘的空气中，看见地面、汽车、甚至每一片树叶都被沙土覆盖，心里就直接蹦出这个词。记者看到，笼罩在北京城上空的一层薄薄的沙尘始终挥之不去，整个天空泛黄。北京市 16 日夜间降下了大量的沙尘，地面、车辆和花草上布满了尘土，道路上的车辆如同穿了一件“土衣”，昏黄的空气中弥漫着尘土的气息。行人们纷纷戴起口罩，一些女士蒙上五颜六色的纱巾，匆匆前行。

许多人都以为这是沙尘暴在作怪，其实，这只能算浮尘天气。据中央气象台高级工程师杨贵名介绍，浮尘天气是由于远地或本地产生沙尘暴或扬沙后，尘沙等细颗粒浮游空中而形成，俗称“落黄沙”，出现时远方物体呈土黄色，太阳呈苍白色或淡黄色，能见度小于 10 公里，大致出现在冷空气过境前后。据中央气象台 17 日 11 时监测，北京的能见度为 8 公里。

“这次沙尘的特点是以大颗粒沉降为主，属于粒径小于 100 微米的总悬浮颗粒物，不是平日里那种可吸入颗粒物，所以市民普遍感觉天空中在下沙子。”北京市环保局宣教办主任王小明表示，这是今年春天以来第 8 次外来沙尘影响北京，也是最为严重的一次。

据市环保局监测中心 17 日 9 时左右的预测，17 日的空气质量应属最严重的五级重度污染。

据了解，北京市有关部门已于 16 日夜间启动了沙尘天气扬尘污染控制预案，以减弱沙尘的影响。气象专家预计 18 日下午以后这股浮尘才能逐渐离开北京。

北京地区出现大范围强浮尘天气

据新华社电　从 16 日夜间开始，受蒙古气旋南部偏西风的吹袭，中蒙边境地区出现的沙尘暴天气使我国北方地区出现大范围的天气。这是自 2003 年以来，我国北方地区出现最大范围的强浮尘天气。

据 17 日 7 时 02 分气象卫星监测显示，北京、天津、山西北部、河北大部、山东北部和渤海地区出现了大范围的浮尘天气，经估算沙尘影响面积约为 30.4 万平方公里。

中央气象台高级工程师杨贵名接受记者采访时说，受冷空气影响，16 日内蒙古中部出现了能见度低于 1000 米的沙尘暴，局部地区出现强沙尘暴，能见度只有200米。这次沙尘范围覆盖了内蒙古西部和中部、甘肃西部的部分地区、宁夏局部、山西北部和河北西北部。随着上游气流的输送，北京地区才出现了这次强浮尘天气。

中央气象台17日继续发布了沙尘天气预报，预计17日中午到18日中午，新疆南疆盆地、内蒙古中西部、甘肃西部的部分地区、山西北部、河北北部以及北京等地仍将出现能度小于10公里的浮尘和扬沙天气，其中内蒙古中西部的局部地区有能见度小于1公里的沙尘暴。

杨贵名说，从最新的天气形势看，这股浮尘将于18日傍晚左右离开北京，而在未来三天，华北、东北地区、黄淮等将出现大风降温天气，上述地区的气温将有所下降；内蒙古东部、东北地区将出现雨雪天气。

气象专家同时提醒公众，吸入沙尘量过多容易引起肺部疾病，特别是对小孩子危害最大，因为空气中大颗粒的扬尘都比较低，小孩个子矮，吸进去的都是这些大颗粒的扬尘，所以沙尘天气人们要尽量减少出行，城市建筑工地也要注意提前做好防风降尘工作。

【范例】

各位观众早上好，欢迎收看《祝您早安》，我是××。今早一觉醒来，您发现身边有什么变化么？

家住北京市朝阳区的张睿今天早晨告诉记者，他发现眼前出现了“沙漠”。虽然有些夸张，但当他走出家门站在充斥着沙尘的空气中，看到地面，汽车甚至每一片树叶都被沙土覆盖，心里就直接蹦出一个词“沙漠”。我想，近来有张睿这种感慨的北京市民肯定为数不少，“北京下土了”成了我们关注的又一焦点。我这里有一组国家林业局提供的数据“今春最严重的浮尘肆虐着京城，4月16日一夜降尘30万吨，以1500万人口计算，人均约20公斤”。20公斤是一个什么概念，想想40斤的米您一家能吃上多久。

北京市气象台首席预报员孙继松介绍说，在北京的历史上，平均一年应该是6个沙尘天气，但每年数量不等，上世纪90年代偏少，到两千年以后又多起来，尤其2001年高达18个沙尘天气，02年至05年开始下降，其中05年仅两个沙尘天气。今年到现在为止已是第十个沙尘天气了，照此下去还会更多。就目前看今年无论从沙尘天数还是沙尘尘降都是近三年的总合。

您说这沙尘要是诸如肥料之类的好东西，我们还能接受这样的增长，可现在就是恰恰相反，所以说咱们看着这些数据得多急啊，这个急还是干着急，怎么说，您听专家怎么说的。国家林业局防沙治沙办公室主任刘拓在接受记者采访时表示：由于沙尘天气需要两大条件，强劲的气流，干燥裸露的沙尘源，所以客观上讲这在中国是无法根除的。中国地质大学地球科学与资源学院田明中教授说："全球气候变化是沙尘形成的主要原因，人为的影响力根本赶不上自然的力量，地质营力是无可替代的，这样干旱天气的程度是不断加剧的。"

这样说来是不是面对这样的灾难我们人类就束手无策了呢？

现在只要在街上看到行人戴起口罩匆匆前行，我就会想到98年的非典，那也是一场肆虐，也是来势汹汹甚至毫无征兆，但在抗击非典的作战中，我们全国人民都表现出了异常的镇定和坚强，保持统一战线，众志成城。我们的生存环境一次次地在考验我们，一次次地也在给我们敲响警钟。在第六次全国环保大会上，国务院总理温家保一针见血："严重的降尘天气这虽然有气候因素，但也反映出环境问题的严重性，环境污染严重原因就是环保重视不够，投入不足，环保欠账过多，治理滞后于经济发展，产业结构不合理，经济增长方式粗放，能源资源消耗高，高投入，高消耗，高排放，环境保护执法不严，监管不力，有法不依，违法不究现象普遍。"

这番话值得我们每一个人深思和深省，在每天的水平能见度不足10公里的环境中，我们天天盼着孙继松哪天在报天气时来一句："肆虐多日的沙尘终于过去了。"实际上这沙尘的去留有一半完全掌握在我们自己手里。

2008的北京奥运就在后年，我们的口号是"绿色奥运"，我们能否给08年的绿色交上一个满分呢？那只有我们大家一起努力了。

最后还是要给您一些温馨的提示，重度污染的浮尘天气的空气质量比较差，对人体健康不利，尤其是老人孩子和患慢性呼吸道疾病的民众要小心保护自己健康了，遇上这样的天气尽量减少出门次数，外出要戴好口罩纱巾眼镜，还要多喝开水。最好就不要开窗换气了，因为这时窗外的空气质量比您室内的还糟糕。

好了，今天的节目就到这里，记住出门上班时，戴上口罩。曹静祝您出门平安，一天都顺顺利利！

（范例根据湖南大学广播影视艺术学院学生曹静录像练习整理）

3. 请阅读资料后做练习

新华视点：4万"巨款"10年折磨

新华网　长春5月23日电（"新华视点"记者马扬）：日前，一对来自吉林省延吉市郊农村的夫妇，将捡来的4万元钱交给了延吉市公安局，请求公安局为他们找到失主。

这本是一个“拾金不昧”的简单故事，然而对于故事的主人公来说，却一点也不简单。因为这笔钱“像一座大山，压得我们10年喘不过气来。”男主人说，“我们做了一件错事，不能一错再错了！现在我们只想做回一个诚实的人。”

4万元从天而降

这对夫妇非常勉强地接受了记者的采访，却坚决不让记者报道他们的名字——他们认为“太丢人了”。记者只好为他们取了化名：苏大友和毕天淑。

49岁的苏大友是一位出租车司机，妻子毕天淑没有工作，还是一个重症肝硬化病人。他们有一个今年刚满16周岁的儿子。

1996年夏天的一个夜晚，苏大友的出租车上来了一男一女两位乘客。到地点后，计价器显示应付费6.3元，而两人却坚持只给5元钱，还骂了很多难听的话，最后竟一分钱没给就扬长而去。两人离开不久，苏大友发现车后座上有个布包，打开一看，里面竟然是一大堆钱，有50元的，有10元的，整整4万元！

苏大友这辈子都没见过这么多钱，想想自己把所有家当卖了也不到1万元，这笔钱足够他买辆二手车或盖间新房子了。他突然感到很害怕。他把钱放到了朋友那里，没再拉活，回家连妻子也没敢告诉。

4天后，几个身材魁梧的男子找到了苏大友，其中一个人就是几天前乘车的男子。还没等苏大友反应过来，几个人就把他拉上了一辆卡车，气势汹汹地一遍遍问他捡没捡到5万元钱，又把他带到当地派出所，对警察说苏大友捡了他们丢的5万元钱不还。苏大友既害怕又生气，就一口咬定没有捡钱。“我要是承认了，哪里去找那多出的1万元啊。”苏大友对记者说，“当时自己也是私心作怪。”毕竟，对他贫穷的家，4万元的诱惑力太大了。

半年后，警察再次询问苏大友是否捡到了钱，他再次否认了。

10年饱受良心拷问

知道丈夫捡了巨款，毕天淑也害怕了，整天提心吊胆，“钱放在那儿，可我俩就是不敢动，摸一下都觉得难受。”

为了维持生活和给妻子治病，苏大友曾经卖过豆腐、烤过地瓜、卖过血肠、种过菜，后来才开上了出租车。他说：“我什么都干过，就是没有撒过谎。平生第一次昧了良心，那种难受劲儿就别提了。”

夫妻俩从此再没有过过一天安生日子。穷困的生活太需要钱了，而“良心”二字在他俩的交谈中出现的频率也越来越高。

毕天淑治病需要一大笔钱，曾经几次住院，向亲戚朋友借钱都借遍了，她也没敢动用一分那笔捡来的钱。苏大友后来也患上了肠炎、腰疼等多种疾病。有几次，为了给妻子看病买药，他曾悄悄动用过几张捡来的钱，但一挣到点钱马上又补齐了。

10 年里，苏大友夫妇一直经受着道德良心的折磨。意外之财没带来任何欢乐，相反使他俩陷入了无尽的痛苦之中。苏大友原来开朗活泼此后却变得沉默了，毕天淑的病情也日益加重。

毕天淑说：“我们做了错事，没法教育自己的孩子，没法跟朋友说，没法跟亲戚讲，压力太大了。”

“啥也比不上做诚实的人重要!”

毕天淑说，这些年来，他们的孩子渐渐大了，对一些问题开始有了自己的看法，夫妻二人的心病也越来越重了。“我们不是诚实的人，却天天教育孩子做人要诚实守信，有的时候，对孩子讲着讲着心里就突然没了底气。”说着，她哭了。

“我的儿子特别懂事，6 岁的时候就知道给我做饭吃。家里穷，他就跟我说：妈妈，你别急，等我学了本领，长大后有了工作，专门给你买好吃的。每天他上学前，都会叮嘱我：不要总和别人说人家的家长里短，那样很不好，还容易引起邻里纠纷，你要是在家呆腻了就到外面散散步，这样对你的身体也有好处。越看着这孩子懂事，我就越揪心。

“我这病已经很重了，说不定哪天就没了。一想到我们做了这样一件不好的事情，并且对孩子隐瞒了那么多年，就感觉很羞愧。我最怕将来孩子知道了这件事，会为我们的行为感到耻辱，抬不起头做人。”

“这些天我一直看电视上关于那个失明小女孩欣月的故事。我想，是谁救了她，其实是她自己救了自己。她在病得那么重的情况下，想的却是到天安门看升国旗，她的行为感动了千千万万的人，反过来，大家帮她，她的病能治了。这个世界上，善有善报。我们的事做得不光彩，所以自己的身体也一天不如一天。”

苏大友说：“现在我们终于想明白了，啥也比不上做回原来那个诚实的人重要。”

苏大友夫妇终于在亲人和朋友的鼓励下，走进延吉市公安局。“尽快帮这笔钱找到主人，哪怕失主让我们卖房子还利息也都认了，如果找不到失主就捐到当地的慈善机构。”是这对患难夫妻对警方的惟一请求。

良知战胜了贪欲

延吉市公安局刑警二中队一位姓韩的同志说，工作了这么多年，这样的事情他还是头一次遇到。“这是一对非常善良的夫妻，他们的行为会让很多人反思自己；他们的事情应该让全社会知道。”

长春市民杨大宇认为，在当前很多人诚信缺失的情况下，苏大友夫妇能够战胜自己，重新树立起做个诚实守信的人的勇气，非常了不起。

吉林省社会科学院副研究员郑沪生认为，我们每个人在金钱面前都难免会发生一些动摇。苏大友夫妻经过长时间的思想斗争，最终良知战胜了贪欲，是非常不容易的。在社会、观念多元化的今天，最危险的就是守不住自己道德底线。苏大友夫妇的行为值得尊敬。

苏大友一家三口住在岳父转让给他们的一间不到50平方米的小平房里，还欠着老人4000元钱。眼下，他们又面临着房屋拆迁的难题。但苏大友说，自从把钱交到了公安局，“虽然日子挺紧巴，但感觉踏实多了！”

①阅读资料后做概括性复述。

②阅读资料后做“文讲”练习。

③阅读资料后做“武讲”练习。

④根据提供的资料，做一期完整的新闻故事节目。

⑤根据提供的资料，做一期完整的访谈节目。

⑥根据提供的资料，做一期完整的话题脱口秀节目。

4. 请根据所提供的资料做一期生活服务类节目

资料：

五一长假带上健康小处方

★7天长假恐怕是孩子们最高兴的日子。但据医生介绍，14岁以下儿童在长假期间遭意外伤害按照发生频率高低排列依次是：跌伤、碰伤或挤压伤、扭伤、割伤或刺伤、交通事故、烧伤或烫伤、昆虫或动物咬伤（如狗咬伤）、中毒等。省儿童医院专家提醒，在长假期间，家里不是“避风港”，家长要时刻关注孩子的安全问题。

“假期里不规律的生活方式将引发大量病症。”省人民医院神经内科主任高小平医师指出，每逢7天长假，“健康杀手”会频频出现。本报健康专家团的专家们提醒：请遵照医生的“小处方”“用药”，避免长假过后“病痛”难熬。

长假补睡越“补”越累

[状态] 都市里平时生活节奏很快，长假期间正是补充睡眠时间的好机会。有这种打算的人不会是少数。记者在长沙市雨花亭十字路口的随机街头调查显示，27位年龄不超过30岁的人中，有19人有“倒头大睡3天”的打算，有4人“会睡个够，具体时间还没有确定”，只有4位说“继续原来的生活状态”。不少人也认为当7天长假画上句号时，一部分上班族再次面对上班时就会出现焦虑、恐惧的情绪。

[解析] 长假让人一旦彻底放松，生活规律就被打破了。在节日期间“闷睡”，会将各种生理代谢活动降到最低水平，使人的各种感受功能减退，带来三种后果：

一是使得脑供血不足，许多人在长假期间成天昏睡，醒来后不仅打不起精神，甚至感到头昏脑涨，由于长时间处于睡眠状态，人体的血液循环失去了原来的规律性，导致脑组织供血不足；

二是造成消化不良，有的“闷睡族”三顿并作一顿，打破了正常的生理节奏，扰乱了植物神经的调节作用，引起内脏功能紊乱，尤其会对肠胃的消化、吸收、排泄功能产生负面影响；

三是引发便秘，有的“闷睡族”整天懒于下床活动，人体的排泄功能受阻，从而导致便秘。

[小处方] “长假恶补睡眠，结果会越‘补’越累，越睡越没精打采。”省人民医院神经内科主任高小平指出，“缺觉”的人们平时睡得少，利用长假“补觉”是可以的，但不能睡过了头。“闷睡”数天还可能引发其他疾病，如情绪功能、循环功能紊乱等。因此，高血压、高血糖、高血脂的“三高”患者，尤其不要闷头大睡。

继续养成早睡早起的好习惯，为长假过后回归正常健康的作息规律做好准备。长假期间可以短时间小范围探亲访友、聚会娱乐，既休息好了，到上班时又能精神焕发。

电磁辐射偏爱“购物狂”

[调查] 不管出游还是不出游，长假期间去商场逛逛可能性极大。每年

长假后超市商场发布的营销额就是最好的见证。很多商场在假期都有促销活动，逛商场成了不少女性乐此不疲的一件“体力活”。

本报一份街头调查显示，70％的女性打算花大量时间(3到4个白昼)泡商场，两天时间搞聚会娱乐活动；超过一半的男性会在女人逛商场时陪伴在其左右。

［解析］ 商场内人流量大，空气污染，皮革、化妆品和涂料等都有异味不断散发于空气中，商场内许多电子设备会产生电磁辐射污染，导致人体植物神经功能紊乱。此外，人们在商场里走动，身上常携带着泥土、灰尘等悬浮颗粒物，虽然它们通过肉眼看不见，却大量存在，并可以诱发呼吸道疾病。

［小处方］ 解放军163医院院长樊光辉表示，在商场里的逗留时间最好不要超过2个小时，如果觉得没过够瘾，可去室外呼吸些新鲜空气后再继续购物。一旦出现头晕、胸闷、恶心、呼吸不畅和困倦乏力等现象，应尽快走出商场，到露天的场所呼吸一下新鲜空气，待难受的感觉稍缓之后回家进行休息便可。

连续上网小心“乙肝”

［个案］ 李书，岳阳人，18岁，日前在人民医院确检出乙肝小三阳。在去年7月份的年度体检中，他的“肝功能”和“乙肝三对”指标都不容乐观。

据家长回忆，李书喜欢泡网吧。“一上就是一整天，吃饭都要去找。”他父亲说，去年的两次长假，李书都是在网吧度过的，最长的一次时间是3天没有回家，累了困了就在网吧的沙发上倒一会。医生给出的病因是“可能上网时感染键盘附带的病毒”。

［解析］ 对于网吧里键盘上有大量乙肝病毒的报道并不鲜见。而有科学研究也证实，电脑的荧光屏能产生一种叫溴化二苯并呋喃的致癌物质。据测试，一台计算机连续使用3天，室内空气中对人体有害的溴化二苯并呋喃的含量可达每立方米2.7微克。

长时间的上网，会使人过度疲劳，会出现精神方面的不平衡。人脑也长时间地处于“工作”状态，由此便产生诸如头晕(大脑缺氧)一类的症状。

［小处方］ 省第二人民医院睡眠障碍科主任骆晓林说，接触网吧键盘的人，下机后应尽快洗手；网上冲浪要注意间隔休息，上网时间别超过4小时；长时间上网，放置电脑的房间一定要注意通风；在网上呆了很长时间，下来后最好洗个热水澡，喝一杯牛奶等。

心血管病缠上"麻将王"

[个案] 通宵达旦打麻将,可能是一些人的爱好。利用长假不出游的机会,通宵当麻将王可能是一些平常没时间打麻将的人的打算。

胡常平,长沙某建筑公司负责人,今年49岁,体重偏胖。去年一次长假期间,连打5天麻将,"中间间歇休息了8、9个钟头。"第六天回家休息,胡先生感到心脏供血不足,眼珠子和脑袋快要爆炸一样。到医院检查后发现,胡先生这种表征就是心肌梗塞的前兆。

[解析] 通宵达旦这种反常的生活方式,会扰乱人体的生物钟,影响各系统、器官的正常生理功能,比如直接和间接地诱发心血管系统、消化系统、泌尿系统方面的疾病,导致心肌梗塞、腰肌劳损、消化不良,还可能染上大肠杆菌、金黄色葡萄菌、结核杆菌等传染病毒。而长期的心理紧张,或兴奋或沮丧,容易造成植物性神经紊乱,出现头晕目眩、记忆力下降、失眠等症状,更会使人郁郁寡欢,患上抑郁症。

[小处方] 省人民医院神经内科主任高小平指出,每次打麻将时长不宜超过4小时,在间隙中适当活动手臂脖子,多喝茶,保证消化系统和心血管系统处于正常工作状态。

健康提醒

长假别太"闹"、"累"、"熬"、"烟"。

节假日是喧嚣的聚会日子,也是人们玩乐放纵之时。来自省各大医院的门诊医师的提示说,节假日应该注意慢性病的发作,特别像高血压、冠心病、糖尿病等患者。

高血压患者忌"闹":节日期间,家人欢聚,亲朋好友相会,人多热闹,大喜大乐,可使大脑过于兴奋,血流加快,小动脉痉挛,血压升高,甚至诱发脑溢血。

冠心病患者忌"累":节日操劳过度,或玩乐放纵无度,心脏负担加重,可诱发心绞痛或心肌梗塞。

消化性溃疡患者患"熬":胃及十二指肠溃疡患者如果通宵看电视或熬夜,因身体过于疲劳或睡眠不足,易引起疾病发作或加重病情。

脉管炎患者忌"烟":节日期间,常有亲友来家拜访,脉管炎患者为陪客而频频吸烟,会使血小板粘度和聚集性增加,并能抑制纤维蛋白溶解,使血液处于高凝状态,从而使病症加剧。

★遗尿症有两种治疗方法

读者来信：我女儿今年10岁，成绩很好，但有一个让我们头痛的事就是晚上尿床。前几年到医院检查又没什么毛病。请问长期下去，会不会影响孩子的生长和身体健康？有治小孩遗尿症的良方吗？

一位心急的母亲　陈女士

［专家答疑］　省人民医院泌尿科副主任高智勇：遗尿症在儿童期较常见，据统计，9岁时约占5%，而15岁仍尿床者只占2%。本病多见于男孩，患儿中，男孩与女孩的比例约为2∶1。遗尿症的患儿，多数在发病数年后可自愈，女孩自愈率则更高。

绝大多数儿童遗尿的出现与疾病无关，是由于心理因素或其他各种因素造成的，如遗传、功能性膀胱容量减少、睡眠过深、心理因素、排尿习惯训练不良等。如果孩子检查后真没有毛病，那就是心理或其他因素造成的。

可以肯定的是，通过相关治疗，病症可得到控制并逐渐减轻直至消失，所以请陈女士不要担心。目前常见的治疗方法有两种，一种是行为治疗，另一种是药物治疗。在这里，由于不清楚陈女士女儿近期是否还有其他病症导致遗尿，因而先简要介绍行为治疗，若需要药物治疗，请到医院就诊后遵医嘱。

行为治疗方法：

①建立条件反射：从治疗开始起，要求家长每天在患儿夜晚经常发生尿床的时间前，提前半至1小时用闹钟将患儿及时唤醒，起床排尿。

②膀胱功能锻炼：敦促患儿白天多饮水，尽量延长两次排尿间隔时间，促使尿量增多，使膀胱容量逐渐增大，鼓励患儿在排尿中间中断排尿，数数字1至10，然后再把尿排尽，以提高膀胱括约肌的控制能力。

5. 请根据提供的资料做一期《国际观察》节目

资料：血脚印追问埃及旅游安全

埃及西奈半岛一处度假胜地24日发生至少3起连环爆炸。截至发稿时间，根据埃及内政部统计，此次爆炸已经造成23人死亡，其中包括3名外国人，另有62人受伤。

这是西奈半岛的旅游胜地在不到两年内第三次遭受严重恐怖袭击，旅游胜地为何变成恐怖天堂？作为世界重要的旅游目的地，埃及还安全吗？

旅游旺季的爆炸声

埃及正处于为期5天的春假期间，西奈半岛上的红海宰海卜镇度假胜地也正值旅游旺季。那里的海滩和潜泳中心吸引大量外国游客,特别是以色列人。

目击者告诉路透社,当地时间24日晚7时15分(北京时间1时15分),岛上突然传来爆炸声,随即便看到镇上的旅游市场上方冒烟,尸体残骸和碎片散落在街上,救护车赶来把受伤者送往医院。

“我看到有烟从那个地区升起,人们四处逃跑。”一名目击者说。

一名当地官员说,当晚共发生3起爆炸。埃及国家电视台进一步说明,这3次爆炸分别发生在一个旅游市场和一家餐馆。而以色列驻开罗大使沙洛姆·科亨告诉以色列电视台10频道,3起爆炸的发生地点分别是饭店、超级市场和一个警察局。

不到两年第三次遇袭

在过去的不到两年内,西奈半岛不止一次发生袭击事件。去年7月,位于岛最南端的沙姆沙伊赫发生两起汽车炸弹爆炸和一起手提箱炸弹爆炸,造成至少60人死亡,其中包括外国人,还有超过200人受伤。

当时,有四个组织先后宣称对沙姆沙伊赫爆炸事件负责,其中包括约旦人阿布·穆萨卜、扎卡维领导的“基地”组织伊拉克分支,声称此举是为了报复伊拉克和阿富汗所遭受的侵略,也是为了表示对本·拉丹的效忠。

2004年10月,在西奈半岛上,埃及与以色列交界处的塔巴希尔顿酒店以及附近两处海滩发生爆炸,造成34人死亡。埃及政府认为,实施爆炸的武装人员是本国人,没有国际联系。

最新消息说,此次爆炸发生后,埃及政府已经逮捕了10名嫌疑人。但尚无任何组织宣布负责。

新华社4月25日专电

为什么是埃及

爆炸发生后,英国《泰晤士报》说:“埃及必须正视它面临的恐怖主义现实了。”

埃及总统穆巴拉克同西方保持着比较密切的关系,这使埃及成为“基地”等恐怖组织的袭击目标。更何况,“基地”组织的二号人物扎瓦赫里同穆巴拉克政权有着特别的过节——这位出生于埃及的恐怖大佬,曾因为受到恐怖主义指控而受到埃及的监禁。此外,不少埃及人潜入伊拉克参加反美武装,他们从伊拉克带回作战技术,并同埃及国内的土产恐怖组织相结合。这类人对埃及的安全带来了更大威胁。

为什么是旅游胜地

《泰晤士报》说，每年900万外国游客为埃及贡献了超过30亿英镑的外汇收入。旅游业成为埃及的支柱产业。正因为此，恐怖分子就以袭击旅游区为手段，破坏旅游业，从而打击埃及政府。

为什么是西奈半岛

恐怖分子对埃及的袭击，最近主要集中在西奈半岛。以色列《国土报》分析说，原因有以下几点：其一，这里地域广阔，便于恐怖分子藏身；其二，此地毗邻也门、沙特、约旦和伊拉克，便于联系，也便于逃匿；其三，进入西奈半岛相对较容易，借助小船穿过苏伊士运河和亚喀巴湾便可潜入；其四，中东战争留下很多炸弹，便于恐怖分子就地取材，制造爆炸物；其五，西奈半岛居住的贝多因人与埃及政府矛盾很深，一些贝多因人甚至主动与外国势力勾结。

其他地方会受袭吗

不能排除埃及其他地方受袭击的可能。就在上周，埃及政府宣布在开罗逮捕了22名极端分子，他们计划袭击旅游区的外国游人以及开罗的天然气管道。

6. 请根据资料做一期电台节目，栏目名称自拟

时尚车扮靓红粉佳人

★“三八”节即将到来，女性朋友们买辆车犒劳一下自己吧。

据说无论QQ还是SPARK的热销，女性购车人都功不可没。一个坊间传言说某天一个美眉到奇瑞专卖店要订三台不同颜色的QQ，问其何故，答曰：用来配衣服。

放眼长沙的大街小巷，“红粉”车族的队伍正日趋庞大，女性购车比例呈大幅上升之势。她们开车上下班、周末开车购物、节假日自驾游甚至去越野，她们正在用轿车表达着自己对生活的热爱。小轿车正在慢慢地成为和化妆品、衣服、首饰一样令女人不可抗拒的东西。

三八妇女节就要到了，据说国内最早提出女人车概念的上海华普新车将选择在这一天下线，并宣布新车的名字。在这个专属于女人的节日即将到来之际，记者特意搜集了一些比较适合女士的车型，希望对她们购车能有所帮助。

8万元以内

华普：这款号称国内首次专为女性设计、并由女性设计团队开发的NO.1

女人车，第一次在国内明确提出了女性专用车的概念。该车是专为都市白领及精英女性量身定做的一款时尚靓车，做工精细，配置齐全，外观时尚典雅，价格预计在6万至7万元。

奇瑞QQ：预算不多，又希望能够拥有一辆外形可爱色彩靓丽的小车，有没有办法？QQ显然满足了人们的需求。在奇瑞去年销售的18万辆中，QQ的销量超过了六成以上。在长沙街头，时时可见五颜六色的QQ从眼前掠过。

威姿：作为日本本土曾经的最畅销小车，威姿不但拥有可爱的外形更具有扎实的性能和工艺。自动波版本的威姿档位平顺，车体轻捷很适合女性车主。目前威姿售价最低的一款只有7万多元，在同档次车型中性价比较高，配备的8A发动机的技术也很成熟。

10万元左右

标致206:3月6日，东风标致206将在全国范围内正式上市，长沙同样会将首批车交到用户手中。标致206外型时尚漂亮。

POLO:POLO是国内第一款真正意义上的"全球同步车"。POLO的外形设计融入了仿生学理念(海豚的体形)，整车曲线光滑流畅，浑然一体，风阻系数达到两厢车的最佳水平。

两厢飞度：两厢飞度销售势头远比三厢来得猛，它时尚而不张扬，在车位紧张的如今，女性驾驶它可以从容优雅地停车，而不失体面。当然，还有特别值得一提的是，它拥有很多同级车难以企及的低油耗。

乐骋：从外表看上去，乐骋有点欧洲风格，无论是发动机舱盖、车身侧面、还是尾部，所有的线条都显得规规整整。操控方面，乐骋起步加速的感觉非常轻快，发动机的动力输出非常强劲，中段加速也绝对够力，其加速性绝对属于同级车佼佼者。

日产骐达：骐达作为日产公司一款成功的经典两厢车，在国外的口碑甚好。在外形上，骐达更能讨好年轻的消费者，车身线条更加流畅和时尚。

20万元以上

甲壳虫：让无数美眉尖叫和激动的车，也是女性购车者们的终极梦想之一。从性能上讲，甲壳虫只能算中级轿车中的较有优势者，然而它那浑圆的外形总能成为街头的焦点。能够随时成为别人眼中的焦点，这对于很多女车主而言，已经足够了。全新大众06款甲壳虫不到30万元的价格，让很多人能够消费得起了。

Mini Cooper另一款让女性尖叫的车。作为最经典的小车，Mini不但让男人痴迷也让无数女性迷恋。男人爱它“小钢炮”般强悍和灵活，女人爱它那张永远可爱永远年轻的笑脸。

奥迪A4:在中国市场，奥迪A4自2003年上市以来，渐渐确立了它在国内高档B级车市场的领导地位。如果说奥迪A6和A8是典型的男人座驾的话，奥迪A4除了尺寸稍小外，其他的都不逊色于老大哥，且A4对于女性来说更容易驾驭。

宝马X3:既没有宝马X5的外形凶悍，又没有宝马X5的价格高，却是一辆麻雀虽小，五脏俱全的都市SUV，这就是有品位却不张扬的女人应该拥有的座驾。宝马X3是宝马目前最小的四轮驱动车型，现在宝马公司准备对这款上市近3年的车型进行小改款，新车将在2006年秋季推出。

女性购车有讲究

女性天生是感性的，女性们无论对于汽车的熟悉程度还是对于机械的天赋似乎总也比不上男性。而除了外观、价格等方面，汽车性能尤为重要。因此，女性在购车时要注意一些细节，做到不仅买得好看，还要买得好开，称心如意。

很多女性都是理财的高手，买车前不妨发挥一下自己的特长，将买车养车做个预算，再考虑一下自己的经济能力，为自己未来的“车宝宝”定个最合理的价位。

女性购物，天生喜欢货比三家，建议去汽车交易市场、专卖店、汽车城等场所都看看，心里有了底儿后，就好去砍价。但作为高档消费品，价格固然能比个高低，高兴之余千万不要忘了问询服务及维修。当然，如果你不受差价的诱惑，不妨到品牌专卖店去，会让你很省时间地买到质量可靠的汽车。

有的女性身材小巧，为了方便开车，往往在座椅上加一个或两个椅垫。一旦突然刹车，椅垫和座位发生相互磨擦，会引发交通事故。因此，购车时，最好选择座椅及方向盘都可调节的车型。

爱开越野车的个性女生毕竟还是少数，因此想保持淑女风度，最好买底盘低的汽车，以便于上下车。尤其到了夏天，无论穿长裙还是短裙，都不会有走光的尴尬。对于中老年女性，底盘低也省却了不少气力。

7. 请看材料，然后做练习

资料1:

2004年8月28日凌晨的雅典奥运会110米栏的决战牵动了亿万国人的心，刘翔这位来自上海的东方小伙子力压群雄，跑出了12秒91的成绩！平了

1993 年科林—杰克逊创造的世界记录！也刷新了阿兰—约翰逊 1996 年亚特兰大奥运会的记录。

资料 2：

姓名：刘翔　性别：男　籍贯：上海　生日：1983 年 7 月 13 日　身高：188 厘米　体重：74 公斤　项目：田径（110 米栏）　身份：学生　教育背景：大学　个人爱好：唱歌、电脑　教练：孙海平

主要成绩：

2000 年世界青年锦标赛男子 110 米栏第 4 名；

2001 年全运会、东亚运动会、世界大学生运动会男子 110 米栏冠军；

2002 年世界室内田径大奖赛，平 60 米栏亚洲记录；

2002 年瑞士洛桑国际田联一级大奖赛打破男子 110 米栏亚洲记录，排名世界第 4；

2002 年亚锦赛男子 110 米栏冠军；

2002 年第 14 届亚运会男子 110 米栏冠军；

2003 年世界室内田径锦标赛男子 60 米栏第 3 名；3 月获全国十佳运动员；4 月全国田径大奖赛冠军；7 月萨格勒布田径田联超级大奖赛亚军；

2004 年世界室内田径锦标赛，两次打破男子 60 米栏的亚洲室内记录并夺得亚军；

2004 年大阪田径大奖赛，刘翔首次战胜美国名将阿兰—约翰逊并夺得冠军，再次刷新了室外 110 米栏亚洲记录。

当地时间 8 月 27 日 21 点 30 分，在刚刚结束的田径 110 米栏的决赛中，中国选手刘翔 12 秒 91 获得冠军，打破奥运会记录，平世界记录。刘翔以平世界记录的成绩获得奥运会冠军。

中国跨栏王刘翔在奥运会男子 110 米栏决赛中，跑出 12 秒 91 的惊人成绩，以明显的优势获得冠军。这是中国男运动员在奥运会田径赛场上获得的第一枚金牌，并打破了 12 秒 95 的奥运会记录。

资料 3：

雅典时间 27 日晚间，雅典奥林匹克体育场产生了田径项目最受我们国人关注的一枚金牌，中国人第一次站在了世界大赛的直道上，而且最终我国选手刘翔以 12 秒 91 的成绩获得了本项比赛的冠军，并且追平了名将科林杰克逊在 1993 年斯图加特世锦赛上创造的世界记录，更打破了阿兰维翰逊在 1996 年亚特兰大奥运会上创造的 12 秒 95 的奥运会记录。

今天的比赛分道情况正是刘翔在赛前所希望的—在法国选手多库里旁边。分道具体情况是：第一道是加拿大的阿伦、第二道是拉脱维亚的奥里加斯、第三道是法国选手多库里、第四道就是我国选手刘翔、第五道是牙买加的维格纳尔、第六道是美国的特拉梅尔、第七道是古巴选手加西亚、第八道是巴西的伊诺森西奥。

比赛开始前的瞬间，仿佛时间都已经停止。运动员第一次准备好起跑后，八道的伊诺森西奥表示踏板位置不舒服。比赛重新开始，美国选手特拉梅尔抢跑。下一次如果再有人抢跑将被罚下。

第三次比赛终于开始，刘翔今天的起跑相当出色，在跨第一个栏之前刘翔就领先了第二名加西亚 1 个身位。而在本届奥运会 100 米栏项目上突然冒起的法国新秀也是刘翔的最强劲对手多库里却起跑过慢在第一个栏前只排在第四、五名的位置。

此后，刘翔在栏间的优势发挥了出来，要知道刘翔可以说是目前世界上栏间表现最后的选手。刘翔越跑越快，与其他队员之前的差距也越来越大。而眼见刘翔跑在前面，身后的各国选手节奏发生了变化。加西亚、特拉梅尔、多库里先后出现在踏栏、压栏的现象。

最终，刘翔以领先第二名 3、4 米的优势第一个冲过了终点线，而时间就是破记录的 12 秒 91。美国选手特拉梅尔 13 秒 18 第二个冲线，古巴选手加西亚 13 秒 20 排在了第三位。

资料 4：

四年前，刘翔在智利首次亮相国际赛场；两年前，刘翔在洛桑一举打破两项记录，今天，刘翔又在雅典完成了一次飞跃，追平了保持 11 年之久的世界记录，并刷新了由阿兰—约翰逊保持了 8 年之久的奥运会记录。以下为刘翔在近两年中所取得的优异成绩：

2002 年 7 月 2 日，瑞士洛桑，已经踏进国际赛场近两年的刘翔给世人首次留下了印象。他在瑞士洛桑国际田联大奖赛中，跑出了 13 秒 12 的成绩，尽管最终只获得亚军，但是这个成绩却打破了由李彤保持了 8 年之久的亚洲记录，以及由美国选手赫米亚捍卫了长达 24 年的世界青年记录。

随后在 2003 年，刘翔的成绩始终稳定在 13 秒 20 左右，在 8 月份进行法国世锦赛中，他以 13 秒 23 的成绩夺得一枚铜牌。在黄金联赛罗马站和布鲁塞尔站中，他分别以 13 秒 20 和 13 秒 19 的成绩获得了两个亚军，在国际田联大奖赛萨格勒布站中他以 13 秒 22 的成绩摘得银牌，并在超级大奖赛洛桑站中以13秒17的成绩夺得季军。此外,他还曾在伯明翰参加过世界室内锦标赛60米栏的比赛,结果他以7秒52的成绩夺得第三名。

2004年5月9日,刘翔在国际田联日本大奖赛中,以13秒06的成绩击败了他所崇拜的美国名将阿兰·约翰逊夺冠,并且打破了由他自己保持的13秒12的亚洲记录。媒体当时纷纷评论刘翔掀起的"黄色旋风"一次次把黑皮肤的"飞人"们远远甩在身后。论百米绝对速度,约翰逊10秒15,刘翔只有10秒50,但刘翔没有怨天认命,他用刻苦的训练不断完善自己的技术,不断缩小着与约翰逊的差距。2004年8月1日,在全国田径大奖系列赛(天津站)暨中国田径公开赛的比赛中,刘翔再次跑出13秒06的成绩,显示出绝佳的竞技状态。

8月24日,刘翔在雅典奥运会第一轮预赛中,保留的以13秒27的成绩获得小组第一,总成绩第三的身份晋级第二轮。8月26日,第二轮比赛,在首次抢跑并在前一组选手两位选手踩栏摔倒未能完成比赛的干扰下,以13秒26的成绩获得小组第一。8月27日,半决赛,刘翔最后时刻的保存实力,使得他以13秒18的成绩排名小组第二晋级决赛,创造了中国男子选手首次进入奥运会田径比赛短跑直道项目的八强之列。

8月28日,刘翔在决赛中以不可撼动的实力,跑出了12秒91的成绩,追平了英国名将科林—杰克逊在1993年8月20日在德国斯图加特创造的12秒91的世界记录,并且也刷新了新的奥运会记录,如愿拿下了中国短跑选手在奥运会中的首枚金牌。

【训练题】

1. 你现在就在雅典奥运会110米栏比赛现场,请你生动讲述刘翔夺冠的全过程,并把这一喜讯告诉全国和全世界人民。

2. 假设你是一位体育评论员,请根据提供的资料和自己掌握的资料对此事进行评论。

3. 请模拟主持一期《新闻会客厅》采访凯旋归来的刘翔。要求有开始语、串场语、点评语、提问以及结束语等的设计,模拟主持过程中,必须根据语境变化对预先设计作出灵活调整。

主要参考书目

1. 张颂主编.中国播音学(修订版).北京:北京广播学院出版社,2003

2. 赵忠祥、白谦诚主编.主持人技艺训练教程.武汉:武汉大学出版社,2003

3. 吴郁主编.主持人思维与语言能力训练路径.北京:中国广播电视出版社,2005

4. 孙海燕编著.口才训练十五讲.北京:北京大学出版社,2003

5. 吴弘毅主编.实用播音教程(第1册).北京:北京广播学院出版社,2002.

6. 付程主编.实用播音教程(第2册).北京:北京广播学院出版社,2002

7. 罗莉主编.实用播音教程(第4册).北京:北京广播学院出版社,2001

8. 关山、高蕴瑛、蔡乃雅编著.播音·主持语言训练教程.天津:天津人民出版社,2001

9. 王宇红著.朗读技巧.北京:中国广播电视出版社,2002

10. 赵淑萍著.电视节目主持.北京:北京师范大学出版社,1999

11. 白龙编著.播音员主持人训练手册.北京:北京广播学院出版社,2001

12. 应天常著.节目主持语用学.北京:北京广播学院出版社,2001

13. 亚瑟·约瑟夫著(田瑛、叶凯译).*Vocal Power Harnessing the Power Within*(中译《美化你的声音》).北京:机械工业出版社,2005

14. 陈京生著.电视播音与主持.北京:中国传媒大学出版社,2000

15. 王维林编著.初识主持人.北京:中国广播电视出版社,2003

16. 张颂著.语言传播文论.北京:北京广播学院出版社,1999

17. 张颂著.语言传播文论(续集).北京:北京广播学院出版社,2002

18. 路锡初著.主持人节目学教程(修订本).北京:中国广播电视出版社,2001

19. 李授元主编.知名主持人妙语评点(上).武汉:华中科技大学出版社,2005

20. 李授元主编.知名主持人妙语评点(下).武汉:华中科技大学出版社,2005

21. 李授元主编. 节目主持人概论. 武汉:华中科技大学出版社,2005

22. 吴郁编著. 节目主持能力训练路径. 北京:中国广播电视出版社,2004

23. 彭菊华著. 时代的艺术——新闻作品研究. 长沙:湖南文艺出版社,1998

24. 方位津编著. 实用口才训练教程. 北京:首都经济贸易大学出版社,2004

25. 吴为章编著. 新编普通话语言学教程. 北京:北京广播学院出版社,1999

26. 敬一丹著. 99个问号——敬一丹漫谈主持人. 北京:中国广播电视出版社,2004

27. 曾致编著. 节目主持人技能训练. 银川:宁夏人民教育出版社,2004

28. 曹可凡、王群著. 节目主持人语言艺术. 北京:北京广播学院出版社,1997

29. 陈作平著. 新闻报道新思路. 北京:中国广播电视出版社,2000

30. 舒丹博士编著. 实用口才培训手册. 北京:中国电影出版社,2005

31. 碧冷、陈枫编著. 主持人是怎样炼成的. 北京:北京工业大学出版社,2005

32. 吕江著. 幸福专卖店. 北京:中国文联出版社,2004

33. 王焕青主编. 征服世界的中国漫画——国际获奖漫画家作品集. 北京:现代出版社,2005

期刊

1.《中国记者》,2006年第3期,新华通讯社主办

2.《新闻战线》,2005年第10期,人民日报社主办

3.《新闻战线》,2005年第12期,人民日报社主办

4.《新闻战线》,2006年第2期,人民日报社主办

5.《新闻战线》,2006年第3期,人民日报社主办

6.《新闻战线》,2006年第4期,人民日报社主办

湖南大学广播影视艺术学院丁翔、方锋等同学参加本书部分资料的整理工作,特此感谢!

图书在版编目（CIP）数据

节目主持人实用口语训练教程 / 陈竹编著. —杭州：
浙江大学出版社，2006.9(2015.7 重印)
ISBN 978-7-308-04850-7

Ⅰ.节… Ⅱ.陈… Ⅲ.主持人—口语—语言艺术—教材
Ⅳ.G222.2

中国版本图书馆 CIP 数据核字（2006）第 088821 号

节目主持人实用口语训练教程
陈　竹　编著

策　　划　李海燕
责任编辑　葛　娟
封面设计　俞亚彤
出版发行　浙江大学出版社
（杭州市天目山路 148 号　邮政编码 310007）
（网址：http://www.zjupress.com）
排　　版　杭州中大图文设计有限公司
印　　刷　杭州杭新印务有限公司
开　　本　787mm×960mm　1/16
印　　张　19
字　　数　321 千
版 印 次　2006 年 9 月第 1 版　2015 年 7 月第 6 次印刷
书　　号　ISBN 978-7-308-04850-7
定　　价　27.00 元

浙江大学出版社发行部联系方式：0571—88925591；http://zjdxcbs.tmall.com